中国农业转移人口市民化政策研究

高 飞 著

此书受国家社会科学基金重大项目"推进农业转移人口市民化：
路径选择、财力保障与地方政府激励研究"（编号：14ZDA032）资助

科学出版社

北 京

内 容 简 介

本书立足当前城镇化进程快速推进这一时代背景，通过借鉴以往的研究成果，在运用经典经济理论的基础上，从缩小城乡收入差距的视角，全面、深入评价当前的农业转移人口市民化政策。为了便于研究，本书结合中国实际，以解析城乡收入差距的组成部分作为全书研究的逻辑起点，并着重分析以户籍制度变迁为基础的市民化政策对城乡收入差距的影响，以此探讨并论证市民化政策实施的价值目标、主体及实施方式，从而提出相应的完善思路。通过研究发现：当前农业转移人口市民化政策的体制性制约依然存在，集中表现在财政体制和政绩考核机制两个方面。在此基础上，对政府实施农业转移人口市民化战略进行框架设计，包括公共成本测算、激励机制、差异化路径及具体政策建议。

本书兼具理论性与实践性，对当前制定并实施农业转移人口市民化政策具有一定的启示作用，适合高校教师，博士、硕士研究生，政府官员及相关政策研究者阅读参考。

图书在版编目（CIP）数据

中国农业转移人口市民化政策研究 / 高飞著. —北京：科学出版社，2016.10

ISBN 978-7-03-049952-3

Ⅰ.①中…　Ⅱ.①高…　Ⅲ.①农村劳动力-劳动力转移-研究-中国
②民工-城市化-人口政策-研究-中国　Ⅳ.①C924.21

中国版本图书馆 CIP 数据核字（2016）第 225730 号

责任编辑：马　跃　王景坤 / 责任校对：张凤琴
责任印制：徐晓晨 / 封面设计：无极书装

科学出版社 出版
北京东黄城根北街 16 号
邮政编码：100717
http://www.sciencep.com

北京东华虎彩印刷有限公司 印刷
科学出版社发行　各地新华书店经销
*
2016年10月第 一 版　开本：720×1000　1/16
2018年 1 月第二次印刷　印张：13 3/4
字数：277 000

定价：82.00 元

（如有印装质量问题，我社负责调换）

序　言

农业转移人口市民化是新型城镇化的核心问题，是新型城镇化以人为本理念最重要的体现。党的十八届五中全会关于全面建成小康社会的目标要求中提出，要实现"户籍人口城镇化率加快提高"，也就是加快农业转移人口市民化进程，更加注重公共服务的均等化。

新型城镇化要破题，面临着城乡二元结构背景带来的很多制度障碍。当前，大量农业转移人口进入城市，但是较难融入城市，市民化进程较为滞后。比如，受城乡分隔的户籍制度影响，大量农民工及随迁家属未能在教育、就业、医疗、养老、保障性住房等方面享受城镇居民的基本公共服务，城镇内部形成新的二元结构，给经济社会发展带来诸多不稳定因素。

按照《国家新型城镇化规划（2014～2020 年）》，到 2020 年，我国户籍人口城镇化率将达到 45%，1 亿人左右的农业转移人口和其他常住人口在城镇落户。要实现这一目标，需要加快户籍制度改革步伐。同时，在中央与地方联动层面上，还要理顺二者在财权与事权上的关系，充分调动财政杠杆推进新型城镇化。这些改革与调整，都需要经过系统的研究。

高飞博士选择农业转移人口市民化政策展开研究，可以说找到了一个重要且亟待深入研究的课题。同时，他又以政策对城乡收入差距的影响作为主要考量内容，较好地找到了研究的切入点。该书以解析城乡收入结构、找出差距构成作为逻辑起点，通过以分析户籍制度为主要内容的市民化政策的演变对城乡收入差距的影响，全面、深入评析当前的农业转移人口市民化政策，并在研究的基础上提出很多有价值的建议。尤其是书中对政策的评价，既系统地梳理了政策演进路径，又有定量的分析，还有诸多前瞻性的思考，具有一定的学术价值。

"十二五"期间，我国农民收入实现年均两位数增长，增幅连续 5 年高于城镇居民收入，城乡收入差距一定程度上缩小。但总体上，新型城镇化进程加快与城乡收入差距较大二者并存的局面，仍将在"十三五"时期及未来较长一段时间存在。所以，该书所研究的问题，值得我们做进一步的思考。

　　农民日报社一直倡导和鼓励年轻人多读一些书，多研究一些问题，成为专家型编辑记者。高飞博士这本书是他在农民日报社工作期间，利用业余时间完成的研究成果。他邀请我作序，我欣然应允。

唐园结

2016 年 8 月 16 日

前　　言

城镇化是未来中国几十年里经济社会发展最重要的主题之一，也是中国经济保持持续、健康和稳定增长的主要推动力量。但是，城乡之间存在的收入差距大的问题构成了中国经济社会发展的重大挑战。如何通过城镇化的逐渐转型实现城乡收入差距不断缩小，是中国今后必须面对的课题。作为城镇化的核心，推进农业转移人口市民化兼具落实新型城镇化发展道路及实现基本公共服务均等化的双重功能，是全面深化改革的聚焦点与突破口，而财政作为落实市民化发展战略的实质和关键，对于解决该问题具有重要作用。深刻把握这一问题，有助于厘清市民化过程中的关键政策着力点，具有重大理论及现实意义。

自改革开放以来，特别是自20世纪80年代以来，为了缩小城乡收入差距，中国政府实施了一系列有助于增加农民收入的相关政策，但是，长期的政策实践表明，统筹城乡发展仅仅依靠增加农民部分收入已经很难满足当前发展需要，也导致相关政策效果大打折扣。要想从根本上解决城乡收入差距大的问题，必须减少农村过剩的劳动力，鼓励农村人口向城市转移，这样的转移不仅仅是简单的空间位移和职业转变，更多的应该是身份的转变，享有与城市居民相同的公共服务。这个过程兼具独特性和复杂性，过程复杂、牵涉面广，政策实施难度大，属于系统问题。因此，城镇化进程是当前经济社会转型宏观背景下缩小城乡收入差距的一种特殊经历，同时又是一次深刻的社会变革。然而，大量的农业转移人口进入城市已经持续了较长时期，农业转移人口的非农收入不断增加，农民生活水平不断提高，但现实情况是中国的城乡收入差距始终高居不下，在城市居民工资水平几乎差距不大的前提下，一个可能的解释是城市居民与农业转移人口所享受的公共服务相差较多，市民化程度不够，如何从缩小城乡收入差距的视角研究中国农业转移人口市民化政策，这是本书的写作目的，也是研究的切入点。

本书从缩小城乡收入差距的视角，从理论和实践层面梳理和分析农业转移人口市民化政策实施的依据和措施，并以此作为研究的基本脉络。以市民化政策的制定和实施作为研究的逻辑起点，综合运用理论分析、模型构建、计量分析和数值模拟等办法，把静态分析和动态分析结合起来，深入分析市民化政策对城乡收入差距的影响机理；运用可计算一般均衡（CGE）方法实证分析市民化政策对城乡收入差距的影响，在此基础上进行政策评价，并对市民化政策出现的偏差进行体制层面的分析；通过深入分析影响机理与全面评价市民化政策，本书对市民化政策路径选择、特别是市民化政策实施的价值、主体及方式进行系统研究；通过理论分析,全面阐释市民化政策的一般价值尺度,得出公平与效率相统一视域下制定市民化政策的基本价值取向;运用博弈论的方法,深入研究有助于缩小城乡收入差距的市民化政策实施主体;通过构建两部门一般均衡模型,深入探讨市民化实施方式,并在此基础上运用系统广义矩估计(sys-GMM)和数值模拟的办法辨别并选择有助于缩小城乡收入差距的市民化路径;从实施农业转移人口市民化战略的角度,通过公共成本测算,确定政府的财政责任,在此基础上提出财政与政府激励机制设计的思路,并在最后提出农业转移人口市民化应实施差异化的措施。

本书在做好相关理论准备的基础上,深度解析相关制度并进行相关理论与实证分析,从而得出最后的结论。

本书分为六个部分,共分十三章,其中第三、第四部分为本书的重点与核心部分,具体结构如下:

第一部分即第一章,首先提出问题、介绍问题产生背景及研究意义,同时简要说明本书的研究方法和基本框架;其次对本章相关概念进行界定,通过对相关概念的辨析,厘清本书易混淆概念的实质含义。

第二部分是相关文献综述与影响机理介绍,包括第二、第三章。

第二章是相关文献综述,通过介绍有关市民化与城乡收入差距的国内外文献,为研究打下理论基础。

第三章是相关理论综述,通过介绍本书所用的理论和方法,为全书打下理论基础;并且通过对方法的介绍,为下一步的使用做相关说明。

第三部分是政策解析,包括第四、第五、第六章,为进一步分析市民化政策作出铺垫。

第四章内涵解析部分,对农业转移人口市民化的内涵及要义进行深度解析,从户籍的角度对市民化进行制度层面的剖析。

第五章发展概况部分,对市民化政策的发展历程以及市民现状进行全面梳理。

第六章是政策实施的现实描述,对当前市民化政策的实施要素和实施困境进行概括,对市民化政策实施有全面的认识。

第四部分是市民化政策影响城乡收入差距的实证分析和实施策略,包括第七、第八、第九章。

第七章是影响机理部分,通过阐释市民化对城乡收入差距的影响机理,深入解析户籍制度影响城乡收入差距的制度基础,对市民化政策实施进行全面评价。

第八章是实证部分,首先,运用可计算一般均衡模型构建模型,对当前的市民化政策影响城乡收入差距进行实证分析;其次,根据实证分析结果,对现有市民化政策进行评价;最后,分析当前市民化政策出现的偏差及出现偏差的体制性原因。

第九章是市民化策略的分析部分，既是对政策出现偏差的理论回应，又是继续研究的理论基础。首先，通过讨论市民化政策的一般价值目标，确定应该从公平与效率相统一的视角推进市民化；其次，在委托代理理论的框架下，对市民化实施主体的选择进行博弈分析；最后，通过建立两部门一般均衡模型，对不同市民化实施路径对城乡收入差距的影响进行理论分析，并运用系统广义矩估计方法进行实证检验，动态模拟其影响路径。

第五部分是机制设计部分，包括第十、第十一章。

第十章是机制设计部分，构建财政激励机制与政绩考核机制，以此激励地方政府推进农业转移人口市民化。

第十一章是路径选择部分，提出推进农业转移人口市民化的差异化路径选择，为当前农业转移人口市民化提供新的思路。

第六部分是政策建议和结论，包括第十二、第十三章。

第十二章是政策建议，对推进农业转移人口市民化提出具体的政策建议。

第十三章是结论，总结全书，并依据研究内容得出结论，针对尚未解决的问题，提出进一步研究方向。

本书的创新之处主要有：

理论方面：①在经典经济理论的基础上，通过借鉴以往的研究成果，在城镇化进程快速推进的背景下，以缩小城乡收入差距的目标，评价当前的市民化政策。②结合中国实际，以当前的户籍制度变迁作为研究的逻辑起点，分析以户籍制度变迁为基础的市民化政策对城乡收入差距的影响。③在市民化路径选择方面，对实施的价值目标、实施主体及实施方式进行详细论证和分析，并提出相应的实施思路。④在机制设计方面，提出激励地方政府市民化的财政、政绩考核等方面的观点。

方法方面：①通过可计算一般均衡的方法，定量分析市民化政策对城乡收入差距的影响。②通过在委托代理框架下构建博弈模型，对当前市民化政策的实施主体进行详细刻画，为制定相应的政策提供理论依据。③运用系统广义矩估计的方法实证分析当前不同的市民化路径对城乡收入差距的影响。

当然，本书也有一些研究方面的遗憾。例如，在分析市民化政策对城乡收入差距的影响时，偏重于静态分析，与现实有一定的偏差，这是因为现实中，涉及影响机理方面的问题往往需要较长的研究时间，而且呈现出动态性，但是，作为政策分析，并不影响本书对中国农业转移人口市民化问题的深度认知。

目　录

第一章 绪 论

第一节 背景与意义

2012 年 11 月,党的十八大报告第一次明确提出农业转移人口市民化概念,强调"加快完善城乡发展一体化体制机制,着力在城乡规划、基础设施、公共服务等方面推进一体化,促进城乡要素平等交换和公共资源均衡配置,形成以工促农、以城带乡、工农互惠、城乡一体的新型工农、城乡关系"。2013 年 11 月,十八届三中全会通过的《中共中央关于全面深化改革若干重大问题的决定》进一步提出"推进农业转移人口市民化,逐步把符合条件的农业转移人口转为城镇居民"。2014 年 7 月 30 日,国务院印发《国务院关于进一步推进户籍制度改革的意见》,此次户籍改革的力度之大、范围之广前所未有。此后,又先后发布了《中央城镇化工作会议公报》《中华人民共和国国民经济和社会发展第十二个五年规划纲要》和《全国主体功能区规划》等文件,提出农业转移人口市民化政策及方针,并且根据上述文件编制了《国家新型城镇化规划(2014~2020 年)》①。从上述文件的发布以及现实层面的推进来看,推动农业转移人口市民化已经成为国家层面的战略方针,特别是近期公布的《国家新型城镇化规划(2014~2020 年)》着力突出以人为本的指导思想,更将推进农业转移人口市民化及实现城镇基本公共服务常住人口全覆盖放在规划的核心位置,明确提出到 2020 年实现一亿人左右的农业转移人口和其他常住人口城镇落户,标志着解决人口市民化问题成为未来城镇化发展的方向,这已经充分证明推动农业转移人口市民化的必要性、紧迫性。中央政府连续在国家层面的重大会议上讨论农业转移人口市民化的议题,并陆续出台相关文件以作为政府的基本经济政策,可见推进该项工作已经迫在眉睫,其中既有中央前瞻性的思考,也有当前被现实倒逼形成的压力。

缩小城乡收入差距是推进城镇化最直接、最现实的动力。从世界范围来看,任何一个国家的城市化进程都体现出相似的特征,即农民以低成本进入城市,通过城市的集聚效应,分享城市提供的就业机会,从而获得较高收入。正如古希腊哲学家亚里士多德所说:"人们为了活着,聚集于城市;为了活得更好居留于城市。"

---

① 党的十八大以来,几乎所有相关会议及文件都提出推进户籍制度改革,可见中央对此问题极为重视。

伴随着城镇化进程的快速推进[1]，大量的农村剩余劳动力转移到城市，通过寻找工作机会，增加了实际收入，使得该群体的收入远高于长期居住在农村的平均收入，这显然从整体上提高了农村居民收入水平[2]。单从这一轨迹来看，中国也不例外，从20世纪八九十年代开始，大量的农村剩余劳动力进入城市，不仅增加了农民工收入[3]，而且工资性收入远高于农村经营性收入的增速。

不能否认的事实是，收入差距过大是长期困扰中国经济运行的顽疾，而城乡收入差距长期被认为是构成中国收入差距过大的主要因素[4]。如何缩小过大的城乡收入差距是当前学界和政府面对的重要课题。对此，中央和地方政府实施了一系列政策，旨在缩小城乡收入差距，如通过直接转移支付，增加农村投入，给予农民更多补贴以提高农民收入。然而，实践证明，通过直接的转移支付虽然在一定程度上缓解了日趋加大的城乡收入差距，但是从实际效果来看收效甚微[5]。即使近几年来，在政策倾斜力度加大、社会舆论推动和劳工市场供求关系调整等多个有利因素的刺激下，农民收入提高的幅度显著增加[6]，虽在一定程度上逆转了城乡收入差距不断扩大的趋势，但是农民增收的基础并不稳固。这就出现城镇化进程快速推进与城乡收入差距过大并存的局面。这与经典的经济学理论并不相符，按照经济学经典理论，随着城市化进程中农村劳动力向城市的转移，城乡之间各种生产要素不断流动，实现了劳动力资源的有效配置，城乡的收入差距会不断缩小。这也与相关学者和政府部门大力提倡并推动城镇化，希望通过城镇化，不断减少农村人口，从而缩小城乡收入差距的初衷相违背。

针对上述矛盾，结合中国发展的实际情况，在当前中国的经济社会快速发展

---

[1] 城镇化与城市化没有太大的区别。一般来说，国外研究普遍使用城市化，而我国的官方文件大多数使用城镇化。为了兼顾规范性和我国实际，本书主要使用城镇化，但在文献部分及经典理论介绍方面使用城市化。

[2] 2007～2009年，连续三年城乡收入比都在3.3以上。

[3] 在本书的描述中，农业转移人口市民化近似等同于农民工市民化，这是因为本书的研究重点是城市里的农民工，而且农民工所占市民化对象比例远远高于其他人群。

[4] 王洪亮和徐翔（2006）通过我国城乡不平等对居民收入不平等的贡献率达63.66%～65.24%。常兴华等（2012）按照城乡加权法计算了城乡间的收入差距对全国总收入差距的贡献率，结果表明：城镇居民收入差距对总收入差距的贡献率逐步提高。虽然从改革开放以来经历了先下降后上升的过程，但从1996年开始，一直在64%上下波动，已经构成全国总收入差距的主体。世界银行的研究表明，世界上多数国家城乡收入比为1.5，超过2的很罕见，1995年中国就已经达到2.5，如果加上城市居民所享有的公共福利，城市居民的实际收入还会增加72%。

[5] 在现有的城乡分割的格局下，一味地仅仅靠增加对农民的"反哺"去缩小城乡收入差距，不仅需要巨额的财政支出（相对巨大的农村人口，转移支付增加再多影响都有限），还会增加农民外出打工的机会成本，加剧青年劳工的短缺，阻滞"只有减少农民数量才能富裕农民"的城镇化进程。

[6] 为农民工进城居住和工作创造良好的政策环境，取消实行长达2600年的农业税，实行农村免费义务教育、农村最低生活保障制度和新型农村合作医疗制度等，而且，对拖欠农民工工资问题的解决也在客观上增加了农民工收入。

的现实条件下，有必要尽快找出城镇化进程快速推进与城乡收入差距不断扩大并存的内在原因。一种相对合理的解释是，城市中的农业转移人口工资待遇比较低，工作环境也不稳定。与人力资本相对较高的城市本地居民相比，从农村落后地区迁入的移民主要在次要劳动力市场中谋生，从而填补迁入地劳动力市场的结构性短缺。

除此之外，从中国城镇化进程的特殊性出发，或许更能找到解决矛盾的关键。由于户籍制度的存在，中国的城镇化出现了两个阶段。第一个阶段是大量农村人口实现职业、地区的转变，即实现非农化；另一个阶段是实现了身份的转变，即实现市民化。前者是指接纳各地农民进城定居，提高城市人口在总人口中的比例，后者指进入城市的农民逐步被城市消化和吸收，变成真正的城市居民。这两个任务相互包容，连续进行。然而，中国的实际情况是，这两个阶段并未保持一定的连续性，反而出现了割裂状态，这也使得目前进入城市的约2.4亿人的农村转移人口仍然无法真正融入城市，尽管在生活形式上与城市居民无异，甚至在统计数据上已被计入城镇人口，然而却在享受政府公共福利方面与城镇人口差距巨大[①]，即无法在住房、教育、医疗、社会保障等公共服务领域享有与城镇居民相同的待遇，这成为拉大城乡收入差距的重要因素[②]。事实上，第二阶段市民化才是中国城镇化极为重要的内容和核心问题，这是因为，城镇化与市民化之间的关系是这样的，城镇化的本质是市民化，是城镇化进程中最为深刻的层面，而城镇化则是市民化的必要前提条件和外部条件。城镇化为农民最终完成从农民到市民的角色转型提供了重要通道，在农村现代化与城市化的发展阶段中，市民化才是最终归宿，正是在这样的现实背景下，本书认为进行此研究极具现实意义[③]。

在这样的背景下，本书从城乡收入差距的视角研究市民化问题，能够推动现有市民化的相关理论研究更加深入和完善。当前，中国广泛地存在着以现代化工业为主的城市经济和以传统农业为主的农村经济并存的城乡二元结构，农业转移人口的市民化进程，其实质就是实现城乡二元结构向一元化的现代经济结构转化。现有的相关研究大都是从城镇化与城乡二元结构理论、公共服务均等化理论等成熟的理论体系出发研究市民化过程中遇到的问题，而本书则在上述成熟理论的基

---

① 据相关统计，由于户籍制度的存在，在城乡居民收入中，2007～2012 年城镇居民的转移性收入相当于农村居民转移性收入 10 倍以上。

② 据全国人大教科文卫专委会委员马力测算，我国农村和城市福利待遇人均相差 33 万元，一般大城市为 50 万元以上，中小城市为十几万元。

③ 本书对农业转移人口市民化的研究焦点主要集中在政治和经济层面，因而所界定的"农业转移人口市民化"，主要是指使已进入城市的农民成为城市户籍人口或与城市户籍人口享有同等待遇，并不包含对农民工获得社会认知和归属感等心理层面的探讨。

础上，从城乡收入差距的视角研究市民化的体制约束和政策推动等问题，构建一个解决市民化问题更加系统的理论框架。

农村转移人口市民化进程涉及中国公共服务体系建设的战略布局与思路，从城乡收入差距的视角看待农业转移人口市民化问题，能够促进公共服务均等化理论的发展。基本公共服务概念的提出是在中国特殊的国情条件下，由于不能同时满足所有公共服务的均衡提供，而对公共服务按照重要性、基础性的原则进行的范围限定，其包括公共卫生、教育文化、就业再就业服务、社会保障、生态环境、公共基础设施、社会治安等方面。事实上，农民工市民化的过程，其实质就是社会福利和公共服务均等化的过程，并且，市民化作为中国下一阶段实现公共服务均等化面临的现实问题，对中国公共服务体系建设也提出了挑战，因而，针对市民化问题所构建的研究框架，能够成为公共服务均等化理论的有益补充。

因此，农业转移人口市民化，不仅是中国长期关注的重大理论和现实问题，而且是发展中国家目前正在发生的人口城市化规律。自党的十八大报告提出有序推进农业转移人口市民化的战略要求后，对于中国民生发展与结构调整来说，市民化实现已越来越呈现出必要性与紧迫性，对此，本书立足中国经济社会发展实践，探讨农业转移人口的市民化过程中可能面临的体制障碍与挑战，深刻剖析市民化问题，旨在提出实现市民化的路径与政策。具体地，本书研究的理论意义在于：

（1）深度剖析中国农业转移人口市民化的内涵和实质，为理论研究和政策制定提供研究基础。在当前城镇化快速推进的大背景下，深入剖析推进农业转移人口市民化的实质与内涵具有基础性意义；而且由于历史条件的限制和当前现实条件的约束，研究约束条件对中国当前推进农业转移人口市民化具有现实性意义；更为重要的是，快速、有效地推进市民化必须有一定的标准和方向，因此，系统研究农业转移人口市民化问题更具紧迫性。

（2）准确描述当前中国农业转移人口市民化推进现状和障碍，提出切实可行的推进路径和策略。如何推进当前中国农业转移人口市民化是政策制定和实施的出发点，借鉴国内现有的研究成果并结合前期研究基础，这不仅为理论分析和政策设计提供了现实依据，也将极大地弥补已有理论研究的不足。通过对推动农业转移人口市民化影响因素的分解，其不仅可划分为就业、社会保障等方面的不同类型公共服务，也可划分为不同类型的农业转移人口。通过比较不同区域、不同群体及不同城市水平下推进农业转移人口市民化的实际情况，提出切实可行的推进路径和策略。

（3）构建推进农业转移人口市民化的激励机制，为政策实施提供体制保障。如何激励地方政府推进农业转移人口市民化是中央政府必然面对的现实问题。从体制层面探讨地方政府履职困难的原因，用经济理论构建中央政府和地方政府之间的博弈关系，建立以中央政府和地方政府最优分权和中央政府转移支付激励为核心的地方政府激励机制，以此破解当前地方政府在推进农业转移人口市民化进程中出现的消极动机和政策执行偏差问题。

（4）通过理论与实践层面的反复论证，提出当前推进农业转移人口市民化的政策体系。在深度剖析相关问题并重新构建推进农业转移人口市民化的激励机制后，必须在实践层面，也就是政策层面进行结合，梳理财政政策并推进农业转移人口市民化进程。分析推进农业转移人口市民化的政策体系，找出适用于不同区域、不同人群的市民化对策，解决市民化面临的体制与财力约束，实现对市民化问题的推进。

当前，推进农业转移人口市民化已经成为各级政府的重要任务，面对户籍制度造成的城乡二元割裂状态，以及由此造成的经济、社会发展不平衡问题，研究通过推进农业转移人口市民化来缩小城乡收入差距具有积极的现实意义。从宏观层面来看：

第一，推进农业转移人口市民化是实现城乡发展平等地位的重要途径。在推进市民化进程时，应该充分体现以人为本的理念，平等地对待城市居民与农村居民，并给予同等的发展机会。在城乡交流的进程中，不仅要实现人口在城乡之间的相互流动，还应该包括技术、资金、资源等其他要素的相互融合，逐步达到城乡之间社会的全面协调发展。

第二，推进农业转移人口市民化是中国未来改革的主流。目前中国正处在一个大的转型时期，各种制度还亟须进一步完善，改革必然是未来中国经济发展的主线。随着城镇化的快速推进，城市中户籍制度的存在已经成为严重影响资源相互流动的壁垒。户籍制度改革势在必行，推进市民化完全符合经济发展的根本需要，顺应了改革的潮流。

第三，推动市民化是当前中国经济社会发展的必然要求。从目前的实际情况来看，大量农业转移人口定居城镇已经不可逆转，但难以融入城市社会，市民化进程严重滞后，未能在教育、就业、医疗、养老、保障性住房等方面享受城镇居民的基本公共服务，产业集聚与人口集聚不同步，城镇化滞后于工业化。城镇内部出现新的二元矛盾，农村留守儿童等问题日益凸显，给经济社会发展带来诸多风险隐患。在传统发展方式难以为继，社会发展面临诸多矛盾的情况下，实施市民化政策无疑为中国经济社会健康发展提供了新的思路。

综上所述，本书以缩小城乡收入差距为目标，全面评价农业转移人口市民化政策，通过分析市民化政策实施的理论依据，探讨推进市民化的路径选择，从而为市民化政策的改善与实施提供依据和政策指导。

第二节　相关概念界定

一、城乡收入差距

（一）城乡收入差距概述

城乡收入差距是经济发展不平衡的必然结果，从经济社会发展的规律及世界各国的经验来看，无论是增长理论还是非均衡发展理论都表明，在一定时期，特别是工业化阶段，城乡收入差距是各国经济发展过程中普遍存在的现象。

城乡收入差距根据不同的指标具有不同的解释，从狭义理解，城乡收入差距仅指城乡居民的工资性收入差距，而广义收入差距泛指城市和农村之间各方面的差异，包括收入分配、消费投资、教育、卫生、医疗、公共设施、社会福利、公共投入等多种差距。虽然城乡居民收入差距是由多方面的因素造成的，但是它是经济发展不平衡的必然结果，这是因为工业与农业部门在生产方式、组织效率及发展进程方面存在必然的差异。

19 世纪初的古典经济学家李嘉图用工业与农业部门之间生产方式与产品需求方式的不同解释了城乡差距的根源，他认为农业部门由于依赖不可再生的土地资源，存在收益递减的规律，而城市工业则具有收益递增的趋势，加上农产品的收入需求弹性相比工业品要低得多，因此，城乡之间存在收入差距是必然的。

城乡收入差距的根源是城乡经济发展格局的差异，它是城乡经济发展不平衡的必然结果。城市与农村之间由于地理环境、历史形成条件等的不同，存在着自然的差别。《现代汉语词典》对城市的定义是："人口集中、工商业发达、居民以非农业人口为主的地区，通常是周围地区的政治、经济、文化中心。"而对农村广泛的共识就是主要以农业为生，该地域内通常不具备生产、生活、服务，特别是贸易等功能，同时也没有完备的卫生、教育、娱乐等设施，居民频繁交往的范围也仅限于村庄之内。由"城市"和"农村"的定义可以看出，城乡之间一开始就存在着自然差距。城市居民在生活的便捷性、享受公共服务的便利程度等方面都是显著地高于农村居民，城乡居民的生活质量、收入水平的差距也就客观存在了。

（二）城乡收入分配差距的基本判断

1. 对城乡收入差距大小的测度

看城乡收入差距应主要看城乡收入比[①]，对此，从城乡收入比的动态发展

---

① 测量城乡收入差距常用的指标还有基尼系数，考虑到我国基尼系数的测算差异较大，本书对城乡收入差距的指标选取为城乡收入比。

变化来观察城乡收入差距。20 世纪 80 年代初，城乡收入比呈缩小趋势，80 年代中期到 90 年代中期则呈扩大趋势。城乡居民人均实际收入的比率，1983 年为 2.15，1987 年其比率已恢复到 1978 年的水平，1994 年达到最高点的 2.93 倍。1998 年以后中国经济持续高速增长，带来了居民收入的大幅度提高，而城镇居民人均可支配收入的增长速度一直明显快于农村居民人均纯收入增长速度，致使 1998 年之后城乡收入差距呈逐年增大态势，2002 年以来，中国城乡收入比一直在"3"以上（图 1-1），然而，相关资料表明，中国城镇居民的转移性收入相当于农村居民转移性收入的 10 倍以上，成为世界上城乡收入差距较大的国家之一。进入 21 世纪以来，城乡收入分配差距并没有出现缩小的趋势。李实和魏众（2009）的研究结果表明，城乡之间居民收入差距由样本调整前的 3.3 倍提高到样本调整后的 3.87 倍，如果把城乡居民享有不同的社会福利和保障考虑在内，差距会更大。

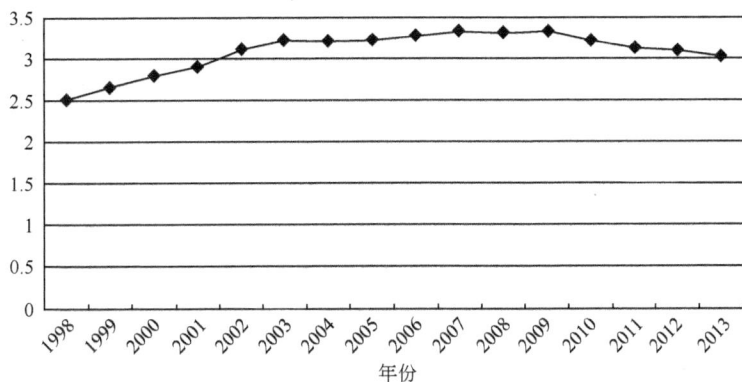

图 1-1 1998～2013 年中国城乡收入比

2. 城乡收入差距的来源构成

如果从收入来源进一步详细了解差距的分解状况，城乡居民收入按来源可分为工资性收入、家庭经营性收入、财产性收入和转移性收入。一是城乡居民工资性收入差距在扩大。2000 年、2005 年与 2010 年的城乡工资性收入分别为 6.38 倍，绝对差距分别为 3779 元、6624 元、11 277 元，2011 年差距则为 5.20 倍，绝对差距为 12 449 元。工资性收入差距不断扩大，这一方面是由中国产业结构造成的，另一方面是由中国当前城市偏向的政策造成的。二是城乡居民经营性收入差距在缩小。2000 年城镇居民经营收入为 246 元，农村居民经营收入为 1427 元，农村高出城镇 4.8 倍，绝对差距为 1181 元。2011 年城镇居民经营性收入为 2210 元，农村居民经营性收入为 3222 元，绝对差距为 1012 元。三是城乡居民财产性收入差距差别不大。2000～2011 年，城镇居民财产性收入由 218 元增加到 649 元，增加了 431 元；农村居民财产性收入由 45 元增加到 229 元，增加 184 元。四是城乡居民转移性收入存在巨大差距。城镇居民转移性收入由 2000 年的 1141 元增加到 2011 年的 5709 元，增加了 4568 元；同期，农村居民转移性收入由 79 元增加到 563 元，增加了 484 元。到 2011 年，城乡居民转移性收入差距达到 10.14 倍，城镇居民仅转移性收入一项就相当于当年农村居民人均年纯收入的 81.83%。同样的研究结果来源于赵人伟（2007）的研究，他把城乡居民户收入水平进行十等分组，城镇居民大多数集中在高收入组中，而农村居民户在低收入组中占有极高的比例。从收入构成上看，城乡居民收入差距主要来源于城镇居民的高补贴和高福利，而不是城镇职工的名义上的劳动报酬收入，如果再加上不便于计算的福利性收入，城镇居民获得的实际补贴额会更高①。

因此，从城乡收入差距的构成来看，工资性收入和转移性收入成为当前城乡收入差距的最为重要的两部分内容，而经营性收入和财产性收入差距并不是很大，因此，在本书的研究中，将工资性收入和转移性收入作为城乡收入差距的主要内容，而经营性收入和财产性收入则忽略不计。

城乡福利差距构成城乡收入差距的主要方面。关于城乡收入差距的研究重点比较了城乡居民存在的巨大福利差距。在社会保障方面，收入水平和生活水平相对较高的城镇居民得到了更多更好的社会保障，而收入水平和生活水平较低的农村居民则享受较低的社会保障水平，这无疑使城乡居民之间的收入分配差距进一步扩大。在公共设施建设方面，城市交通便利，通信发达、各种文化设施齐全，而在广大农村，尽管生产生活环境已经大大改善，但仍有一些地区基础设施较为匮乏。改革开放以来中国城乡居民历年收入及收入比如表 1-1 所示。

表 1-1　改革开放以来中国城乡居民历年收入及收入比

年份	农村居民人均纯收入/元	城镇居民人均可支配收入/元	城乡居民收入比
1978	134	343	2.56
1979	160	387	2.42
1980	191	478	2.50
1981	223	492	2.21
1982	270	527	1.95
1983	310	564	1.82
1984	424	651	1.54

---

① 如果城镇居民收入中加上各项社会福利，农村居民收入中减去购买农业生产资料支出，则前者是后者的 5～6 倍，而世界上大多数国家只有 1.5 倍。

年份	农村居民人均纯收入/元	城镇居民人均可支配收入/元	城乡居民收入比
1985	398	739	1.86
1986	424	900	2.12
1987	463	1 002	2.16
1988	545	1 181	2.17
1989	602	1 376	2.29
1990	686	1 510	2.20
1991	709	1 701	2.40
1992	784	2 027	2.59
1993	922	2 577	2.80
1994	1 221	3 496	2.86
1995	1 578	4 283	2.71
1996	1 926	4 839	2.51
1997	2 090	5 160	2.47
1998	2 162	5 425	2.51
1999	2 210	5 854	2.65
2000	2 253	6 280	2.79
2001	2 366	6 860	2.90
2002	2 476	7 703	3.11
2003	2 622	8 472	3.23
2004	2 936	9 422	3.21
2005	3 255	10 493	3.22
2006	3 587	11 760	3.28
2007	4 140	13 786	3.33
2008	4 761	15 781	3.31
2009	5 153	17 175	3.33
2010	5 919	19 109	3.23
2011	6 977	21 810	3.13
2012	7 917	24 565	3.10

综上所述，城乡收入差距一直处于较大的区间，虽然近两年城乡收入差距有所缩小，但是，这个趋势的时间长短及影响因素仍是值得考察的问题。因此，本书认为中国城乡收入差距绝不能忽视城乡二元制度的影响，也就是说，二元经济结构才是中国城乡居民收入差距扩大的深层次影响因素，正是城乡分割制度造成了中国目前城乡福利方面的巨大差异，而这样的巨大差异也导致制度设计和政策

制定的重要性和紧迫性更为凸显。

二、农业转移人口

历史上讨论城乡人口界限时，通常有几种不同的定义，将不可避免地遇到各种不同口径的城乡分类问题，因此客观地把握城乡界限，充分考虑统计数据的可比性是研究城乡收入差距的基础。在探讨农业转移人口的概念之前，有必要将城镇人口与非农业人口的概念进行辨析，这是认识农业转移人口概念的关键。

"城镇居民"是指在城镇具有固定的住所、职业和收入来源，并且户口属于城镇户口的人员；或者户口虽未落在城镇，但是其已经在城镇居住、工作、生活达到一定期限。由此可以看出，"城镇居民"并不以或并不仅仅以户口或户籍为标志，如果户口登记为"自理口粮户口""蓝印户口""地方城镇居民户口"的人员以及户口虽未落户城镇，但是其已在城镇居住、工作、生活并且已经达到一定期限的人员，同样可以被认为是城镇居民。"非农业人口"是指其居住、工作、生活均在城镇，而且户籍就是城镇户口。"非农业户口"自然会被认定为"城镇居民"，属于"城镇居民"的一部分，换言之，"城镇居民"所包含的主体远比"非农业人口"的概念要广。

中央政府正式提出"农业转移人口"的概念是在 2009 年中央经济工作会议上，"农业转移人口市民化"的提法则是出现在 2012 年党的十八大报告中，与"十二五"规划中提出的"稳步推进农业转移人口转为城镇居民"具有内在一致性。从狭义来看，农业转移人口主要是指在本地乡镇企业或进入城镇从事非农产业的农业户籍人口[①]，从范畴的概念来讲，农业转移人口属于城镇居民，但是不属于非农业人口，农业转移人口与非农业人口共同组成了城镇人口。为了研究的需要，在此对农业转移人口的概念和形成历程进行详细解释。

农业转移人口是农业剩余劳动力向非农产业转移、农村剩余劳动力向城市及城镇转移的过程，涉及产业与空间的双重转移。党的十一届三中全会以后，改革开放在农村拉开了大幕，农村改革推行家庭联产承包责任制，粮食产量经过多年的丰收以后，大量的劳动力从土地上转移出来，开始转向第二、第三产业，于是，乡镇企业异军突起，开创了"离土不离乡"的农村劳动力转移模式，产生了大量的在乡农业转移人口。进入 20 世纪 90 年代后，经过 90 年代初期三年的治理整顿，受政策调控的影响，乡镇企业吸收劳动力的速度大为趋缓，而随着沿

---

① 农业转移人口是对"农民工"概念的替代，自中央提出农业转移人口市民化之后，学术界的研究重点仍主要集中在进城外来农民工市民化方面，本书在后续行文中，考虑到研究需要和内在一致性，对这两个概念未做区分，也就是说，本书认为农业转移人口与农民工的内涵相同。

海地区经济快速发展创造了大量就业机会，以及邓小平南方谈话以后中国向市场经济的快速转轨，农业转移人口大幅增加。而 90 年代末期，随着国企改革、下岗工人再就业等城镇就业压力的不断增大，一些城市对外招用农民工采取限制性措施，转移人口增幅放缓。由于工业发展的需要，政府开始鼓励农民进城务工。户籍制度在某些沿海城市开始松动，在高工资和户籍制度双重因素吸引下，大量的农民进入城市，形成了改革开放进程中的"民工潮"现象。进入 21 世纪以来，农民工已经成为产业工人的主体，城镇中农业转移人口约 2.4 亿人，占城镇人口的 35% 左右。大量的农业转移人口从农村进入城市，为城市的发展作出了巨大贡献的同时，对农村经济的繁荣和沟通城乡关系起到了决定性作用。农业人口经过多年来不断向城市转移，现在已经成为城市居民的重要组成部分，但是户籍身份的限制对于大多数农业转移人口来说，仍然是融入城市难以逾越的障碍。

三、城镇化与市民化

城镇化率是一个国家或地区城镇化水平的主要指标，也是衡量一个国家或地区经济发展水平的重要标志。目前通用的城镇化计算方法有两种：一是城镇化率＝城镇人口/总人口×100%，现在统计部门均采用这种计算方法；二是城镇化率＝非农业人口/户籍总人口×100%。目前，中国常住人口城镇化率为 53.7%，户籍人口城镇化率只有 36% 左右，不仅远低于发达国家 80% 的平均水平，也低于人均收入与中国相近的发展中国家 60% 的平均水平[1]（表 1-2）。所以，目前统计出的城镇化率的质量不高，并不能在真正意义上代表中国城镇人口的聚集程度。

---

[1] 在目前城乡二元户籍制度还没有被破除的情况下，一个地区或城市往往以非农业户籍作为享受市民待遇的依据。根据我国城镇化率的统计口径，城镇化率与统计口径的变化有很大的关系。在严格实行户籍制度的计划经济时期，如 1964 年的第二次人口普查和 1982 年的第三次人口普查，都是把非农业人口统计为城市人口，把农业户口统计为农村人口。随着农村劳动力向城市流动规模越来越大，由于户籍制度调整的进程未能与人口流动保持同步，户籍身份就不能够准确地反映城乡的实际居住状态。针对这种新情况，1990 年进行的第四次人口普查采用了常住人口的概念，即那些离开家乡进城超过一年的流动人口，也被算作城市常住人口。这次人口普查的结果，随后被国家统计局用来作为基础数据，对 1982～1990 年的所有数据进行了调整。到 2000 年的第五次人口普查，离开家乡进入城市的时间只要达到半年，即使没有改变户籍，也被看成城市常住人口。国家统计局也据此对 1990～2000 年的城市化数据进行了调整。从此以后，城镇人口被定义为：在城镇居住 6 个月或以上的居民，而无论其户口登记地在哪里。其结果是城镇化率与非农化率产生了较大的差距，2007 年城镇化率比非农化率高出 12 个百分点。据 2013 年最新统计，2012 年的城镇化率为 52.27%，比非农化率高出 17 个百分点。我国城镇化人口的统计按国际惯例进行，即在城镇连续居住超过 6 个月，便统计为城镇人口。但实际上，他们中绝大部分没有真正变成城镇居民，也没享受到城镇的医疗、教育等公共服务。

表 1-2　历年城镇化率及城镇化增长率

年份	城镇化率/%	比上年增加百分点	年份	城镇化率/%	比上年增加百分点
1949	10.64	—	1981	20.16	0.77
1950	11.18	0.54	1982	21.13	0.97
1951	11.78	0.60	1983	21.62	0.49
1952	12.46	0.68	1984	23.01	1.39
1953	13.31	0.85	1985	23.71	0.70
1954	13.69	0.38	1986	24.52	0.81
1955	13.48	−0.21	1987	25.32	0.80
1956	14.62	1.14	1988	25.81	0.49
1957	15.39	0.77	1989	26.21	0.40
1958	16.25	0.86	1990	26.41	0.20
1959	18.41	2.16	1991	26.94	0.53
1960	19.75	1.34	1992	27.46	0.52
1961	19.29	−0.46	1993	27.99	0.53
1962	17.33	−1.96	1994	28.51	0.52
1963	16.85	−0.48	1995	29.04	0.53
1964	18.37	1.52	1996	30.48	1.44
1965	17.98	−0.39	1997	31.91	1.43
1966	17.86	−0.12	1998	33.35	1.44
1967	17.74	−0.12	1999	34.78	1.43
1968	17.62	−0.12	2000	36.22	1.44
1969	17.50	−0.12	2001	37.66	1.44
1970	17.38	−0.12	2002	39.09	1.43
1971	17.26	−0.12	2003	40.53	1.44
1972	17.13	−0.13	2004	41.76	1.23
1973	17.20	0.07	2005	43.00	1.03
1974	17.16	−0.04	2006	43.90	1.02
1975	17.34	0.18	2007	44.90	1.02
1976	17.44	0.10	2008	45.70	1.02
1977	17.55	0.11	2009	46.60	1.02
1978	17.92	0.37	2010	49.68	1.07
1979	18.96	1.04	2011	51.27	1.59
1980	19.39	0.43	2012	52.57	1.30

　　城镇化的本质是人口的城镇化，即市民化。在一般意义上界定市民化的概念，它是以人口转移和职业转换为切入点，认为市民化过程是指农民离开土地和农业生产，向城市转移并在城市非农产业就业，其身份、地位、价值观念、生活方式

以及公共服务等方面向城市居民转换的经济社会过程[1]。对农业转移人口市民化而言，一般认为是指从与政府相关联的技术层面上推进农民、城市农民工等获得作为城市居民相同的合法身份和社会权利的过程，如居留权、选举权、受教育权、劳动与社会保障权等。在中国，最明显的标志就是获得所在地的城市户口。

当前，以城镇人口口径计算的城镇化率[2]，既将镇域行政区内的农业人口统计为城镇人口，又将在城镇居住半年以上的农民工等外来人口统计为城镇人口，这两部分人并没有享有所在地城镇的市民身份和基本公共服务待遇，就是说并没有实现市民化。以非农业户籍作为享受市民待遇的依据，主要是考虑在城乡二元结构中各城市将非农业户籍人口与享受市民待遇直接挂钩，在目前城乡二元户籍制度还没有破除的情况下，一个地区或城市往往以非农业户籍作为享受市民待遇的依据。因而一个简便的计算市民化率的公式是：市民化率=非农业人口/常住人口×100%。市民化率的实质就是一个地区或城市中享受市民待遇的人口占全部常住人口的比例。

从城镇化与市民化的发展来讲，市民化对中国当前的经济社会发展具有更为显著的作用，一方面，不仅有助于推进工业化和城市化进程，实现农村富余劳动力的转移，而且能够从根本上缓解人地矛盾，从而有利于土地资源优化配置。另一方面，市民化有利于保障农民切身利益，不仅能实现社会权利上的平等，而且通过给农民以市民同样的公民待遇，能使农民文明素质得到提高，从而实现更大范围的公平与正义。

四、双重二元结构

城乡二元结构体现着以往城乡分割的限制，渗透着城乡农业、非农业两种户口的权利不平等。同时，城乡二元结构随农民工进城就业延伸到城镇内部，变为市民与农民工权利不平等的二元社会。因此，笔者认为中国存在双重二元结构，即城乡二元结构和城市内部二元结构。

（一）城乡二元结构

二元结构首先表现为城乡二元经济结构，它是指以社会化大生产为主要特点的城市经济和以小农生产为主要特点的农村经济并存的经济结构。由于历史因素及经济政策长期的城市偏向，相比于其他国家，中国具有更为典型的二元经济结构特征。

---

① 事实上，农业转移人口市民化还有第二种定义，它是指以素质和能力的发展为落脚点来界定概念，认为市民化是指作为职业的"农民"和作为社会身份的"农民"在向"市民"转变的进程中，发展出相应的能力，学习并获得市民的基本资格、适应城市并且具备城市市民基本素质的过程。为了研究的需要，本书选择第一种定义。

② 城镇化率与统计口径的变化有很大的关系。

中国城乡二元经济结构矛盾由来已久，20 世纪 50 年代，中国选择了城乡分割的二元户籍制度，在城市实施优先发展重工业的工业化战略，而在广大农村，大量的农民从事效率低下的传统农业，收入增长十分有限，形成了"城乡分割，重城轻乡，重工轻农"的分配格局，初次分配中实行工农产品价格差制度，将农村居民的部分收入转移至城镇。此外，通过严格的户籍制度将农民束缚在土地上，直接导致了城乡居民在获取收入方面的起点的严重不平等。多年来，正是由于这一制度，不仅直接导致城乡居民收入差距高居不下，而且也使得城乡居民在获取公共服务方面面临着巨大的差异，教育、医疗、就业与社会保障等各方面公共服务都存在严重的差异，同时这也导致了城乡居民在精神文化生活方面存在着巨大差异，城市居民可以享受到高层次的精神文化生活，而农村居民则没有这样的机会和条件，只能生活在相对封闭和落后的农村。物质与精神的双重不足，导致城乡之间的差距已经到了必须进行改革的时候。

（二）城市内部二元结构

城市内部二元结构的概念是特指在城市出现的以外来务工人员为一元，以户籍人口为另一元的经济社会结构的分割。近年来，越来越多的学者以及政府部门开始关注这种现象，城市内部二元结构具体表现为：外来务工人员在就业方面受到歧视，特别是某些部门对户籍的限制，导致大量进入城市的农业转移人口不能享受到城市教育、医疗、社会保障、保障性住房等公共服务，他们在进入城市为城市建设和经济发展作出了巨大贡献的同时，并没有享受到与城市居民平等的公共服务。外来务工人员不能与城市居民平等竞争，使得外来务工人员在后续竞争力方面存在先天弱势，而且差异水平因不同城市而区别较大[①]。所以，由于户籍制度的存在，城市户籍居民与大量农业转移人口共存于城市中，形成了新的二元结构，称之为城市内部二元结构（陈钊和陆铭，2011）。

城市内部二元结构与城乡二元结构既有联系，又有区别。联系主要表现在：城市内部二元结构是在城乡二元结构的基础上形成的，正是由于城乡分割的体制，导致大量进入城市的农村剩余劳动力只能实现职业的转变，而不能实现身份的转变，无法享受与城市户籍居民相同的公共服务。区别主要表现在：传统的城乡二元结构是空间上分离的，主要特征是城市部门和农村部门在生产力发展阶段和水平上的巨大差别；而城市内部二元结构是空间上重合的，以农业转移人口和城市居民依身份不同所享受到的差别待遇为特征。

[①] 截至 2012 年，在城市工作半年以上的农民工及其家属（近 2 亿人）处于"半市民化"状态，也就是说，在本质上，城乡分割制度造成城市内部存在户籍身份差异的两个群体，这两个群体之间的社会分割在收入、信任、幸福感等方面均有体现（陈钊和陆铭，2011）。

从现实情况来看，农村劳动力流入城市后，由于自身素质与体制因素的共同影响，在各方面都处于不利地位，因此，必须从体制上进行相应调整。既然城市内部二元结构是在城乡二元结构的基础上产生的，那么必须通过体制改变城市内部形成的二元结构。随着经济的快速发展，城镇化进程快速推进，对农业转移人口的吸纳能力更强，大城市的城市内部二元结构更为突出[①]。如果城市内部二元结构不能有效化解，则将造成城市户籍居民与外来务工人员之间的排斥和对立不断加强，由此将造成社会不安定因素的不断增加，因此，解决城市内部二元结构问题关系到城市经济社会的平稳发展（Golley and Meng，2011）。

第三节　研究方法与基本框架

研究方法是实现研究目标的重要保证，采用科学的并且切实可行的方法，是研究的重要基础，也是证明结论可靠性的依据。而严谨的框架结构，是研究得以顺利完成的关键。

本书主要运用归纳与演绎、实证分析与规范分析以及定性与定量相结合等方法。

第一，归纳与演绎相结合。演绎和归纳是理论研究最基本的分析方法。本书采用归纳分析方法描述了中国市民化政策的制定和实践，而在对推进市民化的理论依据和路径选择方面主要用演绎方法。归纳是演绎的基础，只有对客观事物进行全面归纳，才能在客观事物中发现事物发展的规律，为继续进行研究打下坚实基础。演绎是归纳的发展，对事物的发展进行理性分析，对其中规律进行深层次探讨和摸索，才能发现规律、运用规律。

第二，实证分析与规范分析相结合。本书采用实证研究分析了不同的市民化政策对城乡收入差距的影响。在实证分析中，作者广泛运用前沿的分析工具及相关学科的最新成果，采用可计算一般均衡（CGE）模型、系统广义矩估计（sys-GMM）及数值模拟等方法进行实证分析。在实证分析的基础上，分析缩小城乡差距的路径选择，集中运用了规范分析的方法，特别是在市民化政策的价值判断等部分，对如何实施市民化政策进行了全面而又充分的规范分析。实证分析与规范分析相互结合，注重经济学研究中的科学与价值相统一，是本书的重要特色之一。

第三，定性与定量相结合的方法。本书在影响机理部分，首先运用定性分析，

---

① Golley 和 Meng（2011）发现，中国农村仍然存在大量低技能劳动力，他们的就业不充分并且收入较低，如果改变城乡分割的制度，那么，通过提高农民工在城市里的时间或农民工的人数（或者两者同时变化），很容易将农民工的存量从当前的 1.5 亿人提高到 3 亿人。

深入讨论市民化政策对城乡收入差距造成的影响，着重分析当前以户籍制度为核心的市民化政策制定和实践的制度基础。在定量部分，运用可计算一般均衡模型（CGE）进行定量研究，从而对市民化政策与城乡收入差距之间的影响进行定量展示。在路径选择部分，市民化策略的实施目标采用定性分析，而政策实施主体和实施方式部分则采用定量分析，定量分析中用到博弈论、系统广义矩估计（sys-GMM）及数值模拟等方法，是为了能够更为清晰地论述如何通过市民化政策实现缩小城乡收入差距的目标。

此外，本书还运用了其他多种研究方法和研究手段：

（1）比较分析法。比较分析法包含纵向比较和横向比较。在系统梳理现有研究成果和规范做法时，在很多地方都应用比较分析法。例如，不同学者对于农业转移人口市民化的解析和约束条件有不同的看法。对这些看法进行比较分析，并得出符合现实的、科学合理的分析；在研究市民化过程中公共服务纵向和横向不同，绝对值和相对数也不同，从不同中找出共同的规律。

（2）实地调查法。实地调查需要选择有代表性的样本区域进行调查，本书选择不同规模、不同区域、不同级别的若干城市进行调查。在研究过程中，需要了解不同区域不同城市在农业转移人口市民化实践中采取的政策类型有哪些，遇到的问题有哪些；还需要调查不同类型的农业转移人口面临的公共服务需要有何差异；需要使用实地调研、专家访谈、调查问卷等实地调查方法。

（3）文献分析法。文献分析法主要指搜集、鉴别、整理文献，并通过对文献的研究，形成对事实科学认识的方法。对于推进中国农业转移人口市民化的研究时间虽然不长，但是却产生大量的研究成果，这些研究成果为中国制定转移人口政策提供了重要线索。鉴于当前农业转移人口市民化的紧迫性，这些研究成果依然具有很强的参考价值。本书在研究过程中，将大量使用文献分析法，通过对各种研究成果进行评述，为当前的研究提供基础和条件，为本书进一步的研究提供强有力的支持和论证。

（4）历史分析法。中国农业劳动力从农村向城市地区转移的规模、诉求以及中国针对农业转移人口的政策都是不断发展变化的，只有通过对农业人口转移的不同阶段加以联系和比较，才能揭示其发展趋势。农业转移人口市民化问题从改革开放至今一直在发展变化。分析农业转移人口市民化不同阶段的特点，需要从历史分析的角度考察其产生和演进的基本历程，明晰其理论方法的来龙去脉及其历史与现实原因，才能揭示其发展趋势，并从中得到一些富有启发性的结论。

（5）新政治经济学分析方法。新政治经济学的核心是利益不一致性，农业转移人口市民化过程中各相关主体也存在利益不一致性。本书运用西方新政治经济学的分析方法，考虑政治因素对经济结果的影响，把政策纳入分析框架使其成为一个内生变量而不是通常研究的外生变量，分析农业转移人口市民化行为主体间的相互关系和影响，进而设计行为主体间的激励机制，并指导农业转移人口市民化的实践。

（6）数理经济学方法。在研究和刻画经济主体的行为时，可以使用均衡分析、比较静态分析、最优化分析、博弈论以及动态分析等数理经济学方法，保证逻辑一致性。在分析政府支付农业转移人口市民化成本对税收、企业利润、GDP、居民消费水平、就业、政府债务等宏观经济波动产生的交叉动态影响时，为描述这一影响机制，可以采用动态一般均衡模型进行捕捉。

第四节 本书拟解决的关键问题

概括来说，本书的主要研究内容分为四个部分：①对中国近年来城镇化进程中城乡收入差距不断拉大进行现象描述，通过理论介绍与政策回顾，分析在缩小城乡收入差距的目标下，对市民化政策的实施进行评价。②根据市民化政策对城乡收入差距的影响机理，实证分析市民化政策对城乡收入差距的影响程度，并根据实证结果，寻找当前市民化政策出现的偏差，通过分析出现偏差的体制原因，为继续研究打下基础。③通过定性与定量相结合的办法，开展对市民化实施的路径选择研究，包括市民化的目标、主体及方式。上述市民化政策实施路径选择以理论分析为基础，通过在委托代理框架下构建博弈模型选择市民化实施主体，并通过构建两部门一般均衡模型，以计量方法和数值模拟进行论证，最后提出市民化路径选择的实施方式。④通过调整市民化政策的财政体制、政府责任及市民化措施等建议来达到缩小城乡收入差距的目的。

本书在以下几个方面试图有所尝试：

理论方面：①在经典经济理论的基础上，通过借鉴以往的研究成果，以缩小城乡差距的目标，全面评价市民化政策的实施。②结合中国实际，以当前的户籍制度变迁作为研究的逻辑起点，实证分析以户籍制度变迁为基础的市民化政策对城乡收入差距的影响。③从市民化实施路径选择方面，对市民化政策选择的价值目标、实施主体及实施路径进行详细论证和分析，并提出合理的实施思路。④设计针对地方政府的激励机制。地方政府作为代表本地区利益的主体，只考虑本地区居民的利益，对于利益外溢的基本公共服务，地方政府承担了额外成本，作为理性经济人的地方政府没有足够的动力行动，由此导致该类公共服务提供不足。设计针对地方政府的激励机制，加快推进农业转移人口市民化进程是本书的难点问题。⑤建立农业转移人口市民化的政策体系。全面推进农业转移人口市民化是一项长期开展并不断变化的系统性工作，因此需要一整套政策保障。如何将财政能力、体制激励、配套制度等多方面能够保障市民化有序推进的方式放入同一框架，研究在市民化的过程中可能使用到的地方税系、财政预算、政府补贴、中央转移支付制度等财税体制方面的政策组合的合理和实用的方案是本书的难点问题。

方法方面：如何制定因地制宜的市民化实施路径。处于不同经济发展阶段的地区在产业结构上存在较大差异，农业转移人口的构成也会有较大不同。因此，在中国经济结构转型的大背景下，不同地区以及不同的农业转移人口应该采取不同的市民化进程。然而，如何根据当地的经济状况、城市状态以及人群特征，因地制宜地制定市民化实施路径是本课题研究的难点。

（1）在研究问题选择上，设计了系统的研究框架。本书设计了包含农业转移人口市民化的实施路径以及保障性政策体系的综合研究框架。从市民化对城乡收入差距的影响分析出发，全面分析了农业转移人口市民化进程中地方政府激励机制、政府的财政能力支撑、政策实施路径以及保障性的政策体系等一系列的问题。本框架涵盖了中国农业转移人口市民化中政府所面临的主要理论与实践问题，思路新颖，全面系统，有助于全面推动农业转移人口市民化进程，加快中国二元经济结构转型，同时对促进中国公共资源均衡配置具有现实指导意义。

（2）全面审视农业转移人口市民化动态演变过程中与政府相关的问题。农业转移人口市民化是一个历史过程，不可能一蹴而就。本书考虑到中国农业转移人口基数庞大以及地区分布不均衡的问题，还分析了中国农业转移人口市民化的动态路径问题。通过可计算一般均衡（CGE）的方法，全景展示了市民化政策对城乡收入差距的影响程度。

（3）破解农业转移人口市民化推进的核心难题——地方政府激励问题。政策的顺利实施有赖于政策实施主体的积极推进。中国农业转移人口市民化的实施主体——地方政府面临财政约束等问题，对农业转移人口市民化政策的实施在一定程度上存在职责缺失问题。本书在分析地方政府履职困难原因的基础上，重点分析激励地方政府履行农业转移人口市民化职责的激励问题，建立以最优分权和转移支付为核心的地方政府激励机制。通过在委托代理框架下构建博弈模型，对当前市民化政策的实施主体进行了详细分析，从而修正地方政府的实践行为对中央政府市民化预期的偏移。

（4）构建一整套政策体系为农业转移人口市民化提供政策保障。为了保障中国农业转移人口市民化的合理有序进行，不仅需要政府财力保障和政府行为保障的激励机制，还需要对农业转移人口市民化这一动态过程提供科学而有力的配套政策保障。系统总结农业转移人口市民化的政策演变路径，提出市民化的时空约束、资金约束和制度约束三大关键约束条件，紧紧围绕推进农业转移人口市民化中政府面临的难题，本书将建立一整套政策体系为农业转移人口市民化的实施保驾护航。运用系统广义矩估计（sys-GMM），论证了不同的市民化路径对城乡收入差距的影响。

（5）在深度剖析相关问题并重新构建推进农业转移人口市民化的激励机制后，必须在实践层面，也就是政策层面进行结合，梳理财政政策并推进农业转移人口市民化进程。推进农业转移人口市民化的政策体系，找出适用于不同区域、不同人群的市民化对策，解决市民化面临的体制与财力约束，实现对市民化进程的推进。分析农业转移人口市民化进程中公共服务均等化的推进现状和障碍；提出农业转移人口市民化进程中公共服务均等化的操作原则和策略。

在拟解决关键问题的选择方面，突出以下重点：

（1）剖析农业转移人口市民化所面临的约束条件，评价农业转移人口市民化的政策体系。有序推进农业转移人口市民化已成为现阶段转变经济增长方式、促进中国二元经济转型的有效途径。然而，长期以来由于户籍制度改革严重滞后，城乡分割的社会保障和公共服务制度，使进入城镇的大量农业转移人口虽然被统计为城镇人口，但并没有与城镇居民享受同等待遇，其市民化程度低，成为中国后城镇化亟待解决的"症结"。因此，研究中国农业转移人口市民化所面临的约束条件，可以为政府有关部门制定和调整有关推动实现农业转移人口市民化政策提供新思路、新选择，为破解当前农业转移人口市民化的时空约束、资金约束和制度约束提供思路和可操作的方法。

（2）提出农业转移人口市民化进程中公共服务均等化的推进路径和策略。由于中国区域间的经济发展不平衡，导致农业转移人口的分布也不均衡。然而，不同地区对于农业转移人口市民化所能提供的财政支持力度以及农业转移人口规模特征均存在差异性和地区特性。同时，不同类别的农业转移人口对于市民化诉求也不尽相同，如新生代农业转移人口对于市民化的诉求高于老一代。因此，研究针对不同地区、不同人群的市民化策略对中国农业转移人口市民化的推进具有现实指导意义。本书将在分析地区特征以及相应地区农业转移人口特性的基础之上，重点讨论推进农业转移人口市民化进程中不同地区的差异化推进策略问题。

（3）构建以最优分权和中央政府转移支付为核心的地方政府激励机制。有序推进农业转移人口市民化要求政府为全体城市居民提供均等化基本公共服务。提供基本公共服务是政府的首要职能，也是政府不可推卸的责任。解决农业转移人口市民化虽然需要顶层设计和全国统筹，但是关键的政策执行绕不过去地方政府。地方政府的问题是农业转移人口市民化推进缓慢的关键。如何激励地方政府贯彻落实中央政府新型城镇化的方针政策，加快农业转移人口市民化的进程是本书研究的重点内容。本书拟定从中央政府和地方政府之间的行为博弈关系出发，探讨政府间的行为互动关系，并最终建立以中央政府和地方政府最优分权和中央政府转移支付激励为核心的地方政府激励机制。

（4）系统考察农业转移人口市民化的政策逻辑与演变过程，提出体系化的政策设计思路。改革开放以来，国家对农业转移人口市民化问题的认识经历了一个不断深化的过程，相应地，为适应改革与发展的总要求，政府相关政策也经历了演变与调整，逐渐形成了推进市民化的政策导向。从历史的视角来看，推进农业转移人口市民化的政策内嵌于中国的经济发展进程与城镇化过程之中，与城镇化的阶段与思路密不可分。因此，对市民化政策思路与政策实践的研究，必须建立在中国城镇化建设总体思路和脉络的梳理上。本书用历史的视角，系统总结市民化的政策逻辑与演变过程，提出保障农业转移人口市民化的体系化的政策设计思路，从而在政策方面保障农业转移人口市民化的顺利进行。

第二章 相关研究综述

研究国内外成熟理论，对已有的研究成果进行系统梳理，目的在于分析国内外经典理论对中国现实问题的解释力，为深入研究中国市民化政策与城乡收入差距问题做好理论铺垫。从研究内容来看，文献主要集中在四个方面：一是劳动力流动研究，包含劳动力流动的起因和特点、劳动力流动对于不同区域的影响等；二是城乡收入差距的相关研究，包括劳动力流动、户籍制度及财政支出对城乡收入差距的影响；三是公共服务均等化研究，包括公共服务界定、推进逻辑、具体内容和政策实践等；四是地方政府的激励研究，包含财政分权、官员激励、政府支出等。

第一节 中国农村劳动力流动研究

要素自由流动是市场经济保持活力的基础之一，从计划经济时期的严格限制劳动力流动到改革开放后自发的农村劳动力转移到城市，是资源的重新配置。计划经济时期，农村劳动力被限制流动；城市劳动力被统一调度和使用，形成了档案、户籍等制度。改革开放后，各种限制农村劳动力流动的政策开始放宽，区域差距、城乡差距也不断扩大，为农村劳动力跨区域城乡流动提供了可能。

农村劳动力开始大规模跨区域向城市流动并引起了社会各界的普遍关注，也掀起了学术界研究的高潮。Meng 和 Zhang 于 2001 年在 *Journal of Comparative Economics* 上发表的名为 *The two-tier labor market in urban China: occupational segregation and wage differentials between urban residents and rural migrants in Shanghai* 的文章探讨了由于劳动力市场分割,农业转移劳动力和城市居民在职业、工资等方面具有显著的差异。宋洪远等（2002）从制度变迁的角度梳理了农村劳动力流动遇到的一些障碍，并分析了未来可能的调整政策。杜鹰、白南生则在《走出乡村——中国农村劳动力流动的实证研究》一书中对农村劳动力流动提出定量的描述。蔡昉及其合作者在《中国的二元经济与农村劳动力转移——理论分析与政策建议》《劳动力迁移的两个过程及其制度障碍》《农村劳动力流动的政治经济学》等著述中阐述了中国农村劳动力流动的独特的逻辑和制度背景。

一、劳动力流动的起因和特点

改革开放初期，由于计划和市场的争论还没有定论，劳动力流动方面的理论探讨也处于摸索阶段。陈吉元（1991）的研究认为中国农村剩余劳动力的转移应采取"离土不离乡"和"离土又离乡"两种途径相结合的方式，这是对当时研究思路的一个极大突破。还有一些研究主题主要集中在农村劳动力应不应该大规模流动等价值判断的问题上。部分研究从管理者和城市既得利益者的角度出发，强调农村劳动力跨区域城乡流动对城市的冲击和不良影响（冯宪，1990）。但随着实践的进一步推进，学术界的主流思想则强调农村劳动力城乡流动的积极作用，并从不同角度对这一社会经济现象进行了肯定。例如，任建平和赵龙跃（1992）从要素流动的角度、王郁昭（1994）从增加农民收入和活跃农村市场的角度、蔡昉（1990）从国民经济发展中产业结构和就业结构不对称的角度、杨涛和蔡昉（1991）从矫正各种扭曲的价格信号的角度，论证了农村劳动力跨区域城乡流动的合理性和必要性。

这一时期的研究达成了突破城乡藩篱、鼓励劳动力流动的一些共识，对于政策的制定有重要的参考和启示意义。但总体上看，这一时期的研究依然有很大的局限性，理论研究滞后于实践。从研究内容来看，主要局限于对比较宏观的问题的一般性分析与描述，关于流动群体的微观个体行为较少关注；从研究方法来看，虽然进行了一些社会调查，但调查的规模、质量、范围等都有待进一步提高和扩大。

20世纪90年代以来，学术界对中国农村流动劳动力这一庞大的社会群体进行了大量的社会调查，积累了比较丰富的研究资料。研究结论表明，就外出农村劳动力的个体特征来看，年轻、未婚、男性和受过高等教育的劳动者往往更偏好于流动；在年龄结构上，35岁以下的青壮年占绝对优势，女性的平均年龄低于男性；在受教育程度上，外出者明显高于非外出者（赵树凯，1998；杜鹰，1997）；在流动的方向上，主要流出地是安徽、河南、四川、湖北、湖南、广西、江西等地，流入地主要集中在东部沿海的各省份，如北京、上海、广东、福建、浙江、江苏、山东等（李培林，2003）；从农民工的社会群体特征来看，流动者基本以寻求职业、增加收入为目的，主要来自低收入地区的中等偏低收入农户；在流动方式上，他们以农民工的身份在城市就业，但无法实现永久性迁移，而是处于循环流动状态，即按照季节、经济周期，甚至是政策周期，在农村与城市之间流动（杜鹰，1997；蔡昉和王晓毅，2003）；在职业活动上，主要集中在城市制造业、建筑业、批发零售贸易业、运输业等社会服务业，职业层次偏重体力付出；在流动机制上，以自发流动为主，并以各种社会关系为基础，沿着血缘、地缘、业缘的社会人际关系向外流动（杜鹰，1997；赵树凯，1998）。

这一时期的研究特点是以大量的社会调查为基础，通过个案访谈、实地调查与统计抽样调查，获得了大量翔实可靠的资料；个别实证研究脱颖而出，这些研究不再局限于简单的现象描述和利弊分析，而是尝试着诠释观察到的现象，揭示现象背后各种影响因素之间的逻辑关系，从而极大地提高了中国关于农村劳动力流动问题的研究水平。社会学方面对于农民工市民化也进行了大量的研究。例如，文军（2004）提出农民工市民化不仅是农民社会身份和职业的一种转变，也不仅是农民居住空间的地域转移，而是一系列角色意识、思想观念、社会权利、行为模式和生产生活方式的变迁，是农民角色群体向市民角色群体的整体转型过程。国外关于农村劳动力流动研究的相关理论在研究中被广泛应用，如刘易斯模型（Lewis，1954）、托达罗模型（Todaro，1969）、新迁移理论（Stark，1991）等，中国关于人口流动问题的研究开始与国际接轨。

二、公共政策与制度安排对农村劳动力流动的影响

体制与制度安排对农村劳动力流动的影响是中国流动人口研究的焦点和热点，也是相关政策制定的核心。关于这一问题的研究文献颇多，这些文献从不同角度论证了现有公共政策与制度安排对农村劳动力流动的影响，分析制度改革的现状及存在的问题，提出改革的方向与相关政策取向。

户籍制度是影响农村劳动力流动最本原性的制度安排，户籍制度及与其相关的一系列政策壁垒造成的流动农民工的边缘化问题是这一领域研究的重中之重。学术界一致认为，户籍制度是造成外来农村劳动力进入城市就业的行业、地位、身份存在明显选择性，以及大多数流动人口不能获得城市永久居住权和稳定就业权，进而形成循环流动的重要原因（杜鹰，1997；张车伟和蔡昉，2002；蔡昉和王晓毅，2003；李强，2003）。很多研究借助不同地区和不同范围的社会调查资料及个案研究发现，户籍制度的存在将城市劳动力市场分割为正规和非正规劳动力市场，大量农民工只能进入非正规劳动力市场，在职业、行业、岗位选择等方面存在很大限制，在工资、福利、公共服务等方面不能与城市公民享受同等待遇（赵树凯，1998；李建民，2002；蔡昉和王晓毅，2003）。现行城市公共服务及其管理体制仍然以户籍制度为基础，然而，农民工为城市建设作出很大贡献，却被排除在社会财富再分配的体系之外，难以和城市居民同样获得养老保险、医疗保险、最低生活保障和子女教育等基本权利，进而使他们依然游离在城市边缘，难以实现与输入地的融合（李强，2002；刘传江，2004）。由此可见，农村劳动力流动问题不仅是一个学术问题，更是一个政策性问题，消除城乡体制和制度差异，建立公平、开放、统一的农村劳动力市场，几乎成为大多数研究的落脚点。

事实上，改革开放三十多年来，伴随着市场化改革的推进，户籍制度及其相关政策也经历了一个曲折复杂的渐进式改革过程。顾朝林和陈金永（2001）全面地回顾了改革开放以来中国户籍制度改革的主要措施，指出改革中存在的问题、改革的政策取向和改革的前景。也有部分研究从中国体制转轨的进程出发，提出

随着市场化进程的进一步加快，户籍制度的社会功能已逐渐减轻，文凭、技术证书、技能、工作阅历等在人口流动中发挥着越来越重要的作用，农村劳动力市场按户口等制度性因素分层正在转变为按照市场机会和人力资本分层，人力资本对城市流动人口经济地位获得的影响会越来越大（赖德胜，1998；李强，2002；孙立平，2003）。朱宇等（2005）的研究认为，随着城市劳动力市场的发展与转型，外来农村劳动力的就业形式、角色和作用正在发生重大变化，今后人口的流迁模式更多地取决于流动人口在流入地的收益、定居成本、社会保险和就业稳定性等因素。这些研究从不同层面提出除户籍制度外农村劳动力流动面临的一些新问题和新障碍，也提出学术界需要进一步研究的新课题。

三、农村劳动力流动对流入地的影响

关于农村劳动力流动对流入地的影响研究主要集中在农村劳动力流动的社会经济效应等方面。学术界对于农村劳动力流动的经济效应给予了很大肯定，并就资源重新配置及其对经济增长的贡献、对城市产业结构的影响以及对区域经济格局的影响等方面进行了较为深入的研究。关于农村劳动力流动对城市社会发展的影响研究，主要以流动劳动者与城市社会的冲突与融合为主线展开，目前依然存在一些争议。

多项研究表明，以农村劳动力流动为主的农村劳动力资源再配置极大地提高了农村劳动力的配置效率，给中国经济增长带来了巨大的动力。世界银行估计，1980～1997 年的中国经济增长中，农村劳动力部门转移的贡献率占 16%。蔡昉等（2002）通过实证研究探讨了长期支撑中国经济增长的主要因素，研究表明，农村劳动力转移对 1982～1997 年中国经济增长的贡献率高达 20.23%，并且农村劳动力由低效率部门向高效率部门的流动还将继续成为推动中国经济成长的重要源泉。王桂新和黄颖钰（2005）通过对改革开放二十年来统计资料的计量分析表明，中国人口的省际流动是推动中国东部地区经济发展的重要因素，对东部地区 GDP 增长的贡献率达到了 15%。刘乃全等（2005）建立了农村劳动力流动对区域经济发展影响的分析框架，并通过实证研究表明，农村劳动力的单向流动加剧了东西部地区产业聚集的非均衡和区域发展的不平衡，虽然农村劳动力对流入地经济增长的边际产出水平是下降的，但其贡献率仍然保持在较高的水平上。

20 世纪 90 年代中后期以来，受经济结构调整和企业改革等因素的影响，城市下岗职工的增加引起了关于农民工是否挤出城市劳动力的争论，甚至很多城市对农民工关闭了大门。农村流动劳动力与城市社会的冲突问题引起了学术界的关注。首先，经济学界就农村流动劳动力与城市劳动力是否存在就业竞争和替代效应进行了调查与分析,研究结果表明从农村进入城市的人口劳动参与率高达 76%，大大高于城市 63.6%的水平，但由于农村劳动力市场分割，农民工只能进入城市

非正规劳动力市场，从事苦、脏、累、险的工作，他们与城市劳动力之间形成了互补而不是竞争替代关系。他们为城市提供了大量农村劳动力，促进了劳动密集型产业的发展，为城市建设作出了重要贡献（蔡昉和王晓毅，2003；王桂新等，2005）。传统的二元分割体制对城市劳动力起着保护作用，但随着大量农村劳动力的进入，对城市原有的用工制度和福利体制带来了巨大冲击，这将极大地促进全国统一劳动力市场的形成与发展（杨云彦等，2001；蔡昉和王晓毅，2003）。同时，社会学界就流动农民工是否与城市社会存在冲突，是否会引发城市贫困、犯罪、社会不稳定等问题进行了研究。有研究认为，进城农民工属于边缘性群体，他们进城的过程是城市文明和社会不断整合的过程，是一个不断以城市为参照系调整自己行为方式的过程（李培林，1996）。也有研究通过个案分析表明，由于社会分层等原因，农民工有很强的被歧视感和被剥夺感，这种感觉引导不当可能形成反社会情绪并导致行为失范（李强，1995；胡伟和李汉林，2003）。从而对城市社会管理体制提出强烈的挑战。此外，输入地经济发展对劳资关系的进一步改善提出新的要求（吴江和刘行前，2005）。

历史地看，农民工在中国社会经济转型和城市化进程的推进中发挥着重要而独特的作用，学术界对于这一问题的认识是比较充分的。但有关农民工与城市社会的冲突和融合问题，需要将社会学、经济学、人口学等学科的方法和视角结合起来，进行进一步的系统研究。

四、农村劳动力流动对流出地的影响

农村劳动力流动对流出地的影响是农村劳动力流动问题的研究主题之一，也是 20 世纪 90 年代以来争论的主要问题之一。争论的焦点是大量的农村劳动力外流对农业和农村发展造成了什么样的影响。研究方法大多采用静态比较分析，研究内容主要集中在农村劳动力流动对农民收入、农村劳动力结构、农村社会变迁等方面的影响上。

部分研究借助于国外关于农村劳动力流动的选择性理论，认为大量农村劳动力的外流，尤其是大批青壮年和受教育水平高的农村劳动力外流，造成农村的精英流失（石磊和岳森，2005）。农村劳动力流动导致土地抛荒和忽视农业生产现象的出现，加速了农业劳动力女性化和老龄化趋势，使农业劳动力整体素质下降（唐晓腾和曾绍阳，2004）。大量农村劳动力的外流，给农村治理、婚姻家庭和农村养老等带来了巨大的冲击，留守儿童和留守老人问题成为近年来研究的热点问题。

大量研究则肯定了农村劳动力流动的积极作用。杜鹰（1997）利用四川、安徽两省的调查资料，通过外出户和非外出户的数据比较和计量分析表明，由于外出户存在着资金对劳动的替代，农村劳动力外出并不必然对农业生产带来影响。很多研究认为农村劳动力的外出流动使输出地的资源和要素配置更加合理，农村

劳动力素质得以提高，收入效应和减贫效应明显，农村劳动力流动从根本上促进了农村社会的稳定（中共中央政策研究室农村组，1994；赵树凯，1998；都阳和朴之水，2003；马忠东等，2004）。赵耀辉（1997）利用 1996 年农业部农研中心在四川省的调查资料，通过实证研究表明那些具有较高人力资本禀赋的农村劳动力，优先选择的转移领域是农村非农产业，而不是异地转移，这一结论明显有别于农村精英流失的观点。李实（1999）通过对农村劳动力流动的收入增长和分配效应的实证分析认为，农村劳动力流动对于农村内部收入增长和收入分配具有积极影响，对于抑制城乡之间、地区之间，甚至农村内部的收入差距的扩大起到一般收入再分配政策无法替代的积极作用。龚维斌（1998）运用社会学分析框架，考察了农村劳动力流动与农村社会变迁的关系，研究表明农村劳动力流动对农村社会发展的影响是复杂的，但正面影响占主导地位。邓祖善（1997）、庚德昌等（1997）、崔传义（2004）通过个案研究表明，回流农村劳动力对农户、流出地、城市化都产生了积极影响，"民工潮"的发展已进入"创业潮"阶段，并提出"一潮带三潮"的发展模式，即"民工潮"带动"开发潮"、"建设潮"和"创业潮"。但农业部农研中心通过个案调查与抽样调查研究发现，对农村劳动力回流总体上持否定态度，研究结论表明，回流人群与仍然外出的务工人群相比不具备竞争力，回流往往是城市就业失败后被迫的选择，回流后生活水平显著下降，外出的意义大于回流（白南生和何宇鹏，2002）。

整体来看，对于这一问题的研究还很不充分，多数研究依然是一般性、描述性研究，比较系统规范的经验性研究依然缺乏。由于研究对象的复杂性以及观察时间、地点、范围等方面的差异，研究所运用资料的全面性、系统性、代表性受到很大限制，研究结论也受到影响。

第二节　城乡收入差距的多维视角解析

对城乡收入差距的研究由来已久，从 20 世纪 50 年代就开始了大规模的研究，而且从多个视角进行了系统研究。

一、城乡收入差距扩大成因的理论解析

（一）经济增长与收入不平等之间关系的对立

经济学家库兹涅茨（Kuznets，1955）在《美国经济评论》上发表的《经济增长和收入不平等》一文是研究收入分配与经济增长关系的开创性文章。在这篇论文中，他提出关于收入分配差距的倒 U 假说：即在经济发展过程中，收入差距的长期变动轨迹是先恶化，后改进。因为 Kuznets 并未提出收入差距产生和演化的

原因，所以，后续研究者从多个角度对这一假说进行了广泛的理论研究和实证检验，在包括中国在内的许多国家作出一系列研究成果。其中，二元经济结构理论是学者解释这一经济现象产生的主要思路之一。

Robinson（1976）基于二元经济理论，运用数学模型证明了 Kuznets 倒 U 假说存在的必然性，这成为 Kuznets 倒 U 假说重要的理论支撑。而一些学者展开的大量实证计量检验与 Kuznets 的结论基本一致。很多学者利用两部门模型从理论上证明了倒 U 假说。

在中国，倒 U 假说同样在收入分配过程中得到了印证。陈宗胜对收入分配与经济发展之间的关系进行了一系列研究。陈宗胜(1991) 对比库兹涅茨倒 U 理论，提出公有制条件下收入分配差距变化与经济发展之间倒 U 关系的理论假说。紧接着，陈宗胜（1994）又提出阶梯形变异的倒 U 形曲线，以解释中国体制变革与创新和经济发展同时推进的条件下居民收入差距变动的动态特征。陈宗胜（2002）考察了城乡二元结构对城乡收入分配差距的影响后认为，经济增长与收入分配差别呈现倒 U 关系是一个总体的、大致的综合分析。事实上，库兹涅茨不仅研究了收入水平及其他重要因素对收入分配的影响，而且特别强调经济、政治及法律等措施对收入差别倒 U 曲线的影响。林毅夫等（1999）基于比较优势理论认为收入差距的变化，决定于长期以来所选择的经济发展战略和所实行的社会政策，并不存在必然的倒 U 形变动趋势。李实和岳希明（2004）认为城乡居民收入差距的扩大取决于农民增收幅度，如果农民收入增加，那么城乡居民收入差距将缩小，但当前的问题是农业转移人口并没有城镇居民所享有的各种补贴，进而也得出结论，中国并不存在所谓的倒 U 形曲线。曾国平和王韧（2006）基于城乡转换和经济开放的双重约束，构建了一个四部门的双二元递推理论模型，并分析认为城乡二元经济的存在，将使收入差距变动呈现倒 U 变动趋势。

对于收入差距影响经济增长的问题，学者们还没有得出一致结论。Barro（1990，2000）指出收入差距通过影响生产要素，从而导致潜在产出发生变化，进而影响经济增长；研究发现收入差距对经济增长的作用与国家发展水平相关。在发达国家，收入差距与经济增长之间呈正相关；而在发展中国家，两者之间呈负相关。Alesina 和 Rodrik（1994）认为收入差距会激励政府支持税收来促进社会再分配，这样将导致人们生产积极性的降低，从而不利于经济增长。而 Fishman 和 Simhon（2002）认为城乡收入差距将使得穷人面临金融方面的诸多限制，从而降低其在生产要素方面的投资，所以降低收入差距有利于经济增长。王小鲁和樊纲（2005）发现中国城乡收入差距变动曲线近似符合倒 U 形曲线上升阶段的特征。

不仅仅是对倒 U 形曲线的研究，国内其他学者对该问题的研究成果同样丰富。王建农和张启良（2005）认为最近 25 年中国城乡居民收入差距呈波浪式扩大。王少平和欧阳志刚（2007）的研究表明，1978 年以来城乡收入差距与实际经济增长呈长期非线性关系，1978～1991 年城乡收入差距对实际增长的长期效应为正，1992～1999 年城乡收入差距对实际增长的效应由正向负转换，1999 年后城乡收入差距对实际经济增长产生阻滞作用且负效应呈逐年增长趋势。林毅夫和刘培林（2003）结合中国国情，对城乡收入差距的原因进行了深入分析。他认为政府实施的产业政策保护了少数资本密集型产业，使得这些产业的劳动报酬相对较高；同时，政府对劳动密集型产业资金投入不足造成了严重的显性或隐性失业，在这种不平等的社会发展模式下，政府往往采取歧视性的社会政策，限制人口从乡村向城市流动，从而导致多数劳动力在经济和政治上均处于被歧视地位，收入分配状况的恶化难以避免；而国家发改委宏观经济研究院课题组（2003）则认为，城乡居民收入差距的拉大与农村和农业改革的相对滞后有关。

此外，Rauch（1993）认为农业剩余劳动力迁移可以缩小城乡收入差距。Lu（2002）则重点从劳动力流动性以及城乡资源的分布结构方面进行分析。Kuijs 等（2006）认为生产率的差异可以很好地解释城乡收入差距。Preston 和 Hartnett（2008）发现了 1∶2 规律，即当工业劳动力占全体劳动力的比例每增加 1%，城镇市民人口占总人口的比例就会增加 2%。

（二）城乡收入差距扩大的新古典经济学解释

新古典经济学理论认为收入是同质的，关键是数量的不同。而新劳动力迁移理论认为，收入是不同质的，具有不同的效用。因此，收入最大化不是家庭进行迁移决策的唯一因素，收入来源的多元化也是家庭进行迁移决策的重要影响因素（Taylor，1994）。同等的收入对于不同的群体会产生不用的效用，收入效用水平的高低与迁移者家庭群体内其他人的收入水平的改变也有关系，因此，迁移决策还与整个群体收入水平的变化有关。如果迁移者社区群体中富人的收入在增加而穷人的收入没有变化，则后者的相对剥夺感在增强，即使此时迁移的绝对收入或预期收入没有变化，他们也可能作出增派家庭成员外出的决策，流动或迁移的动力增强。相反，如果收入分配状况改善，即使绝对收入水平没有提高，贫困家庭的流动或迁移动力也可能下降。

随着市场化进程的加速，物质与人力资本等因素成为城乡收入差距变化的主要原因，这方面的文献不断增多。

（1）固定资产投资的城市偏向。近十几年来，城镇固定资产投资额不断上升，相比之下，农村固定资产投资则大幅下降。这样的投资方式决定了城乡收入分配差距持续扩大。侯风云等（2009）从要素投入的角度，将物质资本、人力资本和政府投入作为基本变量来分析中国城乡收入差距产生及其动态演变的理论机制。

研究结果表明：转变传统城乡不平衡发展战略，加大对农村的人力资本投资，并辅之以必要的农村基础设施和软环境建设，将会显著提高当期的农村人均收入，并通过逐期传递，增加以后各期的农民收入，从而可以有效缩小中国的城乡收入差距。

（2）金融发展与城乡收入差距。章奇等（2003）研究发现城乡收入差距不依赖于经济结构，金融发展显著地拉大了城乡收入差距。温涛等（2005）发现金融深化对农民收入增长具有显著的负效应。陈志刚和师文明（2008）通过实证分析发现，金融规模与金融效率对城乡收入差距的作用不同，前者拉大城乡收入差距，后者则相反。叶志强等（2011）验证了金融发展显著扩大城乡收入差距这一结论，其研究结果还显示金融发展和农村居民收入增长显著负相关，但和城市居民收入增长不存在显著关系。

（3）财产收入带来的城乡收入差距。从相关文献看，国内关于财产性收入与城乡收入差距的研究既有定性分析又有定量的描述。就物质资本来说，城市居民有房屋产权，可以买卖也可以抵押、转让。因此，农村物质资本的劣势成为城乡收入差距扩大的主要因素。马明德和陈广汉（2012）采用 GE 指数分解方法和 Shorroeks 收入来源分解方法研究财产性收入与居民收入分配的关系。研究结果表明，城乡之间财产性收入不均等远远大于农村内部和城镇内部。

（三）城乡收入差距扩大的新制度经济学解释

把中国城乡收入差距纳入新制度经济学框架既是一种新的分析方法又是对收入分配理论的拓展，主要研究进展有：

（1）用产权残缺理论解释城乡收入差距扩大。中国农村的土地制度就有产权残缺的典型特征。尽管对土地赋予了长期而稳定的承包经营权，也规定了继承权，但是土地一旦进入市场交易就凸显出控制权与收益权相分离的状态。

（2）用制度变迁理论来解释城乡收入差距变化。蔡昉（2003）运用这一分析框架解释了中国城乡收入分配差距变化的几个临界点。1978 年的城乡收入差距打破了城乡关系政策赖以存在的制度均衡，导致农村经济改革。在改革期间，城市居民运用其自身影响力，阻碍农村劳动力的永久转移，继续维持着城市偏向政策。然而，农民仍然可以通过政策争取与博弈，最终推动城市偏向政策的改变。

（3）用集体行动中少数人获利的"数量悖论"来解释城乡收入差距的扩大。按照"人多力量大"的逻辑，中国的收入分配应该有利于人口占绝大多数的农村居民，但事实正与这一逻辑相反。按集体行动中"数量悖论"的逻辑，不是人多力量大，而是存在着少数"剥削"多数的倾向。

二、财政支出结构与城乡收入差距

中国城乡收入差距的不断扩大对经济社会的健康发展造成了不利影响，解决城乡居民收入差距问题不仅是中国政府部门的一项艰巨任务，而且是摆在众多学者面前的一道极具理论价值和现实意义的学术难题。

陆铭和陈钊（2004）的分析发现，生产性支出比例的增加对缩小城乡收入差距有利，而科教文卫事业比例的增加作用则反之。沈坤荣和张境（2007）的研究也表明，国家财政支出中用于农村的支出项目对农民收入增长虽起到了一定的促进作用，但其作用在统计上并不显著，反映出公共财政支出在降低城乡收入差距上的作用不甚明显。Turnovsky（2007）的研究表明，财政政策在促进经济增长与缩小收入分配方面所起到的作用并不相同，促进经济增长的财政政策会恶化收入分配，这也显示出增长与收入不公平的正相关。刘成奎和王朝才（2008）认为主要财政支出项目可以有效缩小城乡收入差距。孟勇（2009）研究发现财政支出拉大了不同地区之间居民的收入差距。曾国安和胡晶晶（2009）认为城市偏向的财政制度安排强化了城乡的二元经济结构、强化了城乡基本公共服务供给差距，并导致城乡居民收入差距的进一步扩大。雷根强和蔡翔（2012）实证分析了初次分配扭曲、城市偏向的财政再分配政策对城乡收入差距的影响，研究表明，初次分配中劳动报酬比例的下降、城市偏向的财政再分配政策是导致中国城乡收入差距扩大的重要原因。应该通过提高初次分配中劳动者报酬比例，扭转科教文卫、福利保障支出的城市偏向来缩小城乡收入差距。王艺明和蔡翔（2010）的研究表明，城乡收入差距受政府财政支出结构影响显著，不同分类的财政支出项目对城乡收入差距的影响效应存在地区差异性。莫亚琳和张志超（2011）运用动态面板数据模型实证分析得出城乡二元结构背景下的政府财政投入增加将会导致城乡居民收入差距的不断扩大。邓旋（2011）的研究表明，城乡间相对收入差距能通过农林水务支出达到显著缩小，然而公共安全支出与社会保障支出则不利于城乡间收入状况的改善。钱争鸣和方丽婷（2012）指出财税体制是中国城乡居民收入差距持续扩大的根源。郑新业（2012）强调建立兼容经济增长和收入分配的财税体制势在必行，因为中国的收入分配处在持续恶化阶段，特别是城乡居民收入差距不断拉大。张义博和刘文忻（2012）尝试将人口流动因素和财政因素综合纳入城乡收入差距的研究之中。在理论分析框架的基础上，城镇化和更多的农村劳动力进入城镇单位工作对城乡收入差距影响不显著；政府对经济参与程度的提高和国有单位就业比例的增加均会拉大城乡收入差距。这些发现对解决日益严重的城乡收入差距问题提供了有益的启示。

中国的城乡收入差距既有属于全球的共性，又有自身独特的个性。大量的研究表明，无论是理论上还是实践层面，财政支出结构对城乡收入分配问题的研究相当丰富，总的来说，呈现出以下共同特点：生产性财政支出与城乡收入差距的作用呈负相关性，非生产性的财政支出则呈正相关性；城乡收入差距的区域分布有明显特征。

第三节 市民化政策与城乡收入差距

研究市民化政策必须研究城镇化，因为城镇化是市民化进行的背景和基础，而城镇化就是大量农业转移人口从农村向城市转移的过程。因此，研究农业劳动力转移与城乡收入差距对本书具有重要启示作用。

一、农业劳动力转移对城乡收入差距的影响

相当一部分学者对农业劳动力转移对缩小城乡收入差距持肯定态度。Jian 等（1996）认为中国的劳动力和其他资源要素流动弱化了收入不平等。赵人伟和李实（1997）对影响城乡间收入差距的因素进行了系统研究，认为农村劳动力流动可以较明显地缩小城乡收入差距，而劳动力流动政策则成为缩小城乡收入差距的政策前提。李实和赵人伟（1999）认为流向城镇的劳动力可以赚取更多的收入，同时也有助于提高停留在农村的其他劳动力的劳动生产率，从而增加农民收入，进而缩小城乡收入差距。Zhang（2002）发现城市人力资本集聚（农业剩余劳动力转移到城市可以做到这一点）可以带来经济高速增长。约翰逊（2002）认为农村居民人均纯收入的增长要严格受限于非农收入的增长情况；若要实质性地缩小城乡居民的人均实际收入差距和消费水平差距，农村剩余劳动力必须更快地流向工业部门。尤其在目前农产品价格波动日益加剧的情况下，必须把提高农民工资性收入作为增加农民收入的主要措施。Lin 等（2004）认为对迁移的持续抑制导致劳动力迁移没有缩小收入差距，这与经济理论并不相符。许秀川和王钊（2008）以重庆市为研究对象，以系统动力学模型和 Vensim 软件为分析工具进行仿真研究，得出加快城市化进程和农村剩余劳动力转移速度是缩小城乡收入差距的有效手段。郑彩祥（2008）通过实证分析得出结论，农业劳动力转移有利于缩小城乡之间的收入差距，而城市导向的财政政策不利于缩小城乡之间的收入差距。然而，也有不同学者对此持有异议。朱云章（2009）使用 1983～2006 年中国时间序列数据计量分析发现，城乡劳动力流动与收入差距两者之间只存在由收入差距到城乡劳动力流动的单向因果关系，而不存在城乡劳动力流动对城乡收入差距的反馈作用。朱长存等（2009）认为农村劳动力向城市转移存在着广泛的人力资本外溢性：一是农村人力资本投入具有更强的私人性；二是农村人力资本并不能获得与其边际贡献相应的报酬，这成为城乡收入差距形成的重要因素。

也有相关学者对城乡收入差距影响农业劳动力转移进行了相关研究。朱农

（2002）使用 Probit 模型的结构方程证实了城乡收入差距对农业人口转移具有正向作用，收入差距越大，迁移概率越强。李强（2003）认为中国的户籍制度并不符合推拉理论模型，但他仍坚持城乡之间巨大的经济差异和收入差异是人口向城市流动的最主要原因。卢向虎等（2006）以托达罗模型为理论基础，通过实证分析得到结论：中国城乡实际收入差距扩大已显著地阻碍了农村人口向城镇的长期迁移；城乡人口迁移规模的扩大并不是导致城镇失业增加的原因，而城镇失业却在一定程度上影响了农村人口的城乡迁移；城乡人口迁移规模随着制度约束的减弱而逐年增加。梁明等（2007）将 GDP 与农村人均耕地面积两个变量引入托达罗模型，对中国劳动力城乡迁移进行计量分析，研究发现：经济增长、城镇新增就业岗位对劳动力城乡迁移具有显著的促进作用，人均耕地面积减少是城乡迁移比较重要的推动力量，而城镇失业率和城乡收入差距作用不显著。吴红宇（2008）认为新劳动力迁移经济学对中国现实情况也有一定的解释力，绝对收入差距也是迁移决策行为的动因之一。李培（2009）通过构建中国人口城乡迁移的计量模型得出结论：农村劳动力受教育程度与农村人口城乡迁移存在倒 U 关系；城乡收入差距的扩大、城镇就业岗位的增加、农村机械化水平的提高以及乡镇企业就业岗位的相对减少都明显促进了城乡人口的迁移。

二、城镇化对城乡收入差距的影响

从国内的研究情况看，近年来随着对中国城乡收入差距问题的不断关注，通过城市化与市民化缩小城乡收入差距已经成为当前研究的热点。以李实等为代表的学者认为城市化能有效缩小城乡收入差距。李实（1999）的研究表明，城市化过程中农村劳动力的转移通过提高外出打工者的收入和农村劳动生产率等渠道提高农村居民的收入，从而对城乡收入差距的缩小产生积极的作用。发展经济学的研究表明，城镇化发展与农业农村发展、农民增收共生（谭崇台，2001）。廖丹清和郭慧伶（2002）结合中国国情，分析城市化有利于增加农民收入，缩小中国城乡收入差距。苏雪串（2002）认为城乡收入差距扩大的根本原因在于城市化进程的滞后。侯风云（2004）提出并论证了一个人力资本溢出效应城乡两区域模型，从人力资本投资及其溢出的角度对城乡发展差距进行理论解释；实证城乡人力资本投资差异和农村人力资本向城市的单向溢出是中国城乡差距持续扩大的原因（侯风云和张凤兵，2007）；同时还指出，单靠市场的力量难以解决城乡发展差距的持续扩大问题，要提高农民收入，必须在政府的引导下，加强对农村的人力资本投资，并加大对农村的基础设施投资和软环境建设，为人力资本对农村经济发展发挥作用创造条件。姚耀军（2005）基于 VAR 模型的时间序列数据也证实，城市化缩小了城乡收入差距。但是，关于这个问题也有很大的争议。宋丽萍（2007）对江苏省级居民收入差距进行分析，认为非农产业就业比例以及人均地区生产总值拉大了城乡收入差距，而教育支出以及抚恤、福利支出则相反。张士云和吴连翠（2007）对安徽省城乡居民收入差距的研究认为，政府财政支农支出比例的提高缩小了城乡收入差距，而劳动力向非农产业转移则拉大了收入差距。韩留富（2007）以长江三角洲为对象分析得出政策的城市偏向性拉大了城乡收入差距的结论。上述研究角度各异，所得结论与运用省级数据得出的结论存在差异。田新民等（2009）结合区域经济理论和城市最适度人口理论，建立了一个劳动剩余型发展中国家二元经济理论模型。从理论上解释了发展中国家工业化过程中农村剩余劳动力迁移量、城乡收入差距、城乡两部门经济效率之间的相互关系，认为城乡收入差距的大小决定于农村剩余劳动力向城市部门迁移的壁垒。曹裕等（2010）基于省级面板数据发现城市化缩小城乡收入差距的作用显著，城乡收入差距不利于经济增长。由于收入不平等与经济增长之间存在着非线性特征，普通面板数据模型在线性假设的框架下，很可能导致估计偏差和不可靠的结论。周少甫等（2010）通过使用静态面板门槛模型对中国城市化进程中城乡收入差距问题进行分析表明，城市化水平对城乡收入差距具有显著的门槛效应。

还有一些学者并未提出城市化对存在城乡收入差距的肯定性结论，而是提出城市化对城乡差距影响的开放式结论。郭军华（2009）的实证分析认为：城市化对城乡收入差距的作用效应取决于城乡收入差距水平，当城乡收入差距水平较低时，加速城市化可以有效地缩小城乡收入差距；而当城乡收入差距水平较高时，城市化将会扩大城乡收入差距。另外，相关经验分析也证实了这一结论。程开明和李金昌（2007）采用1978～2004年中国时间序列数据对城市偏向、城市化和城乡收入差距问题进行了计量检验，发现城市化与城市偏向是导致城乡差距不断扩大的原因，同时城乡收入差距的扩大将对城市化产生负面的冲击。陶然和刘明兴（2007）通过实证分析指出政府的城市化倾向政策和城乡二元结构导致国内收入分配差距的不断加大。

事实上，从争论问题的共性来讲，城市化对城乡收入差距具有重要影响。之所以就这一问题产生了较大争议，是因为双方都没有对城市化影响收入差距的内在机理进行研究。

三、户籍制度对城乡收入差距的影响

近年来，已有许多国内外学者在考虑户籍因素的情况下，对中国市民化问题进行了深入研究。Solinger（1985，1999）与 Roberts（2000）把中国目前面对户籍制度的制约与国际上的移民不能获得合法的工作机会和永久的居住许可相比较，并揭示了其中一系列的相似性，认为城市化进程中实施的户籍限入制度，使得中国城乡居民福利差距不断扩大、固化，制约了中国的城市化进程。Knight 和 Song（1993）认为中国城市倾向政策限制了农村剩余劳动力的流动，并且户籍制

度也会使流动到城市后的农村剩余劳动力面临更高的生活成本。Knight 和 Shi（1999）研究认为，教育在决定城市和乡村居民收入方面扮演着重要角色，由此带来的人力资本差异拉大了城乡收入差距。Knight 和 Linda（2004）发现教育程度较高的农民工有着非常显著的自愿流动倾向。

国内许多学者已经注意到以户籍制度为核心的二元制度对城乡收入差距的影响。蔡昉和杨涛（2000）指出，1978 年之前，政府干预下的一系列城市偏向政策导致城乡收入差距。同样的观点也出现在许经勇的相关研究中，他认为，改革开放 30 多年来，中国虽然对城乡分割的二元体制进行了局部性调整，使城乡彼此隔绝的状况有了一定程度的改善，但至今农村剩余劳动力仍然无法被城市大量吸收，更谈不上把上亿流动性农民转变为固定的城市居民。蔡昉等（2001）在当时优先发展重工业的赶超战略指导下，提出城乡被分割为两个截然不同的经济体系，为了创造充分的条件以更好地发展重工业，以户籍制度为核心的管理体制成为限制农村劳动力向城镇迁移的制度约束，因此城镇化进程中农民身份的改变将有利于提高自身收入，缩小城乡居民收入差距。阮杨等（2002）认为城乡二元分割的体制大大限制了城乡间的劳动力流动，城市化进程中较富裕的农村居民转为城市居民加大了统计的城乡收入差距。陆铭和陈钊（2004）认为在现行户籍制度下，农民工在城市面临的歧视性政策增加了农民工的迁移成本和打工收入的不确定性，从而加深了城乡居民收入的不平等程度。陈钊和陆铭（2008）认为现有户籍制度使农民工无法享受到城市基本的公共服务，阻碍了农村剩余劳动力向城市的转移。刘传江和程建林（2009）研究认为解决农民工问题的最终出路在于实现绝大多数农民工市民化，不仅应穿越"显性户籍墙"，还需穿越"隐性户籍墙"，实现农民身份的彻底转变。陈斌开等（2010）研究认为户籍制度会影响居民消费行为，移民的边际消费倾向比城镇居民的边际消费倾向低 14.6 个百分点。国务院发展研究中心课题组（2010）在 Flatters 等（1974）、Black 和 Henderson（1999）以及 Henderson（2005）城市化模型基础上，进行的研究表明加快农民工市民化步伐是促进中国发展方式转变的重要途径，农民工市民化将促进居民消费和固定资产投资增长，提高城市规模，增加人力资本积累，推动中国经济在更高水平上实现均衡增长。刘晓峰等（2010）的研究也表明在经济发展和城市化早期的歧视政策可能有利于经济发展，而当城市化进程达到一定水平时，这种政策不仅会阻碍城市化，还有损于城市居民利益，这时均等化公共服务的社会融合政策，会促进城市部门的资本积累、城市化进程和经济增长。毛新雅和彭希哲（2012）认为促进农业迁移人口由"半城市化"状态向彻底城市化状态转变是中国经济增长持续获取更多人口红利的重要引擎。

另外，许多学者从微观机理视角分析户籍政策对城乡收入差距扩大的影响。他们认为户籍政策不仅造成城市内部的社会分割，而且使劳动力市场存在非竞争性。刘学军和赵耀辉（2009）认为城市公共服务享有在不同户籍人口间的差异阻碍了外来人口的流入。在劳动力流动受阻的情况下，农村劳动力因未能充分流出而导致边际劳动生产率降低，而在城市劳动力市场上，农民工的工资要求低也影响了城镇劳动力的工资。范恒山（2015）认为户籍制度限制了渴望脱离农村迁移到城市的农村人口，迫使他们在城乡之间来回迁徙，增加了农民工的生活成本；社会保障制度也将进城就业的农民排除在社保体系之外；二元就业制度阻断了农民工公平就业的机会。陈斌开和林毅夫（2010）研究认为城市化水平决定了农村劳动力数量和农村平均收入水平，进而影响城乡收入差距；同时，城市化水平又受到政府发展战略的影响，发现落后国家推行重工业优先发展战略将导致更低的城市化水平和更高的城乡工资差距。Cai 和 Du（2011）基于中国城市劳动调查（CULS）的研究发现，农民工面临的劳动力流动障碍和规模控制使得城市里两类居民的工资收入差距缩小。

但是，从劳动力市场的非竞争性来看，城市政府制定了不利于农民工收入的政策。郑华卿（2011）指出由制度制约引起的农民工回流对于城市经济的发展并不利。安虎森和颜银根（2011）考察了非技能劳动力的异质性移民行为，以及户籍制度对城乡收入差距的影响，通过研究发现，除了可以通过提高农产品价格以及农民工的工资水平之外，提高城乡市场开放度也可以缩小城乡收入差距。

由上述研究可以看出，研究户籍制度对劳动力具有重要影响，并且决定了对城乡收入差距产生影响的大小。乔明睿等（2009）指出阻碍农村劳动力自由流动的制度障碍仍然普遍存在。同改革开放前相比，只是形式上有所不同而已。2005 年，World Bank 以 2001 年为基期，模拟取消户籍制度后城市化对经济增长的影响，其结果显示，1%的劳动力从农业部门转移出来将使 GDP 增长 0.7%，10%的劳动力从农业部门转移出来将使 GDP 增长 6.4%。同时，城市化进程使得农村居民转变为城镇居民，增强了劳动力的流动性，而农村居民向城镇的流动对整个社会是有益的。苏红和陈金永（2006）提出中国的户籍制度使农村劳动力流动受到了严重限制，并且不利于城乡劳动力资源的统筹配置，使得城镇居民难以从与农村移民的分工合作中获利。陈钊和陆铭（2008，2011）认为现有户籍制度使农民工无法享受到城市基本的公共服务，阻碍了农村剩余劳动力向城市的转移。汪小勤和汪红梅（2007）认为劳动力流动障碍的存在，使劳动力被大量闲置和浪费，不利于劳动力配置效率的提高。王冉和盛来运（2008）也认为因为户籍制度的存在，使得中国农业人口向城市转移更多的是一种人口流动而非人口迁移，导致城市劳动力供给的不稳定。黄锟（2009）认为当前的户籍制度提高了农民工市民化的门槛和成本，人为地造成农民工和城市居民的对立，是阻碍中国城镇化进程的制度瓶颈。

在对户籍政策进行分析的过程中，部分学者进一步发现户籍制度以及附着在户籍制度上的其他相关制度安排，使得农民工的地域迁徙及其农民身份无法彻底改变，制约了购买力的增长和技术创新、资本积累的正常实现。

第四节　农业转移人口市民化中的公共服务问题研究

公共服务均等化起源于 20 世纪七八十年代的西方国家，当时西方国家在第二次世界大战后快速发展经济的过程中居民并没有均衡享受经济红利，而中国的公共服务不均等来源三大差异，必须在发展中解决。因为西方国家人口基数小，市民化的推进没有中国这么复杂，有的国家甚至通过人口转移就能快速实现市民化，而中国拥有十三亿人口，直接将农村人口转移到城市出现的问题太多。国内学者和国外学者相比，对实现公共服务均等化问题的研究起步要晚，但最近几年也研究总结出一些丰富的成果，尤其是在有关市民化公共服务的界定、国内公共服务的现状、存在的问题、原因以及相关对策等方面。

安体富和任强在 2007 年发表的《公共服务均等化：理论、问题与对策》一文中认为公共服务均等化现存的问题主要是公共服务型政府尚未建立、各级政府权责不清晰、转移支付制度不完善等。吕炜和王伟同（2008）以均等化标准、政府能力与公共需求作为切入点，研究基本公共服务均等化的一般分析框架；通过对中国 2002～2006 年的各省份面板数据进行的实证研究发现，中国公共服务提供更多的是依据政府能力而非公共需求，并对这一现象的深层体制背景进行了剖析。韩俊在 2012 年发表的《农民工市民化与公共服务制度创新》中提到，户口的转换是形，服务的分享是实。对于已经具备条件的公共服务项目，如义务教育、就业培训、职业教育、计划生育等，应率先实现同等对待。与城市户籍紧密挂钩的低保、经济适用房、廉租房等，也要逐步覆盖符合条件的农民工，要通过逐步增加和不断完善农民工的公共服务，最终达到消除户口待遇差别的目标。

二元经济是发展中国家的典型特征。城市化、工业化过程中农业人口逐渐转变为城市人口，发展中经济体才能成为发达经济体。中国经济除了具有二元经济的性质外，还有计划经济转轨为市场经济的特点。近年来，中国经济增速回落，劳动力成本上升，资源和环境压力凸显。在这些条件下，实现农民工市民化、公共服务均等化不仅具有公平含义，还能促进经济效率提升。

推动城市化、实现公共服务均等化的研究源于西方，但国外学者对公共服务均等化的研究集中在财政均等化，而对财政均等化的研究又建立在公共产品理论和财政分权理论基础之上。以 Samuelson (1954)、Musgrave (1959)为代表的主流公共产品理论认为：公共产品的特性决定其不能由市场有效提供，应该由政府进行提供；Tiebout (1956)、Oates(1972)进一步提出地方公共产品的供给和财政分权问题。围绕这两方面的问题，国外公共经济学和行政学学者进行了广泛的研究。支持财政分权的学者主要从居民偏好的地区差异、信息优势、辖区间竞争和垂直分工等方面论证自己主张的合理性，反对者则从规模经济和区域间公共服务的外溢效果方面予以回应。Buchanan（1968）、McKinnon 和 Pill（1997）、Weingast（1995）等学者主张关注政治决策过程和机制、通过好的政府结构提高公共产品供给效率。以 Ostrom V 和 Ostrom E（1999）为代表的新公共管理者在挑战传统公共行政理论的基础上，提出应区分公共品的供应和生产，主张将市场机制引入公共服务领域。此后的新公共服务理论主张通过政府、私人、非营利机构的合作治理为公民提供更好的公共服务。Denhardt 等（2000）指出政府应为公民在公共物品供给问题上提供充分发表意见的机会，努力形成公共品供给中政府、公民、社会及市场主体多维互动的新局面。

一、公共服务均等化的发展背景和制度障碍

研究农业转移人口市民化的公共服务均等化时，界定和理解什么是"公共服务"及"公共服务均等化"是一个逻辑起点，在此基础上才能分析中国现存的一些突出问题和体制障碍。

对于市民化公共服务的研究，不同的学者有不同的见解。有的学者指出，农业转移人口市民化过程，就是公共服务和社会权利的均等化过程。陈昌盛和蔡跃洲（2007）认为在一定的社会意识形态下，无论公民的收入、社会地位和种族是否相同，都应该公平普遍享受政府提供的服务，应该坚持效率和公平的原则。刘尚希（2007）从公共服务消费性质角度把公共服务定义为："为政府利用公共权力或公共资源，为了居民基本消费的平等化，通过分担居民消费风险而进行的一系列公共行为。"常修泽（2007）认为现阶段基本公共服务应包括四方面内容，即基本民生性服务、公共事业性服务、公益基础性服务以及公共安全性服务，并且他认为基本公共服务均等化的内涵可以从机会均等、结果相等、自由选择等角度理解。贾康（2007）认为公共服务均等化是分层次、分阶段的动态过程，当前中国公共服务均等化程度还很低，应首先将工作重点定位于实现区域公共服务均等化，同时加快城乡公共服务均等化，以及居民公共服务均等化。吕炜和王伟国（2008）认为分析基本公共服务的内涵应当把握公共服务提供保障民众最为基本的公共服务需求、公共服务要体现出公共产品的属性以及针对中国当前推动农业转移人口市民化过程面临的主要问题和矛盾，如公共卫生服务不足、社会保障的缺失等问题，因此基本公共服务均等化的含义是指具有相同公共需求的公民可以享受到大致相同的公共服务。吴业苗（2010）认为，均等化只是解决农民工问题的一大原则，农民工公共服务应该是等值化，农民工公共服务等值化就是政府为农民工提供基本的在不同阶段具有不同标准的最终大致均等的公共物品和服务，包括就业、社保、住房、文化娱乐等方面。

研究公共服务均等化也需要从供给方——政府的角度进行分析。吕炜和王伟同（2008）以均等化标准、政府能力与公共需求作为切入点，研究基本公共服务均等化的一般分析框架；通过对中国 2002~2006 年的各省份面板数据进行的实证研究，发现中国公共服务提供更多的是依据政府能力而非公共需求，并对这一现象的深层体制背景进行剖析。吕炜和王伟同（2009）通过区分"发展阶段型"和"政府责任型"失衡形态，发现公共服务供求双方的因素共同导致中国经济发展失衡问题的集中爆发，发展阶段型失衡和政府责任型失衡的混合形态是中国当前发展失衡的本质属性；中国经济转轨时期的体制制约了政府的效率，并导致政府行为的偏差，是当前发展失衡的根本症结所在。因此，改变中国发展失衡现状的途径，不应仅仅要求政府在公共服务领域承担更多责任，更应立足体制转轨背景，加快变革引致政府行为偏差的体制性因素。

二、农业转移人口市民化过程中公共服务缺失的原因及对策

国内学者对推进农业转移人口市民化过程中公共服务内容和现状的各个方面进行了详细的剖析，这些研究成果表明，农民工在享受基本公共服务方面和城市居民仍然存在很大的差距，即需要建立公共财政的问题。产生这种状况的原因是多方面的，关键点是计划经转变为市场经济的过程中，政府的职能需要调整。

吕炜（2004）提出转轨国家的公共财政则要在经济体制由计划向市场转轨过程中、在政府职能转换中、在传统计划型国家财政的基础上、通过政府的主动安排和作用来形成。他认为公共财政的内涵有两点：一是以财政传统职能的退出推进市场化的形成；二是以逐渐生成的市场机制界定和规范财政活动的范围。安体富和任强（2007）认为公共服务均等化现存的问题主要是公共服务型政府尚未建立、各级政府权责不清晰、转移支付制度不完善等。吕炜和陈海宇（2014）认为党的十八大以后新一轮改革勾勒出以预算管理制度和税收制度、中央和地方事权调整为主线的路线图，同时也面临体制性约束、既得利益集团阻挠和相关配套制度改革滞后等方面的障碍，未来应更好地界定政府与市场的关系，理顺政府间财政关系以保障及推动财税体制改革的顺畅运行。吕炜和刘晨晖（2010）提出经济增长约束主导下的财政体制决策逻辑及偏好使财政制度及其改革逐渐呈现出资源配置失衡的路径，应该衔接财政支出和财政体系建设、发挥市场机制优势；同时改变地方政府的绩效考核标准、把弱势地方政府纳入决策体系。吕炜和王伟同（2010）提出以中国式分权以及以增长为核心的政府职能异化为内容的体制安排，在维持中国经济高速增长的同时，也构成了阻碍政府服务性支出的体制性障碍，并形成"经济增长-民生改善"相互替代的增长模式，而要破除政府服务性支出的体制性障碍，需要从体制层面改变现有增长模式，将民生改善融入经济增长的循环之中。

刘海军和谢飞燕（2013）认为，现有体制下公共服务缺失的原因是城市政府

吸纳农民工落户的负面激励非常明显，导致农民工流入地城市政府在推进农业转移人口市民化方面，存在能力和动力都不足的问题。通过制度创新，给予农业转移人口"市民待遇"，是推动农业转移人口市民化的重要途径。制度创新主要表现在三个方面：加快户籍制度改革；探索农业转移人口过渡性的公共服务制度，逐步实现城市基本公共服务全覆盖；建立健全农村土地流转制度。

很多学者认识到户籍制度只是问题的表象，给予农民工户籍并不能完全解决公共服务均等化问题。韩俊（2013）提出农民工市民化的过程实质是公共服务均等化的过程，在市民化过程中，户口的转换只是形式上的改变，基本公共服务的分享才具有现实的意义。丁元竹（2008）认为造成中国基本服务不均等的原因，不仅是政府各层级、各部门的关系，城乡体制上的差异，而且还有技术层面的问题。吴业苗（2013）认为，城乡二元体制是城乡公共服务一体化实践遇到的核心问题。城乡二元结构造成了中国城乡在居民收入、生活水平、文化教育、社会保障、政治生活等方面的较大差距。他还认为，鉴于当前取消户籍制度的社会和经济成本太高，而农民工最大的问题是无力应对市场和城市生活风险，因此，农民工公共服务等值化建设的着力点并非户籍制度改革，而在于建立和完善农民工的社会保障制度。

国内很多学者从市民化政策的角度提出推进市民化的方式。其中，韩俊和崔传义（2006）通过调研分析，认为政府应及时为农民工提供全方位的社会保障和公共服务，改变政府对农民工的社会保障性政策。此外，也有学者研究了市民化受阻的体制原因，如刘小年（2009）通过抽样调查的方式对农民工进行深度访谈，发现地方政府大都从本地利益考虑，制定了与中央政策意图相背离的政策。

除了这些因素外，还有一些研究从更深层次探讨体制和机制的原因。吕炜（2005）以中国转轨实践为研究对象，通过引入适应能力、路径选择、创新能力等指标解释了中国成功实践中的一些合理逻辑。吕炜和曾芸（2009）提出单纯的反周期调节可以拉动经济走出低迷，但是无力恢复经济的自主增长动力，应对当前中国经济出现的长期内部失衡更需要财政政策着眼于整个改革过程和整个经济结构；利用中国经济发展内外失衡的框架探讨两种失衡条件下财政政策的运行原理，同时以转轨背景下中国所面临的体制性约束为限制条件考察财政政策困境的现实根源。吕炜和靳继东（2013）提出中国预算改革的根本目标是实现预算从政府管理功能向公民控制政府功能的根本转换，重点方向是实现预算权力结构的民主化和理性化；在历时性与共时性彼此交织、后发优势与后发劣势相互叠加以及复杂体制等环境下，预算改革必须紧密结合当前经济转轨的阶段性要求，在既有改革的经验路径以及改革过程的约束条件下寻求指导改革的实践路径和政策举措。

从上述研究出发，国内学者对推进农业转移人口市民化的政策问题进行初步探索，为政策研究建立良好的开端，但现有研究仍集中在"点对点"范畴，即从某个特定角度、静态地提出推进市民化的推进政策。然而，面对诸多经济社会发展带来的问题，事实上，实施市民化的主体——地方政府面临着财政能力的不足，也面临着多层的体制与政策约束，因而，从中国市民化推进的整体历程和现状来看，单一政策的实施显然无法彻底推进市民化的实现。

以上学者的研究都是从政府和社会的角度分析了农民工为什么不能享有与城市居民相同的基本公共服务，也有学者从农民工自身角度分析其原因。例如，杨昕（2008）认为农民工的年龄、性别、流入时间、受教育水平、经济收入、职业等自身条件都会影响农民工的权利意识和争取权利的能力以及农民工与城市居民之间存在的社会距离等，这些因素的构成都会影响农民工公共服务享有水平的高低。陈振明等（2007）基于对厦门市某区外来人口劳动就业社会保障子女教育以及社会治安等方面的调查发现，现行外来人口很少参与社区服务活动，与城市居民缺乏交流与沟通，只看重经济利益却不重视对城市、对社会的融入问题。

新生代的农民工和老一代农民工在观念、教育水平等方面显著不同。郑功成（2007）认为，农民工群体已经走向分化，并正在完成代际转换，改革开放后出生的农民工已经成为农民工的主体，他们的参照系已经不再是父辈，而是城市同龄人；他们在内心比较的更不是自己父辈从事的农业生产与生活，而是拥有城市户籍居民身份的劳动者的生产与生活；他们中的绝大多数从未做过农民，并向往着城市生活。

全国总工会新生代农民工问题课题组（2010）和谢宇（2010）认为，新生代农民工与其前辈的不同之处在于他们不再有浓厚的"乡土情结"，他们在城市中又与其前辈们所处的状态基本相同，他们同样面临着社会福利、劳动就业权利、文化教育、公共卫生等基本公共服务方面得不到保障的问题。这可能导致他们"城市融不进""农村回不去"，处于被"双重边缘化"的境地。因此，一些学者，如谌新民（2010）认为，农民工特别是新生代农民工迫切需要融入城市，而基本公共服务的供给不均是影响新生代农民工融入城市的主要障碍。

由于种种问题的存在，农业转移人口市民化的公共服务是一个系统性工程，受到各种因素影响。地方政府即使增加了对外来人口的公共服务供给，执行了农民工新政，也会因管理体制的桎梏而导致政策目标难以落实，或是政策效率严重受损，从而影响农民工享有公共服务的水平。

三、农业转移人口市民化公共服务的具体实践

国内很多学者从市民化政策的角度提出推进市民化的方式。其中，韩俊和崔传义（2006）通过调研分析，认为政府应及时为农民工提供全方位的社会保障和公共服务，改变政府对农民工的社会保障性政策。程亮和郭剑雄（2005）则指出，改革户籍制度是推进新型城镇化改革的龙头，未来需要在教育、医保、养老问题

上完善相关法律法规、实现城乡一体化建设。还有学者从土地角度研究了市民化问题，如胡平（2005）认为，阻碍农民工顺利市民化的原因是土地财产权利制度的缺失，所以，他建议改革传统的城乡二元结构体制，改革户籍制度，完善农民工在中小城镇、小城市落户的办法和规程。类似地，王志宏（2005）深入分析了中国农民和土地的关系，也提出要构建稳定的劳动关系，助力农民工的市民化举动。实施农村土地产权制度的配套改革，多领域实现土地、劳动力的优化配置，保障农民工转移市民化进程中的合法权益。

居住是农业转移人口融入城市社会、完成农民向市民转化的关键一环，是农民工市民化的基础。安居才能乐业，如果居住问题不能很好地解决，其他问题也就无从谈起。住房和城乡建设部政策研究中心课题组（2010）调查发现农民工的住房状况普遍较差，对住房的满意程度较低。以建筑业和制造业的农民工为例，他们主要居住在工地的工棚和集体宿舍中。人均住房面积低，居住集体宿舍的人均住房面积只有 5 平方米；随着越来越多的农民工家庭流入城市，对出租房的需求愿望大大增加，但是，受收入较低而房价较高的影响，农民工在大城市购房能力普遍较弱；值得一提的是，农民工在城里的购房愿望主要出自对子女教育的长远考虑。金三林（2010）认为农民工居住条件差是市场失灵和政府失灵的双重因素作用所致，突出表现为：①由于收入水平低，农民工无法进入城市商品房市场，只能选择租住城乡结合部的农民私房，或者市中心价格相对低廉但条件差的房屋，因此就出现了城中村、群租房现象。②农民工仍游离于城镇住房保障体系之外，不能享受同城市居民同等的保障权利。③现行用地政策制约了农民工集体宿舍的建设。

医疗卫生方面，龚文海（2009）基于对北京、上海、深圳等 11 个城市的政策考察，了解到当前农民工参加的医疗保险主要有：综合保险模式、农民工医疗保险模式和参加当地城镇职工基本医疗保险模式；而鉴于缴费标准高、农民工收入水平低等因素，农民工参保较多的仅为综合保险和专门的农民工医疗保险模式，其中农民工大病医疗保险也是当前推进农民工医疗保障的重点。从长远看，让农民工享受与城市居民同等待遇，将其纳入国家统一的基本医疗保障体系，是最终的方向和目标，但在当前条件还不具备的情况下，可以采取渐进方式推进改革。王友华和周绍宾（2012）利用 2008 年全国综合社会调查数据研究认为：农民工的医疗保障覆盖面还很有限，享受到的比例还偏低，很多农民工连基本医疗保险都没有，应发挥政府主体作用，加快完善农民工的基本医疗保险，特别关注农民工中的弱势群体，并增强医疗保障的强制性。

精神文化方面，对于农民工精神文化方面的研究，华中师范大学全国农民工文化生活状况调查课题组于 2007 年在全国 14 个地区就农民工文化生活问题进行了大规模专题调查。结果发现，农民工文化生活贫乏，文化需求高，但在供给方面，由于企业为农民工提供的文化设施或活动过于单一、贫乏，政府和社区提供的文化设施也倾向于简单供给，造成公共文化服务供给不足，农民工精神文化生活需求难以得到满足。方堃等（2007）认为传统城市社区治理模式在空间、范围和内容等方面的封闭性与排异性，造成公共文化服务和管理体系"短路"，农民工文化生活荒漠化。因而，农民工公共文化服务均等化的思路，应当嵌入城市公共文化服务体系建设。增强社区吸纳与整合的包容性治理功能，以常住地街、区级行政为主导，社区为平台，协同社会组织参与，是农民工公共文化服务均等、普惠、持续进行的制度化设计与安排。

教育方面，徐丽敏（2009）认为在"以流入地政府管理为主，以全日制公立学校接收为主"——"两为主"政策作用下，农民工随迁子女在城市接受义务教育的问题得到了很大程度的缓解，但关于其义务后教育的问题逐渐成为当前的一大难题。之所以产生这一问题，是因为现有户籍制度、城乡二元教育体制和"依户籍所在地入学"教育政策的限制。陶红等（2010）以北京、上海等 10 个城市4650 名农村户籍流动儿童问卷调查为基础，分析了农民工子女义务教育状况：农村户籍学生家庭举家迁移；学生就学年龄明显大于正常就学年龄，且年龄跨度大；学生多次转学是因为教学质量差和父母工作流动；学生就读公办学校的最大障碍是繁杂的入学手续；与民办小学相比，民办中学的老师和教学硬件问题更为突出；省内流动、家庭购有住房、独生子女等有利于学生就读公办学校；在公办学校就读的学生对所在城市有更大的认同感。

现有的农业转移人口市民化中的公共服务方面的研究和实践都存在碎片化问题，缺少系统性。因为实践中各个区域的差异性很大，公共服务和农民工又分很多层次，理论研究亟须提炼出一般性的规律和政策。

第五节　农业转移人口市民化地方政府激励问题研究

事实上，农业转移人口市民化不仅是新时期的一个重大经济问题，同时也是一个重大社会问题和政治问题。从劳动经济学的劳动力流动、公共经济学的公共品提供、社会学中的农民工阶层等角度进行研究的文献较多，虽然有很强的理论意义，但是实践意义稍显薄弱。农业转移人口市民化是一个长期的过程，理论研究也需要新的视野和方法，如结合城乡收入差距，从政府财政能力及激励体系角度进行研究。

农业转移人口市民化对于社会和整个国家来说显然有正面的意义，但是对于不同的地方政府来说意义不一，这就需要结合财政分担以及地方政府的激励进行研究，需要更进一步考虑地方政府的行为激励模式以及制度原因。Blanchard 和 Shleifer（2000）以及 Jin 等（2005）都注意到了中国独特的财政体系对于改革开放后中国经济持续高速增长的重要性，并结合政治因素和经济因素进行分析，同时和俄罗斯的情况进行对比。周黎安在一系列论著，如《中国地方官员的晋升锦标赛模式研究》《转型中的地方政府：官员激励与治理》中论述了在政治晋升锦标赛模式下，地方官员的互相竞争既促进了经济发展，也出现一些负面激励，如地方保护主义等问题。陶然等（2009）发表的《地区竞争格局演变下的中国转轨：财政激励和发展模式反思》在考察中国地区竞争模式演变的基础上提出一个分析框架，根据中央-地方和地方政府-企业两个维度关系及其在中国转轨30年中两个不同阶段的变化，研究不同时期地方政府在财政激励下所面临的约束条件的变化和对应的地区竞争行动，提出无论是中国特色的市场经济理论，还是官员晋升锦标赛理论，都难以解释中国转轨高增长的政治经济学逻辑。

由于信息分布不对称和激励地方政府的原因，公共服务往往由不同层级政府提供。最早研究中央政府与地方政府财政分权的学者是 Hayek（1945），他从信息的角度出发，认为地方政府比中央政府更了解本地的信息，因而实行分权可以克服信息传导中流失的缺陷，从而具有较强的激励效果。Samuelson（1954）论证了分散的价格体系不能确定公共品的最优消费水平，分散性自发解决公共品供给也是不可能的，因而有必要尝试其他类型，如"投票"或"信号传递"等方式来更为有效地供给公共品。

另外，在地方财政方面，Tiebout（1956）在一系列假定基础上证明彻底的分权和地区之间的竞争可以实现帕累托最优。著名经济学家斯蒂格勒（Stigler，1998）探讨了地方分权的经济理由，认为：它比中央政府更加接近民众，也就是说比中央政府更加了解所管辖民众的需求和效用；一个国家内部不同地区的人有权对不同种类和数量的公共服务进行不同的选择，而地方政府就是实现不同地区不同选择的机制。Musgrave（1959）认为，中央政府应该执行宏观经济稳定、收入再分配财政职能，并提供全国性的公共品；地方政府应该负责提供地方性的公共品，特别是执行资源配置职能。Groves 和 Ledyard（1977）则将政府决策考虑到公共品的供给中，他们继承了维克赛尔的思想，并进一步深化发展出了公共选择理论，主张通过民主政治程序，运用公共决策机制来提高公共品的配置效率。Oates（1969）曾以美国新泽西州东北部53个社区为样本，分别利用 OLS 和 TSLS 方法，通过研究地方公共支出与税收对其房产价值的影响程度来检验 Tiebout 模型，结果表明：地方性公共产品的质量和数量及财产水平都是消费者选择居住地的决定因素，地区房价会受到这些因素影响；在其他条件不变时，拥有较高公共设施水平的地方就能吸引更多居住者。因而，在社区房产数量相对给定的条件下，不断增加的居民将使房地产价格上涨，最终使地方公共设施的价值"资本化"为地产价格。

Oates（1972）提出在偏好具有异质性和不存在溢出效应的情况下，采用财政分权比较有效率，对公共产品供给而言，由于它们具有空间特征，对消费者的好处反映在不同的特定边界内。Clarke（1971）、Groves 和 Ledyard（1977）则分别设计出引导每一当事人诚实地显示其公共产品真实需求的机制，即显示需求机制（AGV 机制），并求解出作为枢纽机制的克拉克税。Aikinson 和 Stern（1974）在他们研究的基础上，进一步扩展了公共品的供给条件，也认为扭曲性税收会改变公共品的最优供给决策，且独立于其他因素。

Bird（1993）也指出，信息不对称会以两种形式影响财政分权：一是中央政府可能不知道该做什么；二是地方政府可能也不知道如何去做，当然这两点在不同的公共品供给和服务中表现出的重要性也不一样。

Lau 和 Stiglitz（1978）研究了在任意税和最优税收两种情况下公共产品的供给效率，认为如果传统的公共品最优化理论成立，则必须利用不同的分权程度来供给不同的公共品，特别是在总的公共品预算给定的情况下，就需要在决定不同的最优公共品支出上，采用不同的税收或补贴方式。Olson（1971）对公共品的自愿供给进行了分析，认为公共品的非排他性造成无法排除其他潜在消费者，而供给的相连性并不是公共品的必备属性。所以任何产品，如果一个集团中的某个人能够消费它，它就不能适当地排斥其他人对该产品的消费，那么它就是公共品。可见，奥尔森认为非竞争性并不是公共品的必备属性，从而强调了非排他性的重要地位。

Brueckner（1982）利用美国马萨诸塞州的横截面数据，测度了地方公共部门在满足萨缪尔森的效率条件下最大化公共支出，是否能达到帕雷托效率，结论是并没有系统性的趋势表明是公共品的供给是过度或不足的，但是理性的居民的确会比较公共服务的收益和履行纳税义务的成本，在此约束下，地方政府有最有效供给公共品的动力。Bergstrom 等（1986）建立自愿捐赠的非合作一般模型，探讨不同程度的财富再分配对公共品供给的不同影响，并在弱假设的条件下得出纳什均衡，对公共品供给的"挤出效应"进行广泛的研究。Besley 和 Jewitt（1991）也研究了分权下的公共品最优供给，指出在预算分配下公共品供给可以让管理更便利，但通常却达不到最优，因为管理者可能不会考虑由税收造成的预算，并且在公共和私人支出上存在补偿和替代效应。

Maskin（1995）建立了 DM 模型，直观描述了集权管理体制下，由于存在逆向选择和沉没成本，较差的项目更可能得到融资，且开创性地把软预算约束看成特定体制内生出来的一种动态激励问题，对之后公共品供给的研究奠定了基础。Montinola 等（1995）就从政治基础出发，认为中国经济的成功发展是因为政治改革为之提供了相当程度的可置信承诺市场，而这种改革反映出的分权模式被作者称为中国类型的"联邦体制"。Crain 和 Oakley（1995）研究了政治制度和政治过程是如何影响公共资本和公共投资的，他们发现，任期限制、公民热情以及预算程序等是决定州公共资本存量和公共投资的重要因素。Qian 和 Weingast（1996，1997）从中国的分权改革实践中得到启发，意识到分权为中国创造了一个来自地方的改革支持机制，使得地方政府对中央政府可以形成经济上的制约，形成了可置信的承诺，从而能够保证有效率的改革持续进行，并由此提出维持市场的经济联邦制。Qian 和 Roland（1998）以这一模型为基准，分析了公共品的供给激励，指出在集权体制环境下由于软预算约束的存在，基础建设之类的硬性公共品和软性地方公共品都会供给不足；而分权则有一定的硬化预算约束的效用，使硬性公共品要大于集权下的供给，虽然软性公共品供给激励仍不足。由此证明财政分权是降低软预算约束的一个较好选择，但若再考虑到货币体制上的集权和分权，则问题又有所不同：在货币和财政都集权的体制下，软预算约束问题依然存在，对公共品供给激励的影响也不变；在财政分权而货币集权的情况下，则能起到硬化预算约束的效用，这和单纯的财政分权的情况类似，只不过通货膨胀效用会使得公共品供给的激励有所降低。

Ghatak 和 Sanchez-Fung（2007）根据经济人对地区公共品与跨区公共品偏好的不同，在考虑他们能获得投票权的情况下，指出投资比较大的公共品应由中央政府进行投资，但由地方政府来运营，这样公共品的生产和供给就可以分开，且也能保证一定的效率，从而将不完全合同的分析方法引入了公共品供给的研究，明确了偏好及控制权的重要性。Bardhan（2002）指出，发展中国家由于国情和制度背景与发达国家不同，因而传统的财政分权理论并不能有效地适用，主要原因在于：发展中国家的人口流动性不强，公众对政府的监督信息相当有限，地方政府的政治责任机制较为薄弱，其征税水平低，且和收支联系很少，加上地方政府征税技术水平和征管能力都较弱，与前面的财政分权理论的前提均明显不吻合。同时，他也指出政府间控制权的分配应该和其所拥有的信息和受到的激励相联系，从而承担其相应的责任。但是，发展中国家的政治制度等因素，使得财政分权可能加剧地方政府被俘获的程度，或是被当地的一些利益集团所控制，从而导致税收负担的不公平，破坏了实现公共服务的目标。

对中国地方政府履行公共职能的激励机制的研究主要集中在微观经济学领域。分析地方政府有关行为的影响，需要更进一步考虑地方政府的行为激励模式以及制度原因。Blanchard 和 Shleifer（2001）以及 Jin 等（2005）都注意到了中国独特的财政体系对于改革开放后中国经济持续高速增长的重要性，并结合政治因素和经济因素进行分析，同时和俄罗斯的情况进行对比。近几年，国内的研究者则更清醒地认识到现有激励模式和制度的弊端。周黎安（2004，2007）论述了在政治晋升锦标赛模式下，地方官员的互相竞争既促进了经济发展，也出现了一些负面激励，如地方保护主义等问题。傅勇和张晏（2007）认为中国的财政分权以及基于政绩考核下的政府竞争造就了地方政府公共支出结构"重基本建设、轻人力资本投资和公共服务"的明显扭曲。尹恒和朱虹（2011）提出中国县级决策者主要对上级负责，追求尽可能高的经济增长率，而非居民福利最大化，导致其财政决策偏向生产性支出。

传统的财政分权理论展示的是一个一般性的规范框架，其用意在于安排了不同层次的政府职能以及执行这些职能的适当的财政工具，但对具体过程并没有交代清楚。Blanchard 和 Shleifer（2000）对中国和俄罗斯的财政分权作出比较研究，他们认为，俄罗斯与中国在由计划经济向市场经济转轨过程中实行的财政分权效果之所以截然不同，是因为两国政治制度框架有十分不同的表现。中国在转轨过程中保持了政治上的中央集权，中央政府对地方政府保持了比较有效的政治控制；而俄罗斯则在政治上实行了一种十分糟糕的分权改革，中央和地方关系没有理顺，政治上整脚的民主化使得地方政府行为不规范，中央政府对地方政府丧失了基本的控制力。发展中国家的财政分权与转轨经济有些类似，总体来看，中央集权还比较突出，非经济因素制约着财政分权的发展。

以往的文献虽然不乏从经济人需求的角度切入的研究，且也有一些考虑到了政治民主状态下的政府偏好差异对分权程度的决定作用，但大多只适用于西方政治分权的模式，并没有考虑政治集权情况下政府偏好的演进过程，因而研究成果难以适用于中国这样的转型经济国家，对此，中国国内许多学者进行了诸多研究，主要包括：周黎安的《中国地方官员的晋升锦标赛模式研究》（2007）和《转型中的地方政府：官员激励与治理》（2008）、王孝松和高乐咏的《中央政府的激励机制与地方经济增长》（2009）、王贤彬和徐现祥的《转型期的政治激励、财政分权与地方官员经济行为》等。

结合中国实践发展的理论应该考虑中国特殊的转轨经济背景，尽可能地避免将抽象的政府作为行为人，区分政治家（如政府领导人）与普通官僚是保证所构建的理论具有坚实的微观基础的必要条件，搞清楚他们的利益取向，尤其是私人利益非常重要。更为精细的研究还需要搞清楚政府领导人与政府官僚在政府决策和行为中的地位和作用，以及相互关系。在此基础上结合具体的政治经济制度和环境，进一步搞清楚各行为人的效用函数和约束条件，其中包括政府的任期制，这样才能保证理论真正具有微观基础，提出的政策建议才有可行性。

第六节　文献评论

通过对已有文献的梳理发现，国内外许多学者对该问题的研究是全面的，而且从 20 世纪 50 年代就已经开始，可以说是研究时间长、力度大、范围广，这也从侧面反映出这个问题具有十分丰富的理论意义和实际意义。毕竟，城乡二元作为典型的存在实体形态，无论是哲学还是经济学，无不引起相关学者的研究兴趣，破解二元既是哲学里对立统一规律的核心任务，又是经济学领域里长期关注的经济现象。从这个角度出发，以缩小城乡收入差距为目标，研究如何制定并实施市民化政策必须以整体视角进行系统考虑，当前研究有待进一步深入。

在过往的文献中，对市民化政策影响城乡收入差距的研究往往停留在实证层面，或者将市民化作为城镇化的一个核心进行相关研究，但是，从来没有将市民化政策影响城乡收入差距单独进行研究，这不仅在理论上混淆了城镇化与市民化的真正内涵，而且在实践层面没有结合中国的实际情况。虽然最近一个时期，以户籍制度为突破口，关于户籍制度对城乡收入差距的影响的研究成果已经日趋密集，但是往往从单视角进行研究，较少文献能结合城市化快速推进的大背景，从整体视域系统思考并深入研究市民化政策与城乡收入差距之间的关系。总之，中国还没有构建一个有利于城镇化进程，缩小城乡差距的制度框架，具体来讲，现有政策研究普遍忽视了以缩小城乡收入差距为目标制定市民化政策，并且缺乏对市民化政策的价值目标、主体及路径选择的相关探讨。

在研究对象方面，本书将研究的重点放在了农业转移人口市民化如何缩小城乡收入差距，是把农业转移人口和农村居民统一起来进行考虑，而不是将农业转移人口和当前所在城市的居民放在一起。之所以这样考虑符合现实情况，是因为中国当前的农业转移人口的户籍仍是农业户籍，以户籍归类更符合实际情况，而且本书的研究思路就是户籍附带公共服务的农业转移人口市民化研究，而目前的大多数研究成果，是以城市为研究对象，必然考虑工资的影响，这样的研究确实比较全面，但同时也容易冲淡主线。从这个意义上讲，当前的研究过多地将研究重点放在寻找城市偏向的原因分析，以及以城市为重点的市民化政策研究上。

在研究方法方面，现有研究存在两个方面的偏差。一方面，是过度强调实证研究，只是在实证研究方面确定市民化政策与城乡收入差距之间具有什么关系，并未对市民化与城乡收入差距之间的影响做理论上的规范研究。另一方面，目前虽然已有学者试图用城镇化进程中的户籍制度说明市民化对城乡收入差距的影响，特别是户籍政策实证分析市民化对城乡收入差距的影响，但没有提炼出一般化的理论或分析模型，如果能够准确描述出这种影响的内在机理，将为政府宏观应对提供准确的政策依据。

第三章 相关理论与方法

第一节 城乡发展的理论基础

一、城乡关系的哲学基础

城乡关系研究领域，早期西方学者提出城乡协调发展的观点。以莫尔、傅里叶、欧文等为代表的空想社会主义学者提出城乡一体化的原始构想，他们希望通过心中理想社会组织结构来改变当时城市与乡村面临的诸多问题。

城乡关系问题，最早可以追溯到莫尔，他提出的"乌托邦"，就是期望以理想的社会模式来解决城市与农村分离的问题。又比如，傅里叶提出"和谐制度"的概念和"法郎吉"模型，是最早、最系统的城乡一体化思想的论述，在他看来，工业和农业不是划分城乡的标准，没有城乡对立，城市和农村是平等的。再比如，欧文提出"新村公社"模式，并设想这些"新村"不仅具有当时城市和农村的一切优点，而且没有城市和农村的一切不足。总体上讲，以莫尔、傅里叶、欧文为代表的三大空想社会主义者对城乡一体化的构想，虽然只是初步的构想，有些地方甚至是幼稚的、不可实现的，但他们最早提出城乡经济一体化的思想，开了城乡统筹发展理论的先河。恩格斯对他们给予了高度评价：欧文和傅里叶都要消灭城市和乡村之间的对立，作为消灭整个旧分工的第一个基本条件。

孟德斯鸠是近代资产阶级大革命启蒙运动中伟大的启蒙思想家。《论法的精神》是孟德斯鸠的代表著作，他用"法"的概念作为理论构建的主线，认为法是由事物的性质产生出来的必然关系。万物皆有法，在自然状态下有"自然法"，在社会状态下是"人为法"。"法"就是规律、规则，法的精神就是"自由""正义""平等"。孟德斯鸠认为是社会让人们失掉了平等，只有通过法律才能恢复。"人类一有了社会，便立即失掉自身软弱的感觉；存在于他们之间的平等消失了，于是战争的状态开始。"每一个特殊的社会都意识到自己的力量，这是国家间战争状态的原因；社会中的每个人开始意识到自己的力量所在，力图将这个社会的主要利益窃为己用，于是便产生个人间的战争状态。"战争状态促使人们之间建立法律"，"在法律没有预防的地方，不平等便会乘隙而入"，"真正的平等是国家的灵魂"。既然法律的目的是保护人民的平等和自由，就要防止滥用权力，因此倡导三权分立，以权力制约权力。同时孟德斯鸠还发现了经济发展对平等、公平的影响，他认为法律是规制经济带来的不公，实现人的平等和社会公平的保证。

卢梭是启蒙运动中最激进的思想家之一，平等思想贯穿于他的代表性理论著作《论人类不平等的起源和基础》和《社会契约论》。政府最重要的任务之一就是要防止财富占有的不平等，保护财富占有的平等就是保护了社会平等的基础和前提。卢梭提出社会契约论作为其平等理论的保障。自由与平等的契约为政治权力合法性提供基础，而建立在社会契约上的政治权力只能有一个目的，那就是保护订约者的自由平等。

卢梭指出人人生而平等，而人类社会发展进程中出现的私有制是造成人类社会不平等的根源。卢梭在其著作中从三个方面对平等的原则进行了具体化：首先，缔结契约的平等。在社会契约论中卢梭指出，统治者的统治权来源于被统治者的认同，控制社会的权力是公共意志的产物。在缔结契约时，每个社会成员放弃天然自由，转让给集体，然后从集体获得契约自由。其次，法律面前的平等。公民在法律面前人人平等，具有平等的法律地位，享有同等的受法律保护的公民权利，同等地向社会履行自己应尽的义务。社会对违反法律的违法犯罪行为依照法律进行制裁。最后，财产占有的平等。卢梭认为私有制带来了组成此社会的个人的幸福的总和。

18世纪德国哲学家、德国古典哲学的创始人康德秉承了卢梭人本主义精神，他曾写道，是卢梭教会了我尊重人，他对人的发展始终给予了极大关注，他认为自己远不如寻常劳动者有用，"除非我相信我的哲学能替一切人恢复其为人的共有的权利"，并且，对人所具备的美德充满了敬意。他说："德性固为至上之善，然必得与幸福携手，方为完满之善。"并把希望寄托在人群整体，称人类应该积极践行道德，并称意向是至善的条件。康德认为："至善在世界之中的实现是一个可由道德法则决定的意志的必然客体。但是，在这个意志里面，意向完全切合于道德法则是至善的无上条件。因此，这种切合必须像其客体一样是可能的，因为它是包含在促进这个客体的命令里面的。"

美国哈佛大学教授约翰·罗尔斯把传统的以洛克、卢梭和康德为代表的社会契约论加以提升，于1971年出版了代表作《正义论》，提出两个正义原则：①自由平等原则。人生而平等地享有基本的权利与广泛的自由权。②机会均等和差别原则。罗尔斯认为，西方民主制度的立宪政体的一个主要缺点是它不能确保政治自由权的公平价值，因此，对社会和经济不平等的安排应能满足：不平等应合理地符合每一个人（特别是有利于最弱势者）的利益；机会平等应与向所有人开放的地位和职务联系在一起。罗尔斯认为，社会公正的功能性要素由机会公平、过程公平和分配的结果公平三部分组成，并将它们贯穿于社会基本结构，涉及自由和平等、收入和财富。罗尔斯认为，分配公平意味着实现"社会上状况最差的人的福利最大化"，他着重提高社会劣势群体的经济福利，主张通过教育、税收和其他途径来改变现实中不平等的状况，同时，他主张将社会保障和社会福利实现制度化，以此来确保分配公平。

与罗尔斯持相似观点的包括勒纳（Lerner）和米里斯（Merles），他们认为公平是人类追求的理想目标，是人类生存发展的基本法则，更是一种不能用金钱来衡量和标价的"天赋权利"。勒纳将增进总体社会福利水平和结果公平结合起来，他认为平均分配是一种增进社会总体福利水平的最优分配。原因是效用无法测量，也无法进行人际间的比较，因为无法判断人们各自的偏好，所以无法比较他们的边际效用曲线的高低，进而无法得知哪种实际的分配方式可以获得最大福利；而收入的再分配到底是使总福利增加还是减少也无法确定。在这种情况下，最令人满意的一种分配方式就是平均分配。在勒纳看来，公平的含义就是收入分配的绝对平均。但是，与上述哲学家的观点有些出入的是托马斯·霍布斯、杰里米·边沁等。

英国政治家、哲学家托马斯·霍布斯（Thomas Hobbes，1588～1679）认为人的生存条件就是身心或能力的平等。人们平等地享有捍卫生命的自然权利。每个人都享有同他人同等大小的自卫权。每个人的自卫权利与他人的自卫权利是根本对立的，并发生冲突的。为了最有效地保护自己，人们必须摆脱"人对人像狼一样"的自然状态，进入和平相处的文明社会。要做到这样，就必须平等放弃和占有同样的权利。在霍布斯所描述的"自然状态"（state of nature）下，每个人都需要世界上的每样东西，也就有对每样东西的权利。但由于世界上的东西都是不足的，所以这种争夺权利的"所有人对所有人的战争"便永远不会结束，而人生在这种自然状态下便是"孤独、贫困、污秽、野蛮又短暂的"。

英国的法理学家、功利主义哲学家杰里米·边沁以功利原则的价值判断为基石，提出："人性使人类置于两位君主的统治之下，即痛苦和快乐……无论何时，我们的所做、所说和所思都在他们的牢牢控制之下；我们所做的任何摆脱我们主观期望的努力只不过使其更加稳固并彰显这种期望。换言之，一个人可能会假装避免其欲望的产生，但实际上他仍然总是屈从于这种欲望。"

遵循这种简单的道德原则，一个人该做的就是使其快乐最大化和使其痛苦最小化，即为了避免痛苦而推行最大多数人的最大幸福原则（the greatest good for the greatest number）。因此，他提出惩罚总是作为改革的手段，尽管在短期内惩罚对于被惩罚者来说是痛苦的，但经过仔细考虑其长期的结果来看，它会增加大多数人的快乐。最后，边沁甚至构建了一套"幸福微积分"去计算在某一活动中所引起的痛苦和快乐的精确数量。

边沁的功利原理有两个出发点或前提：①功利原理或最大幸福原理；②自利选择原理。关于功利原理，边沁认为，人们一切行为的准则取决于是增进幸福抑或减少幸福的倾向。不仅私人行为受这一原理支配，政府的一切措施也要据此行事。按照边沁的看法，社会是由各个人构成的团体，其中每个人可以看成组成社会的一分子。社会全体的幸福是组成此社会的个人的幸福的总和。社会的幸福是以最大多数的最大幸福来衡量的。如果增加社会的利益即最大多数的最大幸福的倾向比减少的倾向大，这就适合于功利原理。

二、城乡关系的初期理论

18 世纪以后，随着城市化进程加快，城市在经济社会发展中所占的地位日益凸显，并受到学者们的普遍重视。亚当·斯密在《国富论》中通过对农业和制造业劳动力增进的现状及需求的分析，从社会分工的角度阐述了农业与制造业、农村与城市的关系。他认为，农业与制造业产业差距的原因是农业不能采用完全的分工制度。农村与城市紧密联系，要先增加农村产品的剩余，才谈得上增设城市，这被学者们看成工农业二元经济思想的最初萌芽。

亚当·斯密把人性归结为个人利己主义，认为个人追求一己利益，便会自然而然地促进全社会的利益。英国哲学家边沁发展了斯密的这一思想，进一步阐明了功利原理，并以此作为判断一切行为和法律的准则。边沁认为，人们一切行为的准则取决于是增进幸福抑或减少幸福的倾向。不仅私人行为受这一原理支配，政府的一切措施也要据此行事。按照边沁的看法，社会是由各个人构成的团体，其中每个人可以看成组成社会的一分子。每个人在自由放任的经济体系里可以根据利益最大化的原则追求个人利益，其结果最终会实现公共利益。每个人追求自身利益最大化的结果使得社会的绝大多数人得到最大的幸福。个人的行为目标与社会的总体利益目标是一致的。因此他主张自由放任的经济制度和经济秩序。

1826 年，杜能在《孤立国同农业和国民经济的关系》中对城乡关系的研究，树立了城乡关系研究典范。他在研究农产品运输成本和利润关系的基础上，发现两者的关系在很大程度上取决于农产品产地与城市距离的远近，形成一个个如同以城市为中心的同心圆环带，每一个圆环带的农产品都有各自的特点及生产经营方式。杜能以城市为中心，按照距离远近将城市外围的农业区位分布划分 6 个环带，提出著名的"杜能圈"理论，这又被称为"农业的二元结构模型"。

根据国外城乡关系的理论研究进程，我们可以看出，国外城乡关系研究基本上是随着工业化进程中城乡关系的变迁而不断深化的。城市与农村的经济属性在产业革命以前没有发生根本性改变，在这一时期对城乡关系的相关研究基本处于空白状态，但是随着产业革命带动社会大分工，城市和农村出现二元分化，这时对城乡关系的相关研究开始萌芽。

三、马克思主义城乡关系理论

（一）马克思主义城乡关系理论概述

城乡关系是历史的产物，是人类社会的一种基本关系。马克思和恩格斯从唯物史观的角度分析了城乡分离和对立的发展规律。一方面，他们肯定了城乡分离的合理性、必然性和历史进步性；另一方面，他们又深刻地揭露和批判了资本主义国家城市盲目扩张造成的乡村衰落、城市病态和城乡之间尖锐的矛盾与对立，揭示出城乡协调发展、城乡融合的历史大趋势。

马克思主义关于城乡关系理论的论述是沿着城乡无差别到城乡分离、对立再到融合这一历史发展思路进行展开的，即城乡关系的发展往往经历无城乡差别—城乡分离—高水平新的均衡与融合的过程。

马克思、恩格斯的城乡统筹思想产生于资本主义时代，其研究的主要内容是资本主义时代的城乡分割，私有制是造成城乡分割的根源，分工直接导致了城乡的分割对立，而劳动生产率的差异则加剧了城乡的分割对立；城乡关系是建立在人类物质生活资料的生产和再生产基础之上的，是人与自然的关系和人与人的关系的现实表现，因此，统筹城乡发展，关键在于合理调节和有效控制人与自然之间的物质变换和人与人之间的社会的物质变换过程，统筹城乡发展就是在多种生产方式中，吸取生产方式中的优点而避免其缺点。

早在 1841 年，年轻的马克思在论文《关于出版自由和公布等级会议记录的辩论》中，留下了他对利益概念的最早认识："人们奋斗所争取的一切，都同他们的利益有关。"1843 年春夏之交，马克思在《黑格尔法哲学批判》中，第一次提出利益不仅是自然人的生物性的需要，还与当时社会生活条件，与当时的所有制关系相联系。他在 1859 年写的《政治经济学批判》中指出，乡村孕育城市—城乡分离—城乡对立—城乡融合，这一演变进程与工业化进程基本同步。但由于发达国家与发展中国家在工业化进程上的时间差异，呈现出的二元结构特征也各不相同，对发达国家和发展中国家的城乡关系的研究重点也各不相同，前者由于城市化水平较高、城乡矛盾不十分突出，因而往往把城乡关系理论研究作为城市经济的一部分，而后者由于城市化水平相对较低、城乡二元结构矛盾突出，因而对城乡关系的研究在较广泛的领域和视野展开。

恩格斯认为城乡融合是一种必然趋势，"通过消除旧的分工进行生产教育，变换工种，共同享受大家创造出来的福利，以及城乡融合，使全体成员的才能得到全面的发展"。马克思在《共产主义原理》中提出实现"城乡融合"的途径："通过消除旧的分工，进行生产教育、交换工种、共同享受大家创造出来的福利，以及城乡的融合，使全体成员的才能得到全面的发展。"当然，马克思主义经典作家对于城乡融合并不是空想式的勾勒，而是立足社会发展的客观规律，深刻透析了实现这一目标所具有的现实可能性。

马克思、恩格斯认为，乡村演变为城市，生产者也随之发生变化，通过生产而改变着自身，形成新的观念、需求和语言等。农业是社会分工和其他经济部门独立及城市经济发展的基础，城乡关系的产生是由于农业和工业分工造成的；城市的发展加剧了城乡之间的对立，一切发达的以商品交换为媒介的分工基础都是城乡的分离；工业与城市经济的发展及其带来的规模经济效益和聚集经济效益对农村和农业的拉动作用是统筹城乡发展的前提和条件。

在城乡关系发展趋势上，马克思、恩格斯认为，城乡关系是沿着城乡混沌—城乡分离—城乡对立—城乡关联—城乡统筹—城乡融合的历史发展脉络演进的。其大致可以概括为三个阶段。第一阶段，即在资本主义以前的社会，因为当时生产力水平很低，社会分工不明确，这时的社会以农业为主，商业和手工业在社会中的作用不是十分重要。此时，乡村在社会系统中占主导地位，城市从乡村中诞生，乡村成了城市的摇篮。第二阶段，从工业革命开始，社会化分工不断深化，新的生产方式加速推进城市的发展，城市经济在社会中的主体地位日益突出，城乡经济、社会、文化等的差异也越来越大，开始走向了对立面，城市成为政治、经济和文化的中心，相反乡村经济的发展相对滞后。第三阶段，生产力和城市的进一步发展加强了城市与乡村的依存度，城市和乡村逐步走向融合。城市和乡村的差别，会使工业在控制农业的前提下，不断渗透到农业之中，带动农业的产业化。这种融合让城市和乡村相互吸纳，互为补充，城乡差别不断缩小，最终达到城乡错位发展整体推进，实现城乡一体化。马克思认为，当生产力发展到一定水平时，"城市和乡村之间的对立也会消失，从事农业和工业劳动的将是同样一些人，而不是两个不同的阶级"。

综上所述，城乡关系的变化离不开不同时期社会经济的变化，不同历史时期的城乡关系有其不同的特点。但是，在漫长的城乡关系变化过程中，对立与融合是其主题。国外和国内的思想家立足于各自生活的现实情况与具体特点，对城乡统筹的思想有了不同的理解。

（二）城乡对立与融合的路径

在论证城乡关系发展各阶段时，马克思、恩格斯认为生产力的发展是导致城乡分离、对立，乃至最终走向融合的根本原因，他们认为城乡的对立和差别，"只是工农业发展水平还不够高的表现"[①]。只有生产力的发展，才能够促进社会形态的变迁，从而促进城乡关系向前推进。另外，马克思主义还认为资本主义制度

---

① 《马克思恩格斯全集》第 1 卷，第 233 页，人民出版社，1995 年。

是导致城乡分离与对立的直接原因，在资本主义社会形成了城市与农村两大对立的阶级。马克思在《德意志意识形态》和《资本论》及其初稿中分别指出，"某一民族内部的分工，首先引起工商业劳动和农业劳动的分离，从而引起城乡的分离和城乡利益的对立""物质劳动和精神劳动的最大的一次分工，就是城市和乡村的分离……它贯穿着文明的全部历史并一直延续到现在"①。马克思还认为城乡关系的分离是一个社会矛盾运动的对立，"一切发达的，以商品交换为媒介的分工的基础，都是城乡的分离。可以说，社会全部经济史，都概括为这种运动的对立"②。在谈及城乡关系对立时，马克思认为："由于农业和工业分离，由于生产中心形成，而农村反而孤立化了。"并且"城市本身表明了人口、生产、工具、资本、享乐和需求的集中，而在乡村所看到的却是完全相反的情况：孤立和分散"③。恩格斯为此也指出："城市和乡村的分离，立即使农村人口陷于数千年的愚昧状态。"④并且他们认为私有制是产生城乡对立的根本原因。

马克思指出"消灭城乡之间的对立，是社会统一的首要条件之一，这个条件又取决于许多物质前提，而且一看就知道，这个条件单靠意志是不能够实现的"⑤。关于用工农结合消除城乡差别方面的思想，在《共产党宣言》中提出"把农业和工业结合起来，促使城乡之间的对立逐步消失"⑥。最后，马克思在总结资本主义工业化结果时，深刻论述了资本主义工业既加强了城乡之间、工业与农业之间的对立，又为消除城乡之间的差别、建立农业和工业的新联合，创造了物质前提。并且认为人类随着科学技术的发展，将会认识到人与土地之间的物质变换原理，并根据这种认识去建立适合生产要求和人的充分发展的农业和工业的新的联合。因此，发挥城市先导作用，走一条工农结合的城乡融合道路，是马克思主义城乡融合思想的精华。

可见，选择城市化道路是实现城乡融合的正确路径选择，城市在其过程中应该起到先导和示范作用。马克思、恩格斯认为，实现城乡融合的具体途径之一是充分发挥城市的中心作用，走乡村城市化的道路。"城市的繁荣也把农业从中世纪的简陋状态中解脱出来了"。马克思对此认为："资产阶级创立了巨大的城市，使城市人口比农村人口大大增加起来，因而使很大一部分居民脱离农村生活的愚昧状态。"⑦

---

① 《马克思恩格斯全集》第23卷，第390页，人民出版社，1995年。
② 《马克思恩格斯选集》第1卷，第56页，人民出版社，1995年。
③ 《马克思恩格斯全集》第3卷，第716页，人民出版社，1995年。
④ 《马克思恩格斯全集》第3卷，第330页，人民出版社，1995年。
⑤ 《马克思恩格斯选集》第1卷，第57页，人民出版社，1995年。
⑥ 《马克思恩格斯全集》第1卷，第105页，人民出版社，1995年。
⑦ 《马克思恩格斯选集》，第1卷，第387页，人民出版社，1995年。

同时，马克思注意到城乡对立中公平的重要性。他指出："把生产发展到能够满足所有人的需要的规模；结束牺牲一些人的利益来满足另一些人的需要的状况；彻底消灭阶级和阶级对立；通过消除旧的分工，通过产业教育、变换工种、所有人共同享受大家创造出来的福利，通过城乡的融合，使社会全体成员的才能得到全面发展。"[①]

综上所述，关于城乡关系问题的研究，马克思和恩格斯是从城乡关系发展的整个历史过程来解释城乡之间的内在联系的，他们认为先是由于社会生产力发展引起的分工，然后才导致了城乡分离，而这种分离状态又会在较长时期内使社会资本不断向城市集中，此时所形成的城乡结合体系，城乡关系是对立的。此外，他们还认为要真正消灭城乡之间的对立是社会统一的首要条件，未来的社会是实现城乡融合。由此可知，城乡关系从分离与对立不断走向城乡融合是社会发展的必然要求，城乡分离与对立为城乡融合的实现提供了前提条件。

第二节　相关经济理论

一、二元经济结构理论

（一）二元经济理论诞生与发展

1957 年，缪尔达尔把二元结构理论引入经济发展理论，提出的"地理二元结构"理论成为城市化理论中城乡协调发展的经典理论。在《经济理论和不发达地区》中，谬尔达尔利用"扩散效应""回流效应""循环积累因果关系"等概念，解释地理二元结构形成的原因。他认为，市场的作用一般倾向于增加，而不是减少城市与农村之间的不平衡。在商品、资本、人员等要素的自由流动中，城市中心区域因积累形成初始优势比其他地区具备发展先机，只要这种机会保持，就会形成"循环累积因果关系"，从而造成城市更先进，农村更落后。当城市发展到一定程度时，就会形成"扩散效应"，城市的各种资源自动向农村扩散，从而缩小城乡差距。尽管缪尔达尔的地理二元结构理论批判了新古典的市场机制的自发作用，但还是没有摆脱"市场万能"的理论束缚。1958 年，美国经济学家赫希曼在《经济发展战略》中，进一步提出"不平衡发展理论"。

与缪尔达尔同时代的著名经济学家刘易斯，1954 年在《曼彻斯特学报》上发表了《劳动力无限供给下的经济发展》一文，提出发展经济学关于劳动力转移的第一个理论模式。在该文中，刘易斯首先提出"二元结构理论"的三个前提。第一个前提是把不发达经济区分为以制造业为中心的现代化部门和农村中以农业、

---

① 《马克思恩格斯选集》，第 1 卷，第 243 页，人民出版社，1995 年。

手工业为主的传统部门。第二个前提是存在劳动力相对过剩，或者说无限供给。第三个前提是只要农村剩余劳动力依然存在，工业部门的工资就会保持不变。刘易斯认为，在不发达经济的两个部门中，只有现代化的城市工业部门是增长的主导部门，农村中的传统农业知识被动地起作用。剩余劳动力在发展中国家确实存在，大多数以隐蔽失业形式存在。这种劳动一般属于非熟练劳动。刘易斯认为，资本要吸收剩余劳动，就必须支付工资，因此，资本应用只能达到劳动边际生产率等于现行工资的程度。

它的基本内容是：不发达国家存在两种经济部门，即现代部门与传统部门，传统部门最大的特点是存在着无限供给的剩余劳动力。由于工农业之间的收入水平存在着明显的差距，农业剩余劳动力必然有一种向工业部门流动的趋势，农业剩余劳动力就会源源不断地流入城市，城市现代部门在现行固定工资水平上能够得到它所需要的任何数量的劳动力。城市现代部门由于吸收了农业剩余劳动力而扩大了生产，取得更多的剩余，积累了更多的利润。在追求利润最大化的动机下，积累的利润被转化为资本，从而吸收更多的农业剩余劳动力，直到农业剩余劳动力消失，工业部门的劳动力供给不再是无限为止。在上述过程中，城市现代部门扩大生产，农业剩余劳动力不断向工业部门转移，农村人口不断流向城市，从而实现了工业化和城市化。

美国发展经济学家拉尼斯（G.Ranis）和费景汉（J.Fei）在《经济发展理论》中对 Lewis 模型进行了重要的补充和修正。一方面该模型沿袭了 Lewis 模型劳动力无限供给的古典主义假设，另一方面强调农村剩余劳动力对城市工业部门的扩张作用，从而弥补了 Lewis 模型忽视农业在经济发展中的地位和作用这一理论缺陷，形成"刘易斯-拉尼斯-费"（Lewis-Ranis-Fei）模型。Ranis 和 Fei（1964）认为，农业增长和工业增长都同等重要，农业和工业应协调发展、城镇和农村应同步发展、城乡居民收入应平衡增长。为摆脱"马尔萨斯陷阱"，农村剩余劳动力向城镇的转移速度必须高于人口增长速度。

费景汉与拉尼斯对刘易斯模型的修正，尽管否定了刘易斯不重视农业在促进工业增长方面的重要性，修正了刘易斯忽视农业生产率的提高而出现剩余农产品应是农业中的劳动力向工业流动的先决条件。但是他们完全接受了刘易斯的城乡实际收入差距概念，把它作为劳动力由农业向工业转移的经济动因。

此后，Jorgenson（1961）的二元经济结构的劳动力流动模型一改刘易斯传统，它抛弃了刘易斯模型及"刘易斯-拉尼斯-费"模型中所坚持的农村存在边际产品为零的剩余劳动力和不变工资的基本假定，转而从农业发展与人口增长的角度来研究二元经济结构转化与劳动力转移问题。它假定农业产出仅是劳动的函数，工业产出是资本和劳动的函数，两个部门的生产由于中性技术进步可以在不增加要素的情况下随时间而增加产出，人口增长存在一个生理的最大人口增长率。在该模型中，两个部门的工资水平都取决于技术进步率和资本积累率，并表现出上升趋势，两部门收入差距的扩大与缩小要看两部门的技术进步率与资本积累率的差异。从模型的假设可以看出 Jorgenson 的二元经济理论实现了由古典向新古典的转化。

（二）托达罗人口流动理论

与上述经济学家几乎同时代的托达罗 Todaro（1969）在《经济发展与第三世界》一书中，依据发展中国家的经济现实，对刘易斯、费景汉、拉尼斯的理论进行了批评，进而建立了自己的以城乡预期收入差距为基础的人口流动模型。他指出，在许多欠发达国家（特别是某些非洲国家），"尽管农业的边际生产力为正，而且存在相当水平的城市失业，但乡-城间的人口流动不仅继续存在，而且呈现出加速趋势"[1]。他们认为建立在充分就业基础上的传统人口流动模型（如刘易斯模型）无法对这一现象作出合理并令人信服的经济解释。因此，他们将研究的着眼点转向被传统理论忽略了的城市失业问题，试图发展新的人口流动理论以更好地解释这一现象。

1. 托达罗模型的基本理论假说

托达罗模型从个人的迁移决策出发，对影响个人迁移决策的因素和人口流动机制提出以下几点假说：①促进人口流动的基本经济力量，是相对收益和成本的理性经济考虑，这种考虑主要是经济因素，但也包括心理因素。②迁移决策取决于预期的而不是现实的城乡工资差异。其中，预期的差异是由实际的城乡工资差异和在城市部门成功地获得就业机会的概率这两个变量之间的相互作用决定的。

2. 托达罗模型的基本假设条件

托达罗模型的基本假设条件包括以下几点：①两部门，即整个经济分为乡村部门和城市部门[2]，前者生产农产品，后者则生产制成品。乡村部门可以用全部劳动力生产农产品，然后用一部分农产品向城市部门交换一部分制成品，也可出口一部分劳动力到城市部门就业从而获得制成品。②不存在剩余农业劳动，即农业（乡村）部门的边际生产力为正。这意味着乡村流动人口的机会成本为正，同

---

① 参见 John R. Harris, Michael P. Todaro.1970.Migration, unemployment and development: A two-sector analysis. American Economic Review, 60:126。

② 参见 Michael P. Todaro.1969.A model of labor migration and urban unemployment in less development countries.American Economic Review, 59:138-148. 在该文中，托达罗将城市部门又划分为"城市现代部门"和"城市传统部门"，凡是不在现代部门就业的劳动者都被假定为在传统部门就业。他把在传统部门从事临时性的、低收入的工作的劳动者和完全处于闲置状态的劳动者都看成失业者或就业不足者。所以，本书中所指的"城市就业"都是指在城市现代部门中的就业。

时也意味着人口流动给社会带来的成本并不像刘易斯模型中假设的那样为零，而是为正。③城市最低工资水平由制度外生决定（制度工资），且高于市场出清水平。通过后面的分析可看出这一假设在托达罗模型中具有至关重要的作用。④就业概率=城市（现代部门）已就业劳动力／城市劳动力供给总量。⑤只要在边际上期望城市收入超过乡村收入，乡-城人口流动就不会停止。⑥两部门的雇主为追求利润最大化都遵循边际生产力定价原则。即在乡村部门中，雇主支付的工资等于最后一个雇用劳动力的边际产品价值；在城市部门中，由于工资由制度外生决定，雇主将使其雇用的最后一个劳动力的边际产品价值等于该制度工资。⑦农产品的价格简单地由两部门的相对产量决定，即哪个部门的产品相对越少，其产品的相对价格就越高。

3. 均衡机制的完整表述

初始时，或者由于城市最低工资水平过高，或者由于城市就业率过高（从而就业概率过高），期望城市工资水平高于乡村农业部门的工资水平，诱使人口从乡村流向城市。一方面，这增加了城市劳动力供给总量，而在城市就业机会不增加或增加得不够快的情况下，失业将会有所上升，从而就业概率下降，使得期望城市工资水平下降；另一方面，农业劳动力减少，从而其边际产出上升而总产出下降。但只要期望城市工资仍大于农村工资，人口流动就不会停止。这一过程要一直持续到期望城市工资与乡村农业部门工资相等时才会停止，这时经济又达到均衡。

总之，托达罗模型描绘了这样一个人口流动过程：在城乡期望收入差异诱发下的人口流动，一方面使得城市失业增加，从而就业概率下降，进而城市期望收入下降；另一方面又使得农业劳动力减少，农业总产出下降，带来农产品贸易条件的改善（农产品价格上升），从而乡村农业部门的收入上升。这一降一升的过程将最终使得乡-城人口流动的诱因（城乡期望收入差异）消失，人口停止流动，从而经济达到均衡。

正如本书导论部分所指出的，托达罗模型十分关注城市失业问题，它将失业的存在作为分析的出发点，因此，它也应该说明均衡中失业的存在性，唯有如此，才能证明该模型内在逻辑的一致性。托达罗模型的确也提供了对失业均衡的一个合理解释。正如一篇文章中所述："我们的中心论点是，在许多发展中国家，由制度决定的城市最低工资水平远远高于由市场自由决定的工资水平，这造成了均衡时存在相当水平的城市失业。"

需要特别指出的是，以上结论——城市最低工资水平（WI）过高将使得两部门的均衡就业量（相对于充分就业均衡时的就业量）都下降——依赖于均衡曲线的斜率：斜率为正，结论成立；斜率为负，则结论不成立（斜率为负意味着乡村农业部门的就业量下降伴随的是城市就业量的上升，但只要均衡曲线比充分就业直线更陡峭，就不会改变托达罗模型的主要结论——过高的 WI 导致城市失业）。

4. 托达罗模型的政策含义

托达罗模型的政策含义包括：①应当减轻因发展战略偏重城市而引起的城乡就业机会不平等。若过于偏重城市发展，使得城市收入（工资）水平过快增长，进一步拉大城乡收入差距，不仅会引起人口大规模流动，不利于解决城市失业问题，而且可能造成农忙季节农村劳动力的不足，影响农业生产。②依靠工业扩张不能解决当今发展中国家城市严重的失业问题。从上一部分模型的分析中可知，依靠工业扩张，增加城市就业量，会提高就业概率，从而提高期望城市工资水平，诱发人口流动。当新增加的就业岗位不及新流入的人口多时，结果只能是城市失业的增加。因此，就会出现"城市现代部门扩张得越快，就业创造得越多，失业水平就越高"。③应当鼓励制定一体化的农村发展规划。通过制定创造性的、精心设计的一体化农村发展规划，把对乡-城人口流动的不必要的经济刺激降到最低限度。重点应放在促进农业和非农业收入的增加、就业的扩张、农村医疗服务的提供、教育的改善和基础设施的发展等方面。"适合特定国家和地区社会经济和环境要求的成功的农村发展计划，似乎可以为过度的乡-城人口流动问题提供一种唯一可行的解决办法。"

在此需要指出的是，刘易斯和托达罗的理论模型中，考察收入的主体是个人，无论对农村收入与城市收入实际差距的比较，还是对预期收入差距的比较，都是以劳动者个人为单位。因此，一个人如果在农村就业获得农村收入，就不可能又在城市就业获得工资收入。可是，对中国农民工的收入考察却不能以个人，而只能以"户"为单位进行，这是因为土地资源的分配以"户"为单位进行，而且同时拥有农业收入。鉴于此，这些理论虽然在一定意义上为中国市民化提供理论的借鉴和启发，但是农民市民化基础理论的建构更多地需要根植于本土实际，对中国农民市民化的经验事实进行不断总结和归纳，才能把握其规律和实质。

二、人口迁移理论

英国地理学家莱温斯坦（Ravenstein）是第一个对人口迁移做系统性研究的学者，他在分析二十多个国家的人口迁移资料的基础上，总结出了七条法则。其成果于 1885 年以 *TheLaws of Migration* 为题发表在 *Journal of the Statistical Soeiety of London* 上。他总结出人口迁移的七条法则。①迁移距离：距离对人口的迁移会产生重要的影响，劳动者在迁移的过程中比较倾向于短距离迁移，长距离的迁移也主要是迁往都市商业的中心。②迁移呈阶梯性：一般来说，离商业中心比较近的乡镇人口主要迁往城市商业中心，而边远地区农村人口则主要迁往城市商业中心的郊区。③迁移流与逆向迁移流同时并存，但净人口迁移流通常是从农村流向城市。一般情况下，迁移到一个地区的移民，存在反向迁移。④城乡居民迁移倾向存在差异，城市居民比农村居民较少迁移。⑤短距离迁移中女性所占比例较大。⑥交通、通信和技术的发展增加了迁移率。⑦人口迁移的动力来自多方面，如重税、气候变化等，但最主要的迁移动力来自于经济原因。

莱温斯坦的迁移法则为人们正确认识与评价人口迁移提供了帮助，而且有些认识至今依然适用于现实情况，为后人创造了进一步研究的基础。

李（Lee）在莱温斯坦的基础上，创建了推拉理论。他认为在人口流出地和流入地之间存在着阻碍人口流动的拉力，以及推动人口流动的推力，两种力量作用方向相反，相互作用的结果便是人口流动的动向。人口在推力和拉力两种力的作用下，实现迁移行为。他的分析框架假设主要包括三个方面：①迁移数量的假设，他认为特定地区迁移数量与经济水平和迁移人口的类型有关，如果不存在制度障碍，迁移数量和迁移率随着时间的延长而增加。②迁入流与回流假设，迁移过程中正向迁入流和回流同时存在，如果迁出地条件差，负影响效应大，则净迁出就多，反之亦然，并且迁移率和经济周期阶段成正比。③迁移人口素质和生命阶段决定迁移行为，迁入地通常愿意接受高素质迁入者，并且年轻人比老人更容易迁移。李的理论和假设虽然缺乏科学的推断和假设检验，但从历史的角度看，当时这些简单、直观的结论更能为政策制定者提供良好的借鉴与参考，因而李开创了人口迁移"推-拉"理论的新领域。新劳动力迁移理论的另一个重要的假设除了对导致迁移的因素进行系统的分析外，Lee 还对迁移的数量、迁移的流向以及迁移者的特征进行详细的分析。在人口迁移的众多理论中，Lee 的理论是比较系统全面的。Lee 对于迁移四个方面的分析，总的来说都没有提出多少新的观点与理论，但他把以往的研究成果进行了总结，对其进行了系统化的研究，这也是 Lee 的迁移理论对人口迁移研究最大的贡献。

唐纳德·博格（D.J.Bogue）于 1959 年首次明确提出推拉理论。博格认为，人口迁移主要是以改善生活条件为目的，对于迁入地来说，那些有利于改善迁移者生活条件的因素就成为拉力。对迁出地而言，那些对迁移者生活条件产生负面作用的因素就成为推力。迁移行为就由迁入地的拉力与迁出地的推力两者的合力决定。此外，博格就迁入地与迁出地产生拉力、推力的具体因素进行了分析。针对迁入地而言，产生拉力的因素主要包括：比较多的就业机会、比较完善的社会保障体系、较高的工资收入、先进的交通设施等。但与此同时，迁入地也存在一些因素会对人口的迁入产生推力，如迁入地比较激烈的竞争、转移可能带来与家中其他亲人的分离、陌生的生活环境等。博格指出，总体而言，迁入地总的拉力要大于推力，拉力占有主导地位。对迁出地而言，也存在一系列产生拉力与推力的因素，只不过与迁入地拉力占主导地位不同，迁出地的总的推力要大于拉力，推力在迁出地占有主要地位。当迁入地、迁出地推拉合力足够大时，迁移行为便产生了。康纳德·博格较形象地解释了农业劳动力转移的动因，但该学说的理论形态并不深刻。

在传统劳动力迁移理论中，在宏观的层面上没有解释这样一个问题：为什么有些人迁移而有些人没有迁移，或者说是什么因素把迁移者与那些继续停留在农业部门的人分开？对此，斯加思塔的人力资本迁移理论进行了解释。该理论认为，劳动力迁移过程是一个自然选择的过程，受过良好教育、具有较高素质或有特殊专长的年轻劳动力总是最先迁移，迁移是人力资本的函数。

斯加思塔认为：①在完全竞争的市场中，劳动者的个人素质与农村、城市两个部门的工资率成同方向的关系，劳动力的自身素质对其收入的多少有着重要的影响，同时，对其能否尽快找到工作的概率产生重要的影响。②与年龄较大的农村劳动力相比，农村年轻劳动力迁移的可能性会大很多，因为年轻劳动力在有限的劳动年龄内迁移的净收入少于前者。同样，文化素质低的劳动力迁移可能性不大，因为他在城市挣得的净收入和在农村挣得的差不多。③迁移距离和成本对迁移能否成功有较强的障碍作用，随着交通和通信条件的改善，迁移成本不断下降，有利于推动人口的迁移。④农村发展对迁移既有积极作用，也有消极影响。旨在提高农村人力资本的教育金计划和培训活动有利于增强农村劳动力在城市就业的竞争力，但同时也增加了其在农村挣得高收入的可能性，如果后者的收入大于在城市的净收入，则削弱了其迁移的动力。⑤农村基础设施改善计划和社会发展项目对迁移也同样具有双重作用。一方面，基础设施的改善与发展项目的实施有利于降低迁移成本和提高人力资本，从而有利于人口的迁移。另一方面农村较好的住房、卫生条件和方便的生活环境也降低了农村人口迁移的动机。根据人力资本迁移理论，持续的劳动力迁移将导致农村或迁出地人力资本的粮食供给的变化。

新古典经济学家认为劳动力供给与需求的区域差异引起不同区域之间劳动力的转移，把经济学中供给与需求关系引入到人口迁移的研究中，为人口迁移研究注入了新鲜血液，人口迁移就是对劳动力调整过程的体现。舒尔茨的人力资本理论认为，对于个人来说，迁移被视为一种在个人人力资本上的投资。个人自身的经济效益的增强、个人自身的整体生活水平得到提高是人力资本投资的益处。

根据对加拿大各省区的调查，Courchene（1970）发现人均收入与迁移率成正相关。Cebula 和 Vedder（1973）发现在美国 39 个都市统计区中，人均收入与人口净迁入量呈弱正相关关系。人口迁移主要是由于在市场调节下移民对经济机会的选择的一种结果，这是多数相关研究得出的结论。在实际研究中，许多学者发现家庭与个人决策一般有着密切的关系，而新古典经济学假定迁移过程的最小单位是个人，因而以新古典经济学理论为基础，新的家庭迁移理论诞生了。新的家庭迁移理论认为个体的迁移决策是由家庭成员共同作出的决定，周期性往返迁移使城市和农村家庭资源被充分利用。短期迁移的因素也是一种家庭策略，这种家庭策略追求经济利益最大化和风险最小化，人的迁移行为一方面受到个人预期收入的影响，更重要的一方面是受到家庭因素的影响。该理论在中国和东南亚国家具有更广泛的代表性，因为这些国家的家庭观念较重。

在前面介绍的各种迁移理论中，迁移一直被作为外生变量，迁移动力的产生主要是由于其他因素的影响。然而，迁移也可以构成进一步迁移的理由，产生累计效应，推动迁移在更大规模上产生，这就是累计效应理论的含义。实际上，累计效应理论只是一个总称，它是由一系列具有累计效应共性的流派或观点构成，包括移民网络理论、文化迁移理论、收入分配理论、土地分配理论、人力资本分配理论、社会标签理论等等。累计效应一方面是迁移的结果，另一方面又进一步促进了人口流动和迁移。这里介绍累计效应理论众多流派中影响最大的移民网络理论。

以移民网络为纲对移民进行分析与研究，是移民网络理论最主要的创新。移民网络的概念由社会学家波特斯和道格拉斯·梅西较最早提出，并利用该概念对当代移民现象进行了解释。移民网络理论认为：移民网络是指迁移者、未迁移者和以前的迁移者之间凭借亲属关系、邻居关系或同乡关系等在迁出地和迁入地之间建立起的一种信息关系。未迁移者通过这个网络，了解外地信息和寻找就业机会，一旦成功迁移，又自动成为移民网络中的一个节点，成为新的信息来源和发布者，从而带动和影响一批新的迁移者。这是一个累积的过程，是一个开放的网络，不断扩展的结果是迁移成本下降，流动后找不到工作的风险降低，迁移成功率提高。移民网络理论的基本假设有：①移民网络一旦形成，它会无限扩展，让愿意迁移的人分享信息；②迁移规模一定程度上不是强烈地受迁出地与迁入地之间收入差距与就业形势的影响，因为事前占有充分的信息，使得迁移成本和风险都大幅度下降；③迁移网络一旦形成，政府对迁移流动的控制就不那么容易，特别是国际移民中一些地下移民组织能够绕过政府的控制。因此，迁移网络的累计效应很大。移民网络理论弥补了传统迁移理论中的一些空白，移民网络理论对移民的解释在一定程度上能被现实所验证，在发展中国家，劳动力市场不健全，用工信息和就业信息不对称，迁移网络对推动劳动力流动和转移会发挥重要作用。移民网络理论对于解释中国农村劳动力迁移现象，特别是早期的农村劳动力迁移现象具有很强的说服力。

本书运用的理论核心是二元结构理论，二元结构理论不仅对中国城乡收入差距的形成具有一定的解释力，而且对中国制定并实施市民化政策具有较强的指导意义，但是，需要指出的是，从中国的实际情况来看，单纯从经济角度并不能对这一问题作出有力解释，因为国外城市化都是指农村的居民迁往城市这一过程，在这个过程中，迁移的农民不仅仅在所从事的职业上发生了转换，而且在地域和生活方式上也发生了相应的变化。而中国的城市化却并不具备此特征，由于户籍制度的存在，特别是附加在户籍制度上的城乡福利的差别，大部分城乡流动人口只是实现了在职业上的转换，而决定其享有公共服务权利的制度保障却没有改变。这样的差异也直接导致相关学者的研究视角更多地转向中国的实际。所以，以上国外农民市民化的相关研究成果对中国制定相应政策的借鉴意义有限。

三、公共产品与公共选择理论

根据西方经济学理论，按照特征不同，公共产品可以分为三大类：①纯公共产品，这类产品兼具非排他性和非竞争性，如国家国防、基础科学研究等；②俱乐部产品，这类产品在消费上具有非竞争性，但在使用上具有排他性，如公共图书馆、公共桥梁、公共隧道、公共娱乐设施、国民教育、基本医疗保健及卫生等；③共同资源公共产品，这类公共产品与俱乐部产品的特征相反，在消费上具有竞争性，但在使用上却是非排他性的，如公共草场、公共渔场、公共河流以及公共生态资源等。其中俱乐部产品和共同资源公共产品统称为准公共产品。把公共产品按照用途区别来划分，可以分为生产性公共产品和生活性公共产品。生产性公共产品是直接为工农业生产活动提供服务的公共产品，如道路、电力、水利等基础设施即属于此类；生活性公共产品主要是为人们的日常生活提供服务的公共产品，如基础教育、公共医疗设施、文化体育设施、通信快递设施、社会保障服务等。此外，如果按照公共产品提供主体和收益主体的区别，还可以将公共产品分为国际性公共产品、全国性公共产品、地区性公共产品等。

根据公共产品的概念和性质，公共产品一般具有以下几个方面的特点：一是具有非排他性，公共产品很难明确界定权属关系，因此很难将不付费者拒之门外，或者将不付费者拒之门外可能要花费更高的成本因而是经济的。二是具有非竞争性，即公共产品是共享型的，多一个人消费公共产品并不会影响别人消费公共产品的效用。三是具有高投入性，公共产品非竞争性或非排他性的特征，使得公共产品的供给量非常大，进而导致其投入大、周期长。四是具有拥挤性，公共产品往往具有正的外部性，即提供公共产品带来的社会效用大于私人效用，而私人成本却高于社会成本，这导致公共产品的供给往往是不足的，满足不了社会的需求。

从上面的分析可以看出，由于公共产品具有的非排他性和非竞争性的特征，福利经济学派认为政府提供公共产品比私人提供公共产品更加有效，政府理应是公共物品的主要供给者。萨缪尔森还对政府提供公共产品的供给数量进行了理论分析，他在一般均衡的框架下，提出公共产品的最优供给数量，即达到帕雷托最优的条件是：政府供给的公共产品在边际产量的边际成本等于个人愿意为这个边际产量的公共产品支付的金额总和。

从另一个角度来看，如前所述，市场上存在的信息不对称、外部性、垄断等引起"市场失灵"。市场失灵会引起通过市场调配资源达不到最优和最优效率的状态。特别是对公共产品而言，由于使用上的非排他性，将不可避免地出现大量的"免费搭车者"，这会引起公共产品供给的严重不足。从这个角度来看，政府应发挥其公众性、公益性的特征，通过提供公共产品来弥补"市场失灵"的缺陷。随着实践的发展，特别是20世纪70年代出现的福利国家危机，引起经济学家对公共产品供给方式的重新思考，各国也根据自身实际，演化发展出政府供给公共产品、市场供给公共产品和社会组织供给公共产品三种主要模式。然而，对于农村地区的公共产品供给，学界有着较为一致的看法，由于农村地区经济发展较为落后，农民收入水平也比较低，通过市场供给公共产品或社会组织供给公共产品必然会带来公共产品供给不足，学者们普遍认为农村地区的公共产品供给应完全由政府承担。

所谓公共产品供给机制，是指通过一系列制度安排和机制设计，来决定公共产品供给的主体、类型、数量、方式、质量等。一般地说，公共产品供给机制包括五个方面的关键要素：一是公共财政的筹集方式，这涉及公共产品供给的资金来源问题；二是公共财政在不同区域的分配办法，这涉及区域间的资金使用量问题；三是公共产品供给的决策，这涉及投入的资金供给公共产品的类型、数量、质量等关键问题；四是公共产品投入资金的监督管理，这涉及资金使用安全和资金使用效率的问题；五是公共产品的消费和使用，这涉及公共产品的服务问题。

当公共财政在城乡不同区域分配确定以后，就必须考虑资金应投向哪些公共产品，投入多少资金，公共产品的供给次序如何等问题。一般地说，公共产品的供给决策有三种方式：第一种是从上而下的决策机制，由上级政府决定公共产品供给的具体问题；第二种是自下而上的决策机制，由公共产品的消费者决定公共产品供给的具体问题，由上级政府投入资金；第三种是上下结合的决策机制，由上级政府和公共产品消费者共同商讨，采取"民主集中制"的方法确定公共产品供给的具体问题。可以说，决策机制不同，公共产品供给的种类、数量、质量、次序等也大相径庭，关于决策机制也没有最优的唯一方案。一般来讲，应按照符合地方发展实际、兼顾区域发展大局、顺应民众意愿的原则，因地制宜、因时制宜，灵活选择公共产品的供给决策机制。

除了公共产品理论以外，我们必须对公共选择理论予以介绍。公共选择流派代表布坎南认为：人们之间的经验关系都夹杂着交易因素和权力因素，不可能是完全竞争环境。当人们之间的关系中出现实际的或可能的经济租金时，权力因素和潜在强制因素就会产生，行为就得由某种与纯交易经济学不同的学科来分析了。事实上，早些时候，维克塞尔说，如果经济政策需要改革，就需注意如何通过规则作出经济决策。因此，公共选择学说创始人之一布坎南坚持将注意力集中在广义交易的起源、所有权及制度上，这就回到了亚当·斯密的经典学说。经济学早已不只是研究市场中各个人的行为了，通过经济方法的应用，经济学家们可以根据交易范例来观察政治和政治过程。布坎南认为只要集体行为的模型是以个人决策者为基本单位，并且只要这种集体行为基本上被认为反映了复杂交易或者一个相关群体的所有成员中间的协定，那么这样的行为或选择很容易被归入交易经济学的范畴。

因此，公共选择理论是一门介于经济学和政治学之间的新兴交叉学科，它是运用经济学的分析方法来研究政治决策机制如何运作的理论。公共选择理论的代表人物詹姆斯·布坎南说："公共选择是政治上的观点，它以经济学家的工具和方法大量应用于集体或非市场决策而产生。"丹尼斯·缪勒的定义常被西方学者引用："公共选择理论可以定义为非市场决策的经济研究，或者简单地定义为把经济学应用于政治科学。它研究的主要内容有：国家理论、投票规则、投票者行为、政党政治学、官员政治等。"保罗·萨缪尔森和威廉·诺德豪斯对它的定义是：这一理论是一种研究政府决策方式的经济学和政治学。从研究内容来讲，可以分为四个部分：直接民主中的公共选择，主要讨论个人偏好和投票问题；代议民主制中的公共选择，内容涉及政党竞争与选举、官僚机构和寻租问题；利益集团和集体行动；宪政的经济分析。公共选择理论以理性经济人假设和方法论上的个人主义为特征，得出一系列不同于传统政治学的分析结论，对政治理论研究和分析现实政治问题都有很好的借鉴作用，并提供了有用的分析工具。具体来说，公共选择理论认为，人类社会由两个市场组成，一个是经济市场，另一个是政治市场。在经济市场上活动的主体是消费者（需求者）和厂商（供给者），在政治市场上活动的主体是选民、利益集团（需求者）和政治家、官员（供给者）。在经济市场上，人们通过货币选票来选择能为其带来最大满足的私人物品；在政治市场上，人们通过政治选票来选择能为其带来最大利益的政治家、政策法案和法律制度。前一类行为是经济决策，后一类行为是政治决策，个人在社会活动中主要是作出这两类决策。

公共选择理论试图把人的行为的两个方面重新纳入一个统一的分析框架或理论模式，用经济学的方法和基本假设来统一分析人的行为，从而拆除传统的西方经济学在经济学和政治学这两个学科之间竖起的隔墙，创立使两者融为一体的新政治经济学体系。公共选择是一种对政治的看法，它是在把经济学家的工具和方法扩大应用于集体的或非市场的决策的过程中产生的。在这些评论里，必须涉及两个概念：一是被概括为交易经济学的经济学方法；二是关于个人行为的经济人假设。

四、公共财政理论

随着亚当·斯密《国民财富的性质和原因的研究》一书的问世（1776年），

西方财政学产生。他在书中提出国家的财政支出主要应该用在军费、司法、王室开支和少量的公共支出上。随着西方资本主义经济社会的发展和主要矛盾的不断变更，在此后的 200 多年里，各经济学派提出新的财政学理论观点，西方财政学说不断发展补充。

当代西方财政学理论最早可以追溯到西方古典学派经济政治理论的重要组成部分——西方古典学派的财政支出理论。由于古典学派的财政支出理论符合当时资本主义经济发展情况，一度成为新兴资产阶级的理论依据。

威廉·配第（1623～1687）是西方古典经济学和统计学的奠基人，著有《赋税论》《政治算术》《货币略论》等书。他运用数学与统计的方法对财政收支进行整体分析，提出了财政开支的一般范围。另外，他还注重调整财政支出结构，认为国家为提高生产力、促进经济产业发展，应减少非生产性支出，如行政费用、军事费用、宗教支出等，相应地增加生产性支出，并保障社会救济支出充足。

亚当·斯密（1723～1790）是英国著名的经济学家和伦理学家，也是古典经济学理论体系的鼻祖。斯密的自由主义国家观主张放任自由，反对国家政府干预，他认为经济应由自由市场自行调节，政府从事的非生产性活动不仅浪费社会财富，还阻碍资本积累与经济发展。所以，政府应只扮演"守夜人"的角色，限制国家的职能范围，减少国家对经济的干预，尽量压缩政府的财政开支，只保留与政府职能相对应的财政支出，如国防经费、司法经费、王室经费及公共设施建设经费等。

大卫·李嘉图（1772～1823）继承了威廉·配弟及亚当·斯密财政支出思想的科学部分，并将其进行了发展完善，成为英国著名的古典经济学家。他受斯密自由主义国家观的影响，认为政府应当缩减活动范围，压缩财政开支。他在自己的著作《政治经济学及赋税原理》之中提出，国家财政开支全部或几乎全部是非生产性消费，资本积累会随着非生产性消费的增加而降低，而资本积累是影响生产量的重要因素，所以大量的国家财政支出必然降低生产量，阻碍经济产业发展。为促进资本主义生产发展，政府应放任经济自由发展，减少对市场经济的干预。马克思曾对他作过如下的评价："李嘉图把资本主义生产方式看成最有利于生产、最有利于创造财富的生产方式，对于他那个时代来说，李嘉图是完全正确的。"

自李嘉图之后，资产政治经济学逐渐庸俗化，庸俗政治经济学取代古典政治经济学成为主流政治经济学。庸俗学派的代表人物有萨伊和马尔萨斯。萨伊（1767～1832）在财政支出理论方面，抛弃了古典学派的劳动价值理论，提出"所谓生产，不是创造物质，而是创造效用"的论点，他认为政府提供服务活动创造效用，也是生产。与他同时代的马尔萨斯（1766～1834）在其著作《政治经济学原理》中认为生产费用才是衡量商品价值的尺度，而利润是生产费用的一部分，国家利用从资本家那里收缴的税金购买商品，实现了商品销售并产生了利润。

　　瓦格纳（1835～1917）是社会政策学派的主要代表，也是近代财政学的创建者。他认为政府应该积极干预国家经济活动，不仅要保卫国家、维持国内法律秩序，还要满足人们享受文化与福利的目的，以修正社会中分配不公的现象。在构建财政经费体系方面，瓦格纳认为应当依照以下三条重要的财政经费原则：一是应有正当自主的财政监督组织；二是应遵守节约的原则；三是应兼顾国民所得与财政需要的原则。在国家支出的膨胀问题方面，瓦格纳提出著名的"瓦格纳法则"，他主张财政支出应随着国家职能的扩大而增加，在不同时期，国家的活动范围及目的不同，中央及地方政府的职能也不断改变，当中央及地方政府的职能进一步扩大时，国家财政支出也要随之增加，为国家任务的顺利完成提供物质基础。

　　凯恩斯学派反对自由放任，主张国家干预和调控宏观经济，并重视财政政策，将财政政策视为国家调控宏观经济的有效手段。凯恩斯（1883～1948）是凯恩斯学派的创始人，他在其代表作《就业、利息和货币通论》中提出边际消费倾向递减、资本边际效率递减及其流动偏好或灵活偏好三个心理规律导致社会需求不足，所以为避免失业和经济危机，国家应干预市场经济，通过提高人民边际消费倾向和商人投资率来增加社会需求。另外，他认为国家可以运用财政政策和货币政策干预经济，尤其是财政政策，当经济衰退时，国家应扩大政府开支和实行减税政策，以扩大社会有效需求，渡过经济危机。

　　汉森（1977～1975）是凯恩斯学派的主要代表之一，他提出"长期停滞理论"：当诱发投资增加的因素减弱时，经济就会出现长期停滞，而财政政策能有效地控制"停滞"，促进经济增长，实现充足就业。另外，汉森还提出补偿性财政政策，在经济萧条时期，实行扩张性财政政策、降低税率，以增加社会总需求；在经济繁荣时期，缩减财政开支、提高税率，以缩小社会总需求，以保障宏观经济长期稳定发展。

　　萨缪尔逊是凯恩斯学派在美国的另一个主要代表人物，他主张国家干预经济，反对自由放任。在其代表作《经济学》中，萨缪尔逊提出"混合经济理论"，即资本主义经济包括私人经济和政府经济，两者共同组织生产和消费。对于财政支出结构方面，他认为，为促进经济增长，政府应增加对有利于社会的耐久性公共工程投资；为保证经济社会稳定，政府应加大福利支出；为保障经济长期持续增长，政府应注重教育和人才培育，尤其是基础理论及应用科学的研究与开发。

　　弗里德曼（1912～2006）是货币学派的代表人物，他反对凯恩斯主张政府干预经济的观点。他承认货币的重要性，认为财政支出对经济的刺激是短暂的，并且会增加膨胀性，却没有起到稳定经济的作用。要使经济稳定、无膨胀地增长，政府应压缩财政支出，减少经济干预。

　　这些理论只能在一定意义上为中国市民化提供理论的借鉴和启发意义，农民市民化基础理论的建构更多地需要根植于本土实际，对中国农民市民化的经验事实进行不断总结和归纳，才能把握其规律和实质。

第三节　现代经济学的其他重要理论

一、福利经济学

庇古的福利经济学。该理论认为，社会经济福利是"社会中所有个人经济福利（效用）的集合"，其两大基本命题是：在一定条件下，国民收入总量越大，社会福利就越大；国民收入分配越是均等化，社会福利也就越大。因此，通过有效分配政策使公共服务在社会成员间相对合理地均等化，可以促进社会福利和经济发展。

新福利经济学。一是帕雷托最优理论与补偿原则。卡尔多、希克斯、萨缪尔森等认为，帕雷托最优状态是社会资源配置最有效率的状态，一个社会的资源配置处于这样一种状态，如果不使某个人的境况变坏就不可能使另一个人的境况变好，这样的资源配置状态就是帕雷托最优状态。公共服务具有非竞争性和非排他性，如果通过帕雷托改进，扩大财政支出或转移支付，使社会的福利增加大于社会的损失，将会增加社会总福利。二是社会福利函数。在对补偿原则进行批判性继承发展的基础上，阿罗、萨缪尔森等认为，社会福利与影响社会福利的各种因素（如社会成员购买的商品服务和为社会生产提供的要素以及其他变量）之间存在一定的函数关系。要达到帕雷托最优状态，应当在社会成员间进行合理的收入和公共服务再分配，以达到社会福利最大化。

阿马带亚·森的能力观。阿马带亚·森认为，以效用或满足来衡量社会福利仍然存在缺陷，社会福利水平主要取决于社会成员生存和发展的能力。公共服务均等化的政策能够显著提高社会成员的就业和生活能力，进而提高整体的社会福利。

二、委托代理理论

委托代理理论是契约理论的重要组成部分。20世纪六七十年代初，一些经济学家研究企业内部管理问题，如信息不对称问题、激励问题等，该理论随之发展起来。该理论最为核心的任务就是在利益相冲突和信息不对称的环境下，委托人如何设计最优契约激励代理人。

委托代理理论的主要观点认为：委托代理关系是随着规模化大生产和具体分工的出现而产生的。分工的细化使得权利所有者没有能力行驶已有的权利，然而，专业化分工产生了一大批具有专业知识的代理人，他们有能力代理行使好权利所有者委托的权利。然而，在委托代理的关系当中，由于委托人与代理人的目标不同，委托人追求自己原有权利的最大化，而代理人则追求自己所获得的报酬最大化，这必然导致两者的利益冲突。如果在这一委托代理关系中，没有相关制度安排进行约束，代理人的行为可能会损害委托人的利益。

委托代理问题是指委托人希望代理人可以按照自身（委托人）的利益选择行动，但是委托人又不能观测到代理人的整个行动，只能通过观测一些相关变量来推断代理人的行动，从而制定出相应的奖惩措施，该理论模型就是在解决信息对称下的最优风险分担及激励成本之后，由 Holmstrom 和 Milgrom 于 1987年提出的。

它的一般化的结论是：对于任何观测的新的变量，只要包含更多的关于努力水平和外部因素的信息，将这些新变量写进合同，都可以降低代理成本，当然所能减少的成本要考虑到观测这些新的变量需要花费的成本。具体到中国市民化推进进程，委托代理关系存在于中央政府和各级地方政府之间，在某些具体委托事项方面，各级地方政府信息处于信息优势地位；并且，中央政府作为委托人，为了保证全社会福利水平最大化，会提出一系列激励约束措施来加强对各级地方政府的监督，以此通过发展经济，保持持久的政权稳定，来降低交易费用和竞争约束。

三、城市化理论

美国城市地理学家诺瑟姆在总结城市化发展历程时，通过对各个国家城市人口占总人口比例的变化研究发现，欧美城市化进程呈现一条被拉平的倒 S 形曲线，后人称之为"诺瑟姆曲线"。这个曲线表明：发达国家的城市化大体上都经历了类似正弦波曲线上升的过程。他把城市化进程分为三个阶段：第一阶段是城市化起步阶段，该国经济发展处于工业化前期，城市化水平较低（在 30%以下），城市化发展速度较慢，农业占主导地位；第二阶段是城市化加速阶段，城市化水平在30%～70%，经济发展进入工业化中期阶段，当城市化水平超过 30%时，人口和产业迅速向城市聚集，城市化进入了发展快速阶段；第三个阶段是城市化成熟阶段，经济发展到工业化后期，此阶段城市化水平比较高，城市人口比例的增长趋缓甚至停滞，城市人口比例最终大体稳定在 70%～80%。

加拿大地理学家麦吉（J.G.Megee）基于东南亚城市化大量实证研究并提出比较系统、完整的理论框架。1987 年，他发表了《城镇化还是乡村城镇化：亚洲经济交互新型区域的出现》一文。麦吉认为，亚洲一些国家或地区，如印度尼西亚、中国、印度、韩国等国核心区域出现了类似于西方大都市带的空间结构，但在城乡交接的区域内，存在着劳动密集型工业、服务业和其他非农产业迅速增长的城乡混杂的地区空间。1989 年麦吉在《亚洲新型城乡一体化区域的出现：对国家和区域政策的启示》和 1991 年《扩散的大都市——亚洲的聚落转换》一书中指出，传统的城乡结构在亚洲的实际运行过程中发生了重大变化，产生一种在城乡混合发展基础上的城市化模式——Desakota 模式（亦称城乡一体化区域理论）。麦吉认为，亚洲的 Desakota 区域有五大特征。一是人口密度高，城乡联系紧密。亚洲城乡一体化区域人口密度较高，传统农业具有季市性的特点，农闲时节有大量的剩余劳动力需要寻找非农产业就业，城乡联系因此逐步得到强化。二是中心城市的扩散效应比较突出。发展中国家中心城市发展较快，再加上政府鼓励产业转移的政策，中心城市向外扩散并逐步带动农村地区非农化。三是土地利用方式高度混杂。在 Desakota 区域，农业、工业、住宅业用地等各种土地功能交错布局，生产设施和生活设施共存，既提供了生产和生活的便利，也带来了环境的污染。四是交通基础设施较好，人流、物流量大。五是跨行政区域界限。城乡一体化区域不仅在于城市和农村生活的融合，还在于其跨行政区域，成为政府治理的"灰色区域"。可见，麦吉的城乡一体化区域（或灰色区域）是一种独特的城乡联系模式，其实质就是城乡之间要统筹协调和一体化发展，形成了城乡一体化理论。

第四章　农业转移人口市民化的内涵及其要义

有序推进农业转移人口市民化已成为现阶段转变经济增长方式、促进中国二元经济转型的有效途径。关于农业转移人口市民化的内涵，国内研究者的观点可以概括为广义和狭义两个方面。广义的农业转移人口市民化是指农民由农村进入城市就业生活并且逐步成为新市民的过程。该过程不是简单实现职业和身份的转换，而是让农民在城市扎根落户，成为真正意义上的城镇居民，让农民工在城镇享有和城镇居民同样均等的城市公共服务，并且确保进城农民工在就业、住房、教育、养老、医疗等方面与城市居民享有同等待遇和完全平等的社会权利。狭义的农业转移人口市民化主要是指农业转移人口在城市获得工作并最终获得城镇永久居住身份、平等享受城镇居民各项公共服务而成为城市市民的过程。

第一节　户籍制度视角下的农业转移人口市民化

长期以来，户籍制度被认为是制约市民化推进的主要障碍，但深入分析可以发现，户籍只是一个形式，基于此所实施的差异化的公共服务供给才是本质。抛开户籍从公共服务均等化的角度来理解市民化过程，通过提升农业转移人口的基本公共服务水平，逐步消除市民化障碍，应作为有序推进农业转移人口市民化的首要目标。农业转移人口市民化所要实现的是已经从农业生产中转移出来进入城市，但尚未享受到与城市居民同等公共服务的居民，使他们逐步享受到与当地城市居民同等的公共服务。

从制度的角度来看，市民化进程面临着制度性约束，而最为重要的约束就是中国现行的户籍制度。因此，研究中国的市民化政策，必须对中国的户籍制度进行深入解析。

一、户籍制度的实质内涵

户籍制度是以人口管控为目标，依托属地制度和单位制度，附着劳动就业、义务教育、基本医疗、社会救济、计划生育、社会治安、政治选举等一系列政府社会管理功能的行政架构。国务院发展研究中心的相关研究表明，就全国而言，目前依附于中国城镇户籍上的福利或公共服务包括就业扶持政策、教育（义务教育、职业教育补贴）、公共卫生服务、社会保障（包括最低生活保障和保障性住房），个别较发达地区城市附带的公共服务可能更多，如北京、上海还附带着其他福利政策。可见，户籍作为不同户口或户籍身份的人享受不同的权利的凭证，其影响渗透在经济、政治、社会等各个方面，城市户籍现在已经逐步成为就业、住房分配、公费医疗、子女上学、工作安排、养老保险和其他福利分配的实施依据。从这个角度来讲，户籍制度不仅是一种经济关系，也是一种社会规范。

中国的公共服务和社会福利体系是与相应的户籍绑在一起的，导致城乡和不同地区户籍"含金量"存在明显差别。主要体现在以下几个方面：第一，社会保障。外来人口不仅不能享受户籍人口的各项社会保障政策和福利政策，而且在执行社保缴纳率上有很大差别，直接影响到失业、养老保险及收入补贴等各项社会福利。第二，就业方面。在公务员考试以及一些企事业部门的就业也有户籍要求，造成了户籍人口与外来人口就业上的不平等。第三，保障房政策。城市中的保障房绝大部分不对外来人口开放，只有城市户籍人口才能享有廉租、经济适用房、限价房等福利房的购买资格，导致外来人口的居住环境难以令人满意。第四，教育方面。目前户籍制度的不公平性已经出现代际化，尤其表现在子女入学与教育方面。第五，其他消费方面，如消费贷款、购房资格等。在一些大城市因为户籍政策而衍生的其他歧视性政策更为明显。

目前，全国已有20多个省份宣布实现城乡统一登记的居民户口制度，但是附着在户籍制度上的公共服务和福利制度并没有发生实质性的改变，原城乡人口在最低生活保障、经济适用房（廉租房）住房保障、社会保险、征兵、退伍兵安置、优抚对象的抚恤优待甚至交通事故赔偿上的待遇差别问题，尚未得到根本解决。落户的前置条件很多，而且，很多地方的户籍改革主要是针对本辖区（往往是本县或是地级市）的非农户口，但对跨行政区的流动人口户籍以及一些特大、大型城市的户籍改革也基本没有放开。

从表4-1中的关系可以看出，不同城市对户籍的看重程度，即户籍的地位与城市的福利承诺、提供数量、筹资方式密切相关；城市的福利承诺和公共服

表4-1　户籍制度附带的公共福利差异

项目	城市福利承诺与提供的多寡	公共服务的筹资方式	户口含金量和改革的程度	对迁移人口的吸引力
小城镇	很少承诺，按商业方式提供	自我融资为主	含金量已经非常小，有户籍改革动机，进度领先	很小
沿海一般城市	有必要的社会公共服务	自我融资和再分配并存，前者的重要性日益提高	含金量逐步趋于减小，户籍改革动机逐步增强，进展较快	较大
内在一般城市	越来越少的承诺，某些公共服务供给不足	再分配渠道式微，自我融资能力尚弱	含金量越来越小；有户籍改革动机，有一定进展	一般
京津沪等特殊城市	仍然保持较多的承诺	有自我融资渠道，但再分配渠道仍然很重要	含金量仍然较大，户籍改革动机不足，进展缓慢	巨大

资料来源：蔡昉，王德文，等. 2006. 农村发展与增加农民收入. 北京：中国劳动社会保障出版社

务的筹资方式决定了户籍的含金量；户籍的含金量一方面决定着地方政府改革户籍制度的动机和改革的进展，另一方面也决定了不同类型城市对迁移者吸引力的大小。同时，可以看出，假定人口可以自由迁移，人口流动按福利递增应该是从小城镇到内地一般城市，再到沿海一般城市，再到京津沪等特大城市，实际上户籍制度改革的难度随着福利的增加，对迁移人口吸引力的增加而增加。而有迁移愿望的人口中不仅包括农民，还包括不同等级城市的市民。只有小城镇户口对农民全部放开，由于农民自身的竞争弱势，即使户籍制度完全放开，农民进城城市化阻力也不会根本消除。当小城镇户籍制度对市民化已经消除了制度上的障碍后，制约农民就地市民化的因素主要在于户籍制度背后公共服务的欠缺。

户籍附带公共福利的特征在不同行政等级的管理层次上更为明显，因为等级化的行政体制决定着资源的分配。从中央向地方分配的项目、资金和各项指标，非常明显地分配给了高等级城市，除了专门支持农村的项目外，大城市获取资源一定是按照行政等级分配，行政等级越高，获取资源就越多，行政等级越低的城镇，获得的资源就越少。这直接加剧了城乡差距，而与此同时，在城市中户籍人口和非户籍人口之间的福利差距也进一步拉大，产生了双重的不公平。

二、户籍制度的影响

户籍制度作为城乡分割的基本制度，对中国经济社会发展产生了广泛而深刻的影响。

（一）对农村及农业发展的影响

研究农村和农业发展的学者都或多或少地在他们的研究中提到了户籍制度问题，他们的研究是将户籍制度作为农村及农业发展的外在制度环境来考量。他们对于户籍制度的观点基本一致，即认为户籍制度是制约农村经济社会发展的重要制度因素之一。也有学者直接将户籍制度作为研究主体，探讨其与农村和农业发展之间的内在联系。池建宇和杨军雄（2003）认为中国的户籍制度产生于特殊的时代背景下，它的实质在于为推行高度集权的计划经济体制服务，处于市场经济的对立面。农村经济社会发展是户籍制度改革的需求，深化农村经济改革要求改革僵化的户籍制度。这充分说明了户籍制度对农村经济社会发展的影响。

（二）对人口迁移和流动及城市化的影响

近年来，随着对中国城市化及城乡一体化发展等问题研究的升温，户籍制度对人口迁移和流动的限制也受到越来越多人的批评。叶建亮（2006）运用经济学中改进的"亨利·乔治"，模型，分别从户籍制度所内含的对城市公共产品的歧视性分配政策和城市人口控制两个方面对现行户籍制度进行了解析，最终的结论为：现行的非歧视分配政策和任由城乡人口自由流动的政策组合并非是一个有效率的户籍制度安排，而实行非歧视的分配政策，同时对城市人口规模按照生产效率加以控制，才是有效率的户籍政策组合。王海光则认为城市二元户籍制度人为割断了城市化与工业化的过程，在客观上形成了一套"逆城镇化"的制度体制，成为中国现代化发展的一个制度性障碍。

（三）对社会分层的影响

这方面研究的主要观点为户籍制度是形成、强化社会分层的原因。高学军（2002）探讨了城乡二元社会结构与户籍管理制度的互动关系，从而揭示了户籍制度在社会分层中的作用、作用发挥机制等问题。陆益龙（2002）认为中国社会结构分层最突出地表现为户籍等级式社会分层，这种社会分层方式是与中国超稳定的户籍制度以及户籍制度的超强控制分不开的。

三、户籍制度变迁的历史沿革

户籍制度历史变迁的过程伴随着整个城镇化进程，市民化的核心就是农业转移人口平等享有与城镇居民相同的公共服务，而户籍就是公共服务的载体和凭证，因此，研究市民化政策必须研究户籍制度的历史变迁，通过户籍制度的演变将有助于分析和完善市民化政策。

新中国成立初期，由于城乡差异，农民大量流入城市，刚刚从战火中恢复的城市经济不堪重负。在1953～1957年，国务院先后下发《关于劝阻农民盲目流入城市的指示》等一系列指示，从采取说服和劝阻的方式限制农民进城，到要求户籍管理部门严格户籍管理等措施，但这些指示还未取消迁徙自由。而在此基础上，1958年1月9日，全国人大常委会第91次会议通过《中华人民共和国户口登记条例》（简称条例）。该条例的颁布，标志着国家限制人口从农村向城市流动的二元户籍管理制度以立法的形式确定下来。从条例中，我们可以发现这个体制几乎涵盖了政府全部的社会管理权能，排斥人口流动，为特定地区的人口配置了相应的公共物品，从而维系了中国基本的社会秩序，条例在限制农民进城的同时，赋予国家企事业机关迁徙审批权，该条例及之后中央和国务院的各县行政命令将户籍制度变成隔断农村人口向城市人口流动的障碍，而且与户籍制度相关的一系列制度安排赋予了户籍制度以外的附加内容。户籍制度不仅仅是用于人口调查登记、统计、管理而设计的规则层面上的社会制度，其对制度设计权利范围等户籍以外的东西，影响已经远远超出户籍本身的内涵和作用，扩展到社会乃至国家的层面，国家经济、政治、文化、社会生活无不受其影响。1963 年以后的人口统计中把是否吃国家计划供应的商品粮作为划分农业户口和非农业人口性质的标准。直到 1975 年 1 月 17 日，第四届全国人大一次会议通过的《宪法》历史性地去掉了关于"中华人民共和国居民有居住和迁徙的自由"的条文，这标志着中国公民的自由迁徙和居住的权利从此失去了宪法保障。自 1977 年开始，国家开始实行"农转非""政策+指标"双重控制的乡-城户口迁徙制度，进一步控制城乡居民之间的自由流动。

从 1980 年开始，户籍制度有所松动，比如 1980 年 9 月开始解决部分专业技术干部的农村家属迁往城镇由国家供应粮食的问题。1984 年，允许进城农民自带口粮在城镇落户。同年 10 月，国务院发出户籍改革的第一个规范性文件《关于农民进入集镇落户问题的通知》，从此打开了户籍制度改革的大门。紧接着公安部颁布了《关于城镇暂住人口管理的暂行规定》，决定对流动人口实行《暂住证》《寄住证》制度，允许暂住人口在城镇居留。1992 年，公安部拟制了《关于实行当地有效城镇居民户口制度的通知》，执行办法为实行"蓝印户口"，即允许以"蓝印户口"形式在城镇入户，享受与城镇常住户口同等待遇。此后，户口准入制度开始扩大到小城镇。1998 年 8 月，国务院批转公安部《关于当前户籍管理中几个突出问题的意见》。2000 年 6 月，中共中央、国务院下发的《关于促进小城镇健康发展的若干意见》规定，紧接着第二年国务院办公厅对外公布了《关于积极稳妥推进户籍管理制度改革的通知》（国办发［2011］9 号）推进户籍制度改革。要求各地放宽外来人口落户限制，继续探索建立统一的户口登记制度。

然而，像上海这样的大城市的户籍改革却相对缓慢。2002 年，上海市规定在沪常驻人才、外来务工人员及其亲属满足相关条件，即可由"蓝印户口"转而申领《上海市居住证》，并享有与上海市民相同的待遇。但是，两年后，上海市转而开始对户籍指标严格限制，大幅度减少进沪人数，进沪所需费用也相应上涨。2009 年，上海市公布的《持有〈上海市居住证〉人员申办本市常住户口试行办法》规定，凡"在本市作出重大贡献并获得相应奖励，可不受持证及参保年限的限制，优先申办本市常住户口"。

通过分析户籍制度几十年的变迁，我们总结出三点启示：第一，中国户籍制度的实施是一项重大的制度变迁。户籍制度本质上是一种等级制度，它决定了城乡居民身份的特殊性，对中国经济社会发展起着重要的作用。户籍制度对个人流动，尤其是从农村向城市的流动，起到了限制作用，虽然在一定程度上防止了过度城镇化的出现，保障了社会秩序和发展环境，但是严重阻碍了城乡人口的自由流动，对城乡关系产生了重大影响，影响着中国社会结构的形成演变，制约着中国的城镇化进程和城乡关系的协调发展。第二，城乡对立的户籍制度造就了二元结构，二元结构又维持固化了户籍制度。户籍的差异决定了农业户口和非农业户口在资源占有、使用的方式和在利益分配格局中的地位，以此为依据，必然使户籍的差异转变为城乡差异，形成城乡二元结构。由于户籍制度的作用，中国对外来人口实行登记制度，限制了农村向城市的人口流动。对于城市居民，城市户口逐步成为就业、住房分配、公费医疗、子女上学、工作安排、养老保险和其他福利分配的必备条件并逐步具备了身份地位的特征。第三，近年来，各地探索城乡户籍改革的实践一直在进行。户籍作为不同户口或户籍身份的人享受不同权利的凭证，其影响渗透在经济、政治、社会等各个方面，在城乡统筹发展面对的各种问题中，一直在城乡分割中扮演重要角色的城乡户籍问题是必须面对和解决的。

改革开放以来，对市民化问题的认识基本上经历了一个不断深化的过程。从20世纪80年代开始消除农民"离土"的限制，到90年代消除农民"离乡"的限制，然后再到21世纪允许农民在城镇定居转变。市民化政策取得了重大调整。但总的来看，推进农民市民化的长效机制还没有形成，农民进得了城，但留不下的问题仍很突出，市民化还没有真正从制度上形成，没有从根本上摆脱城乡分割二元体制的影响，仍面临许多现实中的困境，特别是在制度层面，尤其是城乡户籍制度及其相关的一系列制度安排。

四、户籍制度改革及其推广

户籍制度是中国计划经济时代建立起来的一项重要制度，其改革也往往涉及多方面的利益关系，与此同时，中国国土面积广大，各地的经济条件和经济社会发展水平相差非常大，因此，户籍制度改革难度大，且不宜形成全国统一的制度安排，形成了多种观点。

"路径依赖说"。这种观点认为现行户籍制度的形成是传统户籍制度路径演化的结果，改革户籍制度就是要想方设法突破原有路径。何锦前（2009）认为中国现行户籍制度是中国古代户籍制度路径演变和固化的产物，中国目前的户籍制度改革思路基本上局限于在原有制度路径上的"修修补补"，提出只有废弃现行户籍制度辅之以科学身份证管理制度和其他相关配套制度，才是中国未来户籍制度改革的治本之策。

"根源说"。这种观点认为户籍制度本身所规定的城市户口与农村户口的对立是造成户籍制度弊端及社会二元结构的根源，因此需要通过户籍制度自身的改革来破解其"固化"的制度安排。

"收入来源"是指具有正式职业的收入来源，而正式职业是指与单位签订劳动合同，属于单位正式职工的职业。这种解释的住房和收入来源无疑大大提高了"入市"的"门槛"。对于大多数的农民工来说，他们的收入相对较低，很难在十年内买得起住房，而近几年中国住房价格的飞快上涨，又大大提高了农民工买房的难度。如何设定"入市"条件，如何逐步降低"入市"门槛，是本书着重探讨解决的一个问题。

正因为如此，近十年来，国家除了在 2001 年出台《关于推进小城镇户籍制度改革意见》，制定了关于全国小城镇户籍制度改革的方案外，没有形成全国统一的户籍制度改革政策，而是允许各地根据当地实际推进户籍制度改革。在中国各地户籍制度改革的实践当中，出现了各种模式，形成了各自不同的"入市"条件。户籍制度处于剧烈变迁的情况表明，中国的户籍制度需要分区域、多模式地改革，出台全国统一的改革政策或者户籍法的时机尚不成熟，只能提出一些原则性要求。因此，未来中国户籍制度的改革也必然是经过各地不断尝试，通过在一些地方试点，再逐步在全国推广。这其中有很多问题需要解决，如选择什么城市试点、试点内容包括哪些、不同规模的城市有何差别，如何在全国范围内推广等，本书将从户籍制度改革的角度探讨解决这些问题。

在中国各地户籍制度改革的实践探索当中，大都依据当地的实际情况，按照市场化的原则，对农村人口进入城市设定了一定的条件。这些条件包括学历、住房、职业、经济收入、投资额、参加社会保险、夫妻关系等。其中，针对普通农民，多数城市把住房和稳定的经济收入作为最重要的条件。一些门槛较低的城市一般只强调其中一个条件，如住房，而门槛较高的城市则往往要同时具备两个或多个条件，从我们对河北、云南等省调查的情况看，即使一些县城或县级市也都存在这些"入市"的基本条件。

一般而言，凡是进入一个城市工作和生活的人都会有住房和一定的收入，达到"入市"条件本应不是难题，但是，在中国的户籍制度当中，各地对住房和经济收入的解释往往把绝大多数进入城市的农民工排除在了"入市"门槛之外。"入市"条件解释当中，"住房"是大产权房，这种产权房是国家公开拍卖或计划分配的土地，一般由开发公司进行建设，购房者同时拥有《房屋所有权证》和《土地使用权证》，购买小产权房或者租赁、租借的房屋不属于"入市"条件的住房。指在农村集体所有的土地上建造的房屋，仅有乡（镇）政府或村委会的盖章以证明其权属，并没有国家房屋土地管理部门盖章确认，没有国家所发的产权证，这种房屋被视为乡产权，称为小产权房。改革困难很多，在一定程度上可以说，福利的多少与户籍制度改革的难度成正比，福利越多，难度越大，只有逐步把附着在户籍之上的社会福利剥离，才能为户籍制度改革扫清障碍。但是，社会福利与社会各个群体的利益十分密切，但凡涉及利益的改革，难度都会很大，因此，剥离附着在户籍之上的福利，深化户籍改革，是一个十分棘手的问题，本书也将对此提出相应的观点。城乡内部二元结构问题的逻辑线索如图 4-1 所示。

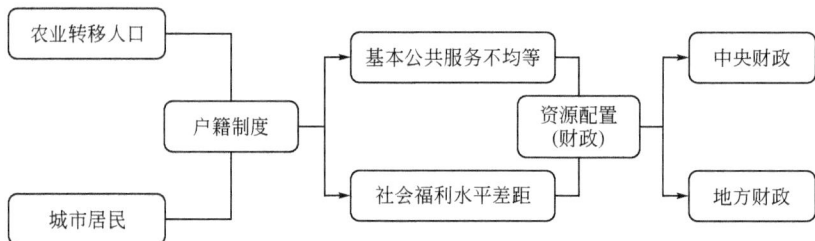

图 4-1　城乡内部二元结构问题的逻辑线索

第二节　农业转移人口市民化的深度解析

一、市民化是"有序推进"的动态渐进过程

推进农业转移人口市民化实际上是一个社会系统工程,其在宏观层面上反映了整个城乡发展一体化的结构性变迁,在中观层面上反映了农村劳动力社会流动的状况,在微观层面上则意味着农业转移人口人力资本的增加和行为选择能力的提高。农业转移人口市民化后的新市民角色,既是农民社会地位变化的动态表现,也是城乡社会结构变迁的一种反映和体现。新市民的角色再造从某种意义上表征着一种社会结构,体现着一种社会安排。因此,农业转移人口市民化是一个系统性问题,农业转移人口市民化不等于同时完成的市民化,而是"有序推进"的动态渐进过程,需要以历史视角,因势利导,使市民化成为一个顺势而为、水到渠成的过程。

考虑到当前农业转移人口规模大、市民化程度低、面临障碍多,而且对于不同类型的农业转移人口,本书考虑将农业转移人口区分为三个类别,即进城农民工、城郊失地农民、在地农民;本地农业转移人口和异地农业转移人口;准市民身份转移人口、未来继续以农民工身份参加城市建设的进城务工人员、返回农村创办企业的农民工、回流返乡的农民工。由于自身特点、面临障碍、市民化意愿和现实需求的不同,实现市民化的目标、路径和措施也将具有较大差异,为此,走中国特色新型城镇化道路,需要分层次、分类型、多途径推进农业转移人口市民化进程。

二、市民化是"空间差异"而非同一水平

目前,中国有近 670 个城市和近 2 万个城镇,但大中城市与小城镇经济和社会发展水平还很不平衡,小城镇发展严重滞后。而从长远看,小城镇既是工业化的重要载体,又是农业产业化的服务依托,在促进城乡经济一体化发展中扮演承上启下的角色,起着关键作用,是未来市民化的重点。

特大城市、大城市、中等城市、建制镇和小城市在经济和社会发展水平上的"空间差异"要求市民化必须实行分类型、差别化的推进策略。对于中小城市和小

城镇,国家已经明确放开户籍限制,可以考虑在农民自愿的基础上,把符合条件的城镇常住农业转移人口转变为城镇户籍,享受与城镇居民同等的待遇。对于大城市,尤其是北京、上海等特大城市,由于农业转移人口多,市民化压力大,可针对不同类型的群体,分群分类地逐步推进。加快推进小城镇建设,能在很大程度上推动农村地区工业化的发展和农村社会的进步,促进现代农业和涉农服务业的发展,有效吸收农村剩余劳动力,提高农民生活质量和基本公共服务水平,促进城乡统筹协调发展。

三、市民化的成本需要"合理分担"

农业转移人口市民化的成本支出是一个长期的过程。从近期看,政府需要承担的成本主要是农业转移人口子女教育、公共卫生、低保、保障性住房等的支出。从远期看,农业转移人口退休后按目前的养老金发放办法,政府需要对个人养老金发放进行补贴。随着农业转移人口的增加,政府还需要增加各项城市基础设施的投资。农业转移人口市民化的成本并非不可承受,关键在于建立中央政府和地方政府之间、政府和企业之间、企业和个人之间的成本合理分担机制。当前,农业转移人口公共服务的财政分担机制不完善,中央和地方政府之间公共服务支出责任划分不合理。保障农业转移人口平等享有城镇基本公共服务,从中央财政讲,要进一步加大对地方的一般性转移支付,中央对地方的一般性转移支付,要考虑农业转移人口的公共服务支出因素,与各地吸收和承载外来人口的数量挂钩,与各地提高基本公共服务均等化水平的工作努力程度挂钩。从地方财政讲,要按照以人为本的原则,以各项民生支出为重点,着力优化财政支出结构,不断增加基本公共服务投入,逐步建立起覆盖城乡、功能完善、分布合理、管理有效、水平适度的基本公共服务体系。

农业转移人口市民化的内涵及其过程分解如图 4-2 所示。

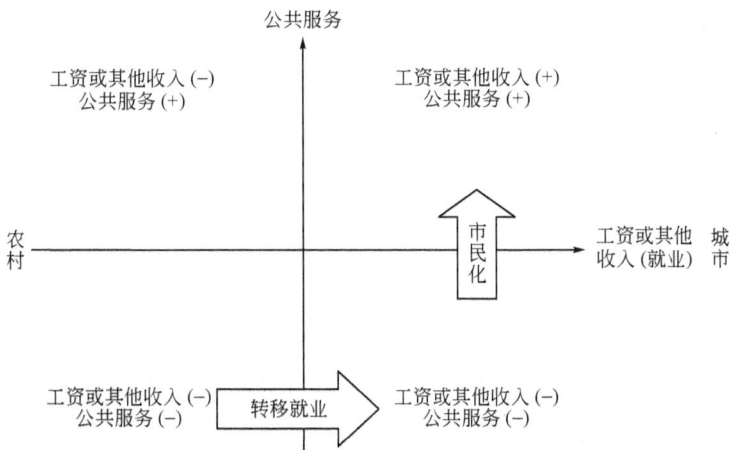

图 4-2 农业转移人口市民化的内涵及其过程分解

第三节　农业转移人口市民化的理论基础与现实需要

一、理论基础：农业转移人口市民化的实施依据

农村转移人口市民化，不仅是中国长期关注的重大理论和现实问题，而且也是发展中国家目前正在发生的人口城市化规律。本部分将系统考察城镇化与城乡二元结构理论、公共服务均等化理论的发展脉络和理论成果，以期为本书后面的研究奠定坚实的理论基础。

（1）城镇化与农业转移人口市民化。城镇化是一个国家经济、社会发展必须经历的重要的阶段，是农业化向现代化过渡的关键。美国城市经济学家诺瑟姆提出的 S 形曲线城镇化理论为学界广泛认同。这一理论认为城镇化主要可分为三个阶段：第一阶段是城镇化起步阶段，城镇化水平较低，农业占主导地位；第二阶段是城镇化加速阶段，城镇化推进很快，人口向城市迅速聚集；第三阶段是城镇化成熟阶段，城镇化水平较高，城市人口比例增长缓慢或停滞。根据国际经验，城镇化水平在 30%～70%是城镇化加速阶段。20 世纪 80 年代初，发达国家的城镇化水平大多已达到 70%～80%，达到城镇化成熟阶段。而中国常住人口城镇化率只有 52.6%，处于后城镇化时期，且还有相当长的城镇化过程没有完成。目前，中国已面临着加速阶段出现的交通拥挤、住房紧张、环境恶化等问题，同时由于中国国情的特殊性，农业转移人口与原城镇人口在公共服务待遇和社会待遇方面相差甚远，生活方式和社会认知也不尽相同，农业转移人口并没有真正地融入城市，这种情况的持续将严重影响中国城镇化的质量和水平，需要及时改进。

（2）二元结构理论与农业转移人口市民化。在发展中国家，广泛地存在着以现代化工业为主的城市经济和以传统农业为主的农村经济并存的城乡二元结构。农民工市民化进程，其实质就是实现城乡二元结构向一元化的现代经济结构转化。由于现行的城乡二元体制的阻滞，中国的农村剩余劳动力转移到城市，不能直接转化为市民，而是采取农民—农民工—市民的阶段性转化的形式，阻碍了城乡一体化的进程。如果大量的农民工长期停滞在农民工状态而未能市民化，不仅影响到"三农"问题的解决和城乡统筹发展的进行，更是关系到城镇化、工业化乃至整个现代化能否健康发展。

（3）公共服务均等化理论与农业转移人口市民化。基本公共服务概念的提出是在中国特殊的国情条件下，尤其是城市化的快速发展过程中，由于不能同时满足所有公共服务的均衡提供，而对公共服务按照重要性、基础性的原则进行的范围限定。从十六届六中全会通过的《中共中央关于构建社会主义和谐社会若干重大问题的决定》的有关论述看，基本公共服务应该包括公共卫生、教育文化、就

业再就业服务、社会保障、生态环境、公共基础设施、社会治安等方面。基本公共服务的内涵应当把握：①基础性，就是要保障社会成员最基本的、最为迫切需要的公共服务。②可行性，就是要与当前的经济社会发展水平和政府财力相适应。③公共性，是市场经济条件下难以有效提供的、具有很强外部性的公共产品和服务。④普惠性，政府所提供的公共产品或服务要惠及社会每一个成员，共享社会发展成果。农民工市民化的过程，其实质就是社会福利和公共服务均等化的过程。

从本质上看，中国基本公共服务提供非均等以及所导致的市民化问题，是公共财政职能缺位在经济社会发展中的一种表现，这种职能缺位的内在体制原因，集中体现在依附于户籍制度的社会福利体制和公共服务制度的先天性制度缺陷。因此，要实现农业转移人口市民化，必须尽快推进基本公共服务均等化建设。

在中国，乡城平衡发展是在二元经济结构仍将存在一定时期背景下的协调发展，表示通过协调、统筹乡城经济以达到中期、长期的均衡。应本着工业反哺农业、城镇反哺乡村，平衡发展乡城的理念，推进城乡经济的平衡共进，在此过程中，政府应不断增加对农村、农业的投资，实行十分有利于农村、农业发展的政策、措施，促进工农业的协调增长。我们应认识到改善人民生活、发展社会经济，依赖于工农业的协调、均衡、持续发展，实现二元经济、社会结构背景下的乡城均衡发展，是转换中国乡城二元结构的根本条件，是实现中国社会、经济持续、稳定、健康发展的需要和保障。延续至今的二元社会、经济结构不仅是乡城互动、交流、融合的障碍，更是农村经济乃至国民经济发展的重大障碍，只有大力促进农村经济、社会发展，促使乡城经济、社会均衡发展，增加农民收入，促进乡城与农工业的互相协调、交融、共进发展，二元经济、社会结构最终转换为一元经济、社会结构，才能实现整个国民经济、全社会的大发展。在二元经济结构条件下，城乡分割制度以及"城市偏向"的经济发展战略导致农业发展缓慢、农业劳动生产率和农民收入水平低，最终造成传统农业向现代工业转换的进程发展缓慢。因此，只有统筹城乡平衡发展，增加农民收入，利用城市化和工业化消化吸收农村剩余劳动力，才能促进国民经济良性循环和健康发展。现阶段，中国的户籍制度还没有完全放开，农村剩余劳动力不能自由迁移和流动，城乡平衡发展机制还存在政策缺位。因此，统筹城乡平衡发展，对于消除城乡之间存在的制度差异和权利不平等，缩小城乡收入差距，促进经济长期和可持续发展显得尤为重要。

二、现实需要：农业转移人口市民化实践的必要性和可行性

农业转移人口市民化问题是中国体制转轨与社会经济结构转型背景下产生的社会经济现象，因此，很多研究自然地将这一问题置于政治经济学或制度经济学的框架内进行考察，从而更加清晰地揭示了农业转移人口市民化问题的特殊性。但目前关于这一问题的研究依然存在以下不足：缺乏比较系统的理论与经验分析，政策建议仅局限于政策取向研究，在提出比较系统的可行性政策及政策实施的成本和收益分析等方面的研究比较缺乏。

在城乡二元体制大背景下，中国一直实行城乡二元的公共服务体制，城乡居民公共服务的提供机制不同，公共资源配置带有特别明显的城市偏好，城乡居民所享受公共服务存在很大差异，特别是初始状态的不同，决定了市民化推进和公共服务提供的策略与路径必然有所差异。因此，对现阶段农业转移人口的公共服务总体状况进行分析成为对这一问题进行系统研究的基础。一是公共服务需求多元化，不同转移人口群体对基本公共服务呈现出了差异化的需求偏好。二是公共服务供给碎片化，由于各地政策和发展水平差异较大，不同地区或人群之间，各基本公共服务的供给水平和模式差别较大。三是公共服务提供机制设计不合理，如事权支出责任划分不合理、财政转移支付基本以户籍制度为依据的财力均等化等。四是与公共服务提供相对应的制度改革进展缓慢，农业转移人口基本公共服务的供给制度改革必须与户籍制度、土地制度等的改革相协调。

大量的经验研究表明，向农业转移人口提供公共服务对农业劳动生产率和农民收入水平有着显著的正相关，是缩小城乡差距的重要内容。总的来看，提供就业、教育、医疗、社会保障等能直接影响农村劳动力的人力资本水平和农业劳动力素质。在 2005 年，党的十六届五中全会上首次提出了要推进"公共服务均等化"，此后又多次对这一改革目标进行了强化，但收效甚微。公共服务不均等所引发的经济、社会矛盾日益突出。伴随近年来快速的城镇化，农业转移人口这一群体不断增大，农业转移人口市民化的提出为公共服务均等化战略目标的推进找到了新的突破口。因此，加大向农业转移人口提供公共产品的供给，对于缩小城乡差距、促进统筹城乡发展具有重要的作用。

2012 年，中国离开户籍地到非户籍所在地居住生活的流动人口总量达 2.6 亿人，接近全国人口的近五分之一，相当于世界第五大人口国的人口规模，如此庞大的流动人口规模的利益诉求需要引起实践层面的高度重视。

（1）从历史的角度来看，农民工问题是中国改革和社会发展中必不可少的问题，是与中国城市化、工业化道路相联系的问题，也是与"三农"问题紧密联系的问题，是改革开放后中国经济体制转轨和社会转型共同作用的结果。

（2）从城镇化角度看，农业转移人口市民化是推进中国城镇化的重要命题。农业转移人口市民化是提高农民工融入城镇的能力、提高劳动生产率与职工经济竞争力的必然选择，有利于破解城乡二元结构，进一步释放社会生产力和内需潜力，促进农业与工业、乡村与城镇的和谐共进，是中国实现现代化的重要支撑。

（3）中国现阶段经济社会的发展水平为农业转移人口市民化实践创造了可能性。从物质方面来看，改革开放 30 多年来中国经济快速发展，财政能力不断增强，为城镇化转型、市民化推进奠定了物质基础。从理论方面，学者们对于公共服务均等化和市民化推进方面的研究越来越详细，一套可行有效的理论体系正逐步形成。从实践方面来看，各地在市民化方面的改革探索，为创新体制机制积累了经验，推进市民化的条件日趋成熟，推进市民化的进程日趋紧迫。

（4）农业转移人口市民化将成为扩大和拉动内需的强劲动力。工业化是创造供给，城镇化则主要是创造需求，是扩大内需、拉动增长的持久动力。据《2012年中国农民工调查监测报告》，中国农民工人数逐步增加，收入也逐年上升。截至2012年年末，中国农民工总量达到 26 261 万人，同比增长 3.9%。其中，大多数人只实现了地域空间的转移和职业的转变，并没有获得同等的市民待遇，没有能够实现户籍身份的转换、就业状态的稳定以及生活方式与行为习惯的转型。农业转移人口市民化进程，将带来消费需求的大幅增加，同时还产生庞大基础设施、公共服务设施以及住房建设等投资需求。农民工市民化，有利于解决城乡和城市二元结构难题，唤醒农村沉睡资产，成为扩大和拉动内需的强劲动力。如果培育得当，市民化将成为未来经济增长的重要引擎。

第五章　推进农业转移人口市民化的历程与现状

自改革开放以来，伴随着工业化和非农化的快速推进，大量农村人口从农业生产中转移出来，使中国的城镇化水平快速提升。然而，户籍制度改革严重滞后，加上城乡分割的社会保障和公共服务制度，使进入城镇的大量农业转移人口虽然被统计为城镇人口，但并没有与城镇居民享受同等待遇，其市民化程度低，成为中国后城镇化的"症结"。为进一步推进新型城镇化的发展，党的十八大报告明确指出，要"加快改革户籍制度，有序推进农业转移人口市民化"。实现农业转移人口的市民化，是时代赋予的重大课题，也是党的十八届三中全会和中央城镇化工作会议着力破解的难题。

第一节　推进市民化的总体历程

一、推进市民化进程政策背景

中国城镇化建设大致经历了三个重要阶段，在 20 世纪 80 年代左右，人口流动受到比较严格的限制，所以当时相关的松绑政策仅消除了农民"离土"的限制，允许农民"离土不离乡，进厂不进城"；到 20 世纪 90 年代，政策基调转而开始消除农民"离乡"的限制，允许农民跨地区流动和进城务工；进入 21 世纪以后，政策逐渐向着引导农民工在城镇定居转变。在城镇化思路调整的同时，经济发展的首要目标也在逐渐由效率转向对公平的关注，2002 年，中央提出了对农民进城务工就业实行"公平对待，合理引导，完善管理，搞好服务"的方针，此后，又在清理与取消针对农民进城就业的歧视性规定和不合理收费、简化农民跨地区就业和进城务工的各种手续、保护进城务工农民的合法权益等方面出台了一系列政策。

在早期，市民化问题还多是"农民工"的市民化问题。而"农业转移人口"称谓的产生和使用，最早可以追溯到 2009 年 12 月召开的中央经济工作会议：在部署 2010 年经济工作的主要任务时，会议明确提出，"要把解决符合条件的农业转移人口逐步在城镇就业和落户作为推进城镇化的重要任务"。而后，"推进农业转移人口市民化"在中共中央和国务院有关文件以及国家领导讲话中多次出现，并已经成为中国"十二五"乃至更长一个时期积极稳妥推进城镇化的核心任务。最近一个时期，国家对农业转移人口市民化的推进更是高度重视，先后在中国共产党第十八次全国代表大会报告、《中共中央关于全面深化改革若干重大问题的决定》（简称决定）、中央城镇化工作会议精神等重要会议和文件中，推进农业转移人口市民化的政策及方针被屡屡提及。从党的十八大报告中的"加快改革户籍制度，有序推进农业转移人口市民化，努力实现城镇基本公共服务常住人口全覆盖"到该决定中的"创新人口管理，加快户籍制度改革，全面放开建制镇和小城市落户限制，有序放开中等城市落户限制，合理确定大城市落户条件，严格控制特大城市人口规模"，农业转移人口市民化的政策方针也更加具体和细化，这都为市民化的继续推进提供了方向。

二、农业转移人口市民化的概况

农业转移人口市民化实质上是公共服务与社会权利均等化的过程，该过程可以概括为四个基本阶段：一是转移就业，即完成职业身份转换；二是均享服务，即自身和家庭融入就业城镇公共服务体系；三是获得户籍资格，即取得完整的市民权利，实现社会身份转换；四是心理和文化完全融入城镇，即成为真正意义上的市民。

从理论上讲，农业转移人口市民化进程受到了来自政府的大力支持，但从实践来看，中国农业转移人口市民化进程却比较缓慢。据中国社会科学院城市发展与环境研究所、社科文献出版社在北京联合发布的"城市蓝皮书"——《中国城市发展报告》称，从市民化进程来看，中国农业转移人口市民化程度综合指数仅有 40.7%。进城农业转移人口在政治权利、公共服务、经济生活、文化素质等各个方面与城镇居民的差距均较大。其实，大多数农业转移人口只是实现了地域空间的转移和职业的转变，并没有同步获得同等的市民待遇，实现户籍身份的转换、综合素质的提升、市民价值观念的形成、就业状态的稳定以及生活方式与行为习惯的转型，换言之，大量的进城农业转移人口虽然被统计为城镇常住人口，但却没有享受城镇的基本公共服务和社会保障。

上述差距不仅使得城镇内部出现了新的二元结构矛盾，更是诱发了失业农民工安置、农村留守儿童、留守老人等诸多社会问题，为经济社会发展埋下了隐患。

党的十八大报告提出：要有序推进农业转移人口的市民化，推进基本公共服务均等化，这对于有序推进农业转移人口市民化和基本公共服务均等化的政策制定也具有重要意义。要实现这一过程转换，首先要选准方向，即在市民化第二阶段，即将公共服务均等化作为农业转移人口市民化的首要任务。其次要选择好路径，包括两个方面：一是解决从农民转化为市民的过程中可能产生的成本及其补偿问题；二是解决农业人口进入城市以后农民的身份、待遇问题，包括户籍、家庭、就业问题等。当前的关键，就是有目标、分阶段、分步骤实施，使这样一个历史性进程能够相对稳定地向前推进。

第二节　农业转移人口市民化的政策演变路径

一、政策演变的时间路径

城乡之间劳动力流动出现限制最早出现于 1953 年，当时国务院发出《关于劝阻农民盲目流入城市的指示》，规定未经劳动部门许可或介绍者，不得擅自到农村招收工人。第二年，国务院内务部与劳动部又发出《关于继续贯彻〈劝止农民人口盲目流入城市〉的指示》，重申对农民向城市流动与迁徙的限制。

随着 1955 年国务院发布《农村粮食统购统销暂行办法》及《市镇粮食定量供应暂行办法》，人民公社制度随之建立。紧接着，在 1956 年年底，国务院发出《关于防止农村人口盲目外流的指示》，再次强调不得从农村私自招工。次年，国务院再次发出《关于防止农民盲目流入城市的通知》，并在该年年底，中共中央和国务院联合发出《关于制止农村人口盲目外流的指示》。

1958 年 1 月 9 日，全国人大常委会通过并颁布新中国第一部户籍法律《中华人民共和国户口登记条例》，开始对人口自由流动实行严格限制和政府管制。以此为标志，中国正式建立了城乡分离的管理体制。而长期实施的计划经济体制，加速了城乡关系的割裂，致使城乡矛盾日益严重并不断强化，城乡经济社会发展出现严重脱节。

随后，中共中央发出《关于立即停止招收新职工和固定临时工的通知》，进一步强化了限制农民进城的作用。并在 1963 年以后的人口统计中把是否吃国家计划供应的商品粮作为划分农业户口和非农业人口性质的标准。

直到 1975 年，第四届全国人大一次会议通过的《宪法》历史性地去掉了关于"中华人民共和国居民有居住和迁徙的自由"的条文，这标志着中国公民的自由迁徙和居住的权利从此失去了法律保障。并在 1977 年，开始实行"农转非""政策+指标"双重控制的城乡户口迁徙制度。

改革开放以来，户籍制度有所松动，1980 年，公安部等部门联合颁布《关于解决部分专业技术干部的农村家属迁往城镇由国家供应粮食问题规定》；1983 年《国务院关于科技人员合理流动的若干规定》对科技人员合理流动实施了相应政策。

从 1984 年开始，中共中央一号文件允许务工、经商、办服装业的农民自带口粮在城镇落户。同年，国务院发出户籍制度改革的第一个规范性政策规定《关于农民进入集镇落户问题的通知》。随后的第二年，公安部颁布了《关于城镇暂住人口管理的暂行规定》，决定对流动人口实行《暂住证》《寄住证》制度，允许暂住人口在城镇居留；同年，全国人大常委会审议并通过了《中华人民共和国居民身份证条例》。

　　在随后的几年里，国家允许针对某些特殊人群制定相应政策。例如，1986 年，国家科委、公安部发布《关于博士后研究人员及其配偶子女落户等问题的通知》，规定博士后流动期满安排固定工作后，当地公安部门凭国家科委科技干部局的介绍信，为其本人及配偶和未成年子女办理户口迁出和落城镇常住户口手续。1989 年，国务院下发了《国务院关于进一步解决干部夫妻两地分居问题的通知》。

　　随着形势的发展，1992 年，公安部拟制了《关于实行当地有效城镇居民户口制度的通知》，执行办法为实行"蓝印户口"，即允许以"蓝印户口"形式在城镇入户，享受与城镇常住户口同等待遇，并于次年，国务院着力研究小城镇户籍制度改革的方案，随后的 1994 年，取消户口按商品粮为标准划分为农业和非农业户口的"二元结构"，而以居住地和职业划分为农业和非农业人口。1995 年，国务院正式批准了《小城镇户籍管理制度改革试点方案》。1997～1998 年，国务院批转公安部《关于小城镇户籍管理制度改革试点方案》和《关于当前户籍管理中几个突出问题的意见》，主要规定：在城市投资、兴办实业、购买商品房的公民及其共同居住的直系亲属，符合一定条件可以落户。

　　2000 年 6 月，中共中央、国务院下发的《关于促进小城镇健康发展的若干意见》规定："从 2000 年起，凡在县级市区、县人民政府驻地镇及县以下小城镇有合法固定住所、固定职业或生活来源的农民，均可根据本人意愿转为城镇户口，并在子女入学、参军、就业等方面享受与城镇居民同等待遇，不得实行歧视性政策。"次年 3 月，国务院批转公安部《关于推进小城镇户籍管理制度改革的意见》，小城镇户籍制度改革开始全面推进。

　　经过五年经济社会五年的快速发展，2005 年，公安部再次提出拟取消农业、非农业户口的界限，探索建立城乡统一的户口登记管理制度；同时，以具有合法固定住所作为落户的基本条件，逐步放宽大中城市户口迁移限制。

　　2009 年，国务院办公厅颁布《关于加强普通高等学校毕业生就业工作的通知》，通知规定：对企业招用非本地户籍的普通高校专科以上毕业生，各地城市应取消落户限制(直辖市按有关规定执行)希望从根本上解决高校毕业生工作后的"人户分离"问题，但仍为四个直辖市留下了相当大的自主权。随后的中央一号文件强调加大城乡统筹力度。时任国务院总理的温家宝在政府工作报告中再次指出"推进户籍制度改革，放宽中小城市户口迁移限制"。

　　2012 年 3 月，国务院办公厅对外公布了《关于积极稳妥推进户籍管理制度改革的通知》(国办发[2011]9 号)推进户籍制度改革。要求各地放宽外来人口在县城、设区的市（不含直辖市、副省级市和其他大城市）落户限制，不得强制收回落户城镇农民工宅基地，继续探索建立统一的户口登记制度。

　　2014 年 3 月 5 日，国务院总理李克强在政府工作报告中表示，今后一个时期，着重解决好现有"3 个 1 亿人"问题，促进约 1 亿人的农业转移人口落户城镇，改造约 1 亿人居住的城镇棚户区和城中村，引导约 1 亿人在中西部地区就近城镇化。

直到最近，国务院印发《国务院关于进一步推进户籍制度改革的意见》，指出：促进有能力在城镇稳定就业和生活的常住人口有序实现市民化，稳步推进城镇基本公共服务常住人口全覆盖。

二、市民化政策演变的深度分析

农业转移人口市民化的政策演变路径，如表 5-1 所示。1978 年改革开放以后，中国开始了农业转移人口的市民化进程。至今，中国农业转移人口市民化进程经历了五个阶段，国家在不同时期、不同社会发展阶段出台过不同政策对农业转移人口市民化问题进行探索和改革，试图缩小农业转移人口与原城镇人口的差距。在综合考察这段时间的历史背景和社会发展轨迹的基础上，按照时间的顺序纵向梳理，从主要采用政策、现实羁绊、改革动因三个方面系统总结、划分农业转移人口市民化政策演变过程，并从中总结出适应中国国情和发展规律的农业转移人口市民化政策演变逻辑，在"均等化—一体化—市民化"的逻辑演绎后进一步寻找农业转移人口市民化的约束条件和突破口。

表 5-1　农业转移人口市民化的政策演变路径

项目	第一阶段 （1953~1983 年）	第二阶段 （1984~1991 年）	第三阶段 （1992~2002 年）	第四阶段 （2003~2011 年）	第五阶段 （2012 年至今）
政策 演变 逻辑	限制农民进城	允许农民有限 进城	积极有序推进		
			引导农民有序 进城	保护农民工的合 法权益	促进农民工 融入城市
主要 采用 政策	"农转非" "政策+指标" 双重控制	流动人口实行 《暂住证》《寄 住证》制度	"蓝印户口"、《关 于进一步做好组 织农民工有序流 动工作的意见》、"就地 进城"	2006 年中共中央 一号文件	国家新型城 镇化规划 （2014~2020 年）
现实 羁绊	生产力低下，农村 剩余劳动力多，农业 经营样式单一	剩余劳动力增 加，第二产业开 始发展	新一轮经济高速 发展，城镇化持续、 稳定发展	"民工荒"	二元结构下 矛盾日益突出
改革 动因	改革开放，发展农 林牧副渔	发展乡镇企业	邓小平讲话，发 展小城镇和城市	工业化、城市化	城市化

第一阶段是 1953~1983 年，这一阶段国家严格限制农民进城。第一阶段是国家对于农村剩余劳动力人口转移问题的初步认识和探索阶段，这一阶段的制度安排虽然导致当时农村剩余劳动力转移空间狭小，但符合制度安排循序渐进的要求。认识最初阶段的演变政策是研究农民工市民化的开端，对于分析农民工市民化演变过程具有重要作用。

第二阶段是 1984~1991 年，这一阶段国家户籍制度开始松动，允许农民有限进城。这一阶段中国对农村剩余劳动力转移制度安排是在二元经济社会制度架构内作出的调整，避开了制约农村剩余劳动力非农化的深层制度障碍，也没有考虑农民身份转变的问题。这一阶段是农业转移人口市民化进程中的过渡阶段，对于研究中国市民化的政策演变逻辑具有重要意义。

第三阶段是1992～2002年，这一阶段国家在允许农民进城的基础上，引导农民有序进城。这一阶段仍然没有改变中国的二元经济社会制度，只是在此基础上呈现出多维性特点：党和政府既延续了"就地转移"政策，又推行了"异地转移"政策，同时还允许农村剩余劳动力向城市转移。在此阶段政府推进农民工市民化的能力进一步提升，促进农民工市民化进程加快。

第四阶段是2003～2011年，这一阶段国家在城镇化过程中更加重视农业转移人口市民化问题，开始保护农民工的合法权益。在中国改革和现代化建设新的历史起点，国家以农村剩余劳动力职业和身份的双重转变为目标进行制度设计，改革农业转移人口市民化进程的户籍制度。研究这一阶段的户籍政策变化，对于研究市民化的约束条件与模式选择等方面都是必不可少的。

第五阶段是2012年至今，这一阶段国家致力于促进农民工融入城市，加快农业转移人口市民化的进程。继党的十七大报告中提出均等化和一体化之后，政府又针对公共服务领域提出了市民化的全新要求。本书研究的农业转移人口市民化主要针对公共服务领域，市民化与均等化和一体化共同推进、协调发展。

从政策初衷看，均等化政策更多强调了地区之间居民基本公共服务的公平，试图通过财政的转移支付，缩小发达地区与欠发达地区间的基本公共服务差距。城乡一体化政策更多强调了城乡居民间基本公共服务的公平，是在统筹城乡发展的大方向下着力解决城乡公共服务差异过大的问题。而市民化政策则强调了城市内部户籍人口与非户籍人口之间的基本公共服务公平，旨在变革依附于户籍制度的城市二元公共服务体制，让长期居住在城市的所有人能够公平地享受到市民化的公共服务待遇。从总体上看，均等化、一体化、市民化是统一的有机整体，构成了完整的公共服务发展方略。

通过梳理改革开放后中国农业转移人口市民化的政策，可以归纳出市民化的政策逻辑是"限制—允许—积极有序推进"。研究市民化的政策逻辑有助于分析目前市民化的困境，找到最合适的推进市民化的路径方法。

第三节　农业转移人口市民化区域特点

一、地方政府推进市民化政策的纵向梳理

与中央政府相比，各地政府制度市民化政策也开始了许多新的探索，但是比中央政策的松动略晚，这与当时的政治、经济等方面的因素直接相关。

　　1992 年，广东、浙江、山东、山西、河南、河北等十多个省市先后开始试行"当地有效城镇居民户口制度"，户口准入制度开始扩大到小城镇；同年，浙江温州推行"绿卡制"。1995 年，广东深圳施行"蓝印户口制"。以此为代表，部分地区实行投资入户、购房入户或蓝印户口等政策。

　　但是，最早推行"蓝印户口制"的却是上海，早在 1993 年，上海就推行了"蓝印户口制"。经过近十年的发展，2002 年，上海市规定在沪常住人才、外来务工人员及其亲属满足相关条件，即可由"蓝印户口"转而申领《上海市居住证》，并享有与上海市民相同待遇。两年以后，上海市转而开始对户籍指标严格限制，大幅度减少进沪人数，进沪所需费用也相应上涨。2009 年，上海市公布的《持有〈上海市居住证〉人员申办本市常住户口试行办法》规定，凡"在本市作出重大贡献并获得相应奖励，可不受持证及参保年限的限制，优先申办本市常住户口"。该规定允许持有居住证满 7 年的"外地人"，转为拥有上海户籍。此次新政策标志着上海将户籍政策变"指标管理"为"条件管理"。

　　与上海同步推进市民化的省份还有陕西等。2005 年，公安部新闻局表示，全国已有陕西、山东、辽宁、福建、江西、湖北等多个省的公安机关开展了城乡统一户口登记工作。2008 年，云南、山西、江西、湖南等省相继进行了不同程度的户籍改革。同年十月，浙江省嘉兴市宣布"农业户口"彻底退出历史舞台。

　　此后的 2010 年，辽宁省在沈阳等 8 个城市之间实行"一元化"户口管理、鼓励各类人才来沈落户、统一集体户口管理标准、统一购房落户标准、放宽"三投靠"落户政策等。几乎与辽宁省同一时间，重庆市政府出台《重庆市统筹城乡户籍制度改革意见》《重庆市户籍制度改革配套方案》；四川省公安厅下发《四川省统筹城乡协调发展推进户籍制度改革的实施意见》。

二、地方政府推进市民化政策的横向列举

　　根据中央政府制定的市民化方针，各地地方政府结合自身情况制定具体的市民化政策，积极探索建立新的逐渐剥离户籍与公共福利的户口登记管理制度，如上海出台了以"条件管理"为亮点的落户新政。这些政策表明国家推进市民化的相机决策权已经更多地转移到了省市一级，城市可以根据实际情况制定自己的户籍政策以吸纳或排斥特定的外来人口，并且因其劳动力需求、户口含金量、城市承担的政策职能等方面的差别而制定不同的户籍政策。各省市推进市民化工作颇具地方特色，也为进一步探索全国范围内的农业转移人口市民化提供了有益思路。

（一）广州

　　根据 2009 年《关于推进城乡户籍制度改革的实施意见》，广州将逐步取消"农

业户口"和"非农业户口"的划分，统一登记为"广州市居民户口"。南沙、萝岗区将成为第一批改革试点，最快将于一年内启动城乡户籍制度改革。广州市推进"城乡户籍一元化"将分三步走。第一步是取消"农业户口"和"非农业户口"划分，将两者统一登记为广州市居民户口，形成一元化户籍制度的总体框架。第二步是公安部门将在广州市居民户口底册上对原农业和非农业户口人员加注相关标识，社保、劳动就业、计生、国土等各相关职能部门也相应加注标识，根据不同身份适用不同政策。经过第二步的过渡期后，各职能部门逐步改革配套政策，实现城乡"同是居民、同等待遇"，在此基础上跨出第三步，即公安部门取消农业和非农业户口人员标志，真正实现"户籍一元化"。

（二）湖北

户籍改革地区可搞新试点，在准入条件方面，由以前强调当地常住"非农业户口和农业户口"，调整为当地"常住居民"或持有"非农业、农业户口"居民，以顺应正在逐步推行的户籍制度改革要求。困难对象可增发临时补助金按新规程规定，对保障对象中的残疾人、高龄老年人、未成年人及重病患者等特殊困难对象，对其本人可按不低于本地保障标准20%的比例增发补助资金或定额增发临时补助金。对未享受五保待遇，无生活来源、无劳动能力、无法定赡养/扶养/抚养人或赡养/扶养/抚养人无相关能力的鳏寡孤独农村低保家庭，可参照分散五保供养标准核定补助资金。

享受低保时限分多种情况。新规程规定，对城镇家庭成员中有劳动能力（男18～60岁、女18～55岁且身体状况良好）的保障家庭，一次享受低保最长不超过一年。保障期内，家庭人均收入发生变化的，按规定进行调整；已不符合条件的取消低保待遇。保障期满后符合条件需要继续享受的，重新申请审批，审核审批手续从简。有条件的地方，对农村家庭成员中有劳动能力的保障家庭也可以实施限期保障，保障期限一般为1～2年。

对积极再就业的低保家庭实施低保渐退。积极就业后家庭人均收入超过当地低保标准，可继续享受1～3个月低保补助，也可对家庭中老年人、残疾人、未成年人和重病患者再保障一定期限。对自主创业后家庭人均收入未超过当地低保标准150%的，可延长保障一年。

（三）河南

取消农业户口与非农业户口性质区分，统一登记为居民户口，并全面实施居住证制度。迁移过程中农民的利益须予以最大程度保障。河南明确，"现阶段，不得以退出土地承包经营权、宅基地使用权、集体收益分配权作为农民进城落户的条件"。与此同时，河南还将支持建立农村宅基地有偿退出机制，以及探索集体收益分配权市场化的有效形式。2014 年 7 月，河南省制定印发的《关于深化户籍制度改革的实施意见》明确提出，取消农业户口与非农业户口性质区分，统一登记为居民户口，并全面实施居住证制度。

（四）河北

取消"稳定职业"限制，再次降低城市门槛。基本落户条件：取消"稳定职业"限制。人才投资者落户条件放宽到"有稳定住所"。高校毕业生大专以上学历先落户后就业。外省高层次人才实行人才居住证制度。

（五）山西

《太原市非本地户籍人口租赁房屋治安管理规定》对非本地户籍人口实行居住证管理制度，凡离开常住户籍所在地到太原居住的人员都需要办理居住登记、申领居住证，且居住满 5 年就可以申领太原常住户口。

第四节　中国推进市民化的体系化政策思路选择

基本公共服务均等化的终极目标是使人与人之间能够享受到均等的基本公共服务。"均等"的内容包含机会均等和结果均等两个方面。机会均等是指公民都有平等享受基本公共服务的权利；结果均等是指无论城乡或不同地区的居民在享有公共服务的数量和质量上的大体相等。"均等"的标准有托底、平均、相等三种不同理解。托底是最低标准，要求政府必须提供最低限度的基本公共服务，如义务教育、社会救济等；平均标准要求政府提供达到中等平均水平的基本公共服务；相等的标准即每个公民享受到的公共服务应大体相等。不同发展阶段所追求的公共服务均等化的内容和标准应该是有所不同的，农业转移人口市民化的有序推进要求必须准确把握和制定各阶段所应实现的均等化目标。

市民化的实质是政府对公共产品和服务的一个重新配置的过程。而实践却表明，地方户籍制度改革中途夭折的一个重要原因是地方公共财政难以为更多的农民工及其家庭提供更多的公共支出，如城市基础设施、教育、住房、社会保障等。并且，在现阶段地方债问题仍未解决的前提下，很多地方政府已预见到给予农民工平等的市民待遇可能引起的财政困难，因此，不少政策制定者和地方实践者均认为政府现有财力不足以实现市民化。这样，从纵向上，市民化的推进政策就必须由政府来划分阶段进行推进，并对每个阶段如何安排财力、实现的目标进行规划。

但是，从政策演变路径看，资金约束和制度约束是当前制约农业转移人口市民化进程的两个关键性约束。从完成时间上看，农业转移人口市民化问题由来已久，是一个系统性问题，在 2020 年前完成市民化目标面临强时间约束，怎样合理安排市民化进程的各项公共服务的启动和完成时间以及顺序，即所谓"时"约束；而且，目前中国大中城市与小城镇经济和社会发展水平还很不平衡，小城镇发展严重滞后，推进市民化的政策不能"一刀切"，需要立足实际情况，实事求是，分别对待，怎样在经济和社会发展水平不平衡的现实下分类型、差别化地推动市民化。

资金约束即推进市民化所需提供公共服务所面临的财政资金约束，受中国的经济社会发展水平的限制，中央和地方两级政府财力都不足以一次性地支付巨额的市民化成本，市民化进程面临资金约束，需要在科学测算公共服务需求、财政资金缺口的基础上，合理安排财政支出和转移支付等。

制度约束是包括户籍制度、财政体制、地方政府激励机制等在内的制度约束集合。中国特有的户籍制度是造成城市二元结构，阻碍农业转移人口市民化的关键；除户籍制度外，政府间事权与财力不匹配，缺少激励制度；财政体制、转移支付制度不合理；公共财政体系不完善等制度缺陷也成为推动市民化的重要约束条件。本书将深入和系统研究农村转移人口市民化进程中，所面临的资金约束和制度约束；探讨这些约束的源溯，用什么传导机制，怎样形成叠加效应；它们在政府、企业、个人层面上，以及在不同类型区域，会有什么样的差异性，这种差异性又如何影响市民化进程。如何在分析这些约束的基础上，破解资金约束和制度约束，是本书着力解决的关键问题。

基于中国复杂的社会发展过程和独特的制度体系，归纳约束农业转移人口市民化进程的条件，如社会发展状况、城镇化水平、户籍制度都对农业转移人口市民化进程产生了重要影响。我们既要全面地了解阻碍农业转移人口市民化进程的条件，还要有逻辑地梳理、高度概括这些约束条件，以达到合理地、有重点地、创新性地解释农业转移人口市民化约束条件的目标。

因此，当前中国农业转移人口市民化的总体目标是：总量平稳递增、布局合理均衡、服务均等、社会整合顺畅。本部分将按市民化标准进行分类，多角度地全面研究市民化的政策目标。首先，从时序标准的角度来看，实施"三步走"战略，争取到 2030 年实现农业转移人口可自由在城镇落户并融入城镇，农民工现象终结，农业转移人口市民化基本实现。其次，从数量标准角度来看，在引导新增农业转移人口就近就业，在本地实现市民化的同时，还要努力实现新增 1 亿人左右农业转移人口和其他常住人口在城镇落户。最后，从质量标准的角度来看，本部分将从户籍和公共服务两方面实施质量标准来研究市民化的政策目标。《国家新型城镇化规划（2014～2020 年）》中将户籍城镇化率作为市民化评判标准，争取到 2020 年实现常住人口城镇化率达到 60%左右，户籍人口城镇化率达到 45%左右，户籍人口城镇化率与常住人口城镇化率差距缩小 2 个百分点左右。本书主要针对公共服务方面进行市民化研究，将公共服务覆盖程度作为主要研究对象，所以这部分将从公共服务的角度确定市民化的政策目标。在政策颁布的《国家新型城镇化规划（2014～2020 年）》中指出"稳步推进义务教育、就业服务、基本养老、基本医疗卫生、保障性住房等城镇基本公共服务覆盖全部常住人口，基础设施和公共服务设施更加完善"，简言之，农业转移人口市民化的短期政策是实现常住人口基本公共服务全覆盖。

第六章　市民化政策的构成要素与实施困境

第一节　市民化政策的构成要素

一、市民化政策的实施主体

市民化政策是一个责任共担的制度安排，中央政府负责制定市民化方针，地方政府根据方针结合当地情况实施政策。根据 2011 年国务院颁布《关于积极稳妥推进户籍管理制度改革的通知》文件的指导精神，结合现阶段农民市民化的实践，中央政府对农业转移人口市民化的推动作用主要体现在一系列政策措施和制度安排上，具体包括五个方面：一是政策制定和推动。中央政府虽然没有就市民化出台专门系统的政策，但是，在户籍制度改革、引导农民工合理流动方面出台了一系列政策，这些政策有助于推动、引导农民实现向市民转变。二是通过发展规划推动。尤其是政府制定统筹城乡发展规划、小城镇建设规划、城市扩容规划等，这些规划的出台和实施能有效引导农民市民化。三是财政税收手段推动。通过政府运用相关财政税收手段，鼓励农民从事非农产业，鼓励城市用工单位做好农民工的聘用及促进建立良好的劳动用工关系，这些手段可以从具体层面有效引导农民市民化。四是政府加快公共服务的提供，为农民提供转化成为市民所需要的公共服务环境。五是社会福利和保障推动。通过提高社会福利和保障食品，为农民彻底转变为市民提供推动力，为农民提供与市民相同的社会福利和社会保障，也能够直接推进内涵意义上的农民市民化。

根据中央政府制定的市民化方针，各地方政府结合自身情况制定具体的市民化政策，推进市民化的进程不断加快。各地积极探索建立新的逐渐剥离户籍与公共福利的户口登记管理制度，如上海出台了以"条件管理"为亮点的落户新政。这些政策表明国家推进市民化的相机决策权已经更多地转移到了城市一级，城市可以根据实际情况制定自己的户籍政策以吸纳或排斥特定的外来人口，并且因其劳动力需求、户口含金量、城市承担的政策职能等方面的差别而制定不同的户籍政策。然而，由于大中城市推进市民化的意愿和能力仍然存在诸多问题，因此，在未来相当长的一段时间里，各城市尤其是大中城市推进市民化仍然是中央政府与地方政府共同作用的结果。

二、市民化政策的实施方式

户籍作为享有不同权利的凭证，已经逐步成为就业、住房分配、公费医疗、子女上学、工作安排、养老保险和其他福利分配的实施依据。因此，中国市民化可视为进城务工农民获得福利或公共服务等权利凭证的过程。从目前中国的推动市民化的实际情况来看，社会各界对推动市民化的意义和作用已经形成共识。但是，由于涉及较大规模的公共支出，究竟应该采取哪种推动市民化的措施存在较大争议。一种观点认为应该逐步放开户籍，加快推进市民化。另一种观点认为应该减少城市户籍居民和农民工之间的公共服务差异，增强社会融合。他们认为城市中存在的公共服务歧视可能加剧城市内部不同户籍身份的劳动力之间的收入差距和社会冲突，造成社会资源的非生产性消耗。通过减少不同户籍身份居民的公共服务差异来促进社会融合，可以减少收入差距和社会冲突，从而有利于经济增长和居民收入水平的提高（刘晓峰等，2010）。

根据各地不同的情况，应将"扩大户籍"与"降低户籍附带公共福利"结合起来，通过提高市民化政策水平以推动市民化，不断扩大非城市户籍居民的公共服务覆盖范围和服务水平，使其能够在城市长期居住和生活，从而实现农村人口能比较自由地进入城市，为城市发展和农民得到更大的发展创造必要的条件。

三、市民化政策的实施渠道

根据中央及地方政府有关城市落户的相关政策和法规，城市落户渠道总计五类，大致可以归纳为投资、就业、家庭团聚、特殊贡献和其他。每个渠道都有具体的规定细则。据此构造评价落户准入条件高低的系列指标。

（1）从投资来讲，分为实际投资、纳税与购房投资等三项。实际投资附带的具体评价指标为：实际投资总额、每户平均投资额、实际投资落户附带限制条件。纳税项目包括的评价指标为实际纳税额，每户平均纳税额及纳税落户附带限制条件。购房投资附带的具体评价指标包括购房款（面积）总额，每户人均购房额及购房落户附带限制条件。

（2）家庭团聚。包括婚姻、家庭成员及随父或随母落户。婚姻评价指标包括结婚年数、年龄要求、学历和资历、婚姻落户附带限制条件。家庭成员照顾评价指标包括投靠者的年龄要求，被投靠者的年龄要求，必要性要求及家庭成员照顾落户附带限制条件。随父或随母落户包括父或母在本市的户口类型和落户子女的年龄要求。

（3）就业包括高端就业和普通就业。高端就业（人才类）落户评价指标包括最低学术资格要求，就业规范要求及高端就业落户附带限制条件。普通就业落户评价指标包括最低学历要求，最低技能或职称要求，就业规范要求，居住年限要求，住房要求及普通就业落户附带限制条件。

（4）特殊贡献包括获得重大奖项或有优异表现。具体指标有获奖级别、立功级别及获奖或优异表现认定的其他限制。

（5）其他情况包括建制转变和特殊情况。建制转变的评价指标为乡改街道和农地变城镇建设用地。特殊情况的评价指标包括需要特别考虑的落户。

四、市民化政策的实施对象

从上述评价指标可以看出，根据不同群体，市民化的实施对象主要包括四类：农民工市民化、就业市民化、家庭团聚市民化及建制转变等。

实施对象一：农民工。农民工市民化是指农村剩余劳动力先通过各种途径到城市打工，成为城市里的农民工一族，在有了一定积累、能够支付市民化的初始成本后，部分农民工出于追逐城市生活方式或者其他原因而选择在所在城市实现市民化的行为。农民工同样拥有小块土地使用权，但本人不从事耕种，而由家人代耕或转包他人。进城农民工在沿海发达地区主要通过寻找工作获取工资，农民工的工资虽然较低，但是对于农业收入增长缓慢甚至下降的农民工家庭来说，是实现增收的主要渠道，也是维护农村社会稳定的基础。另一方面，农业收入的存在使工资长期维持成为可能，农民工的二重收入相互影响。

实施对象二：农业户籍大学生。农村的学生通过读大学等升学途径解决户籍问题，大学毕业后在城市就业实现市民化的行为。学生升学市民化是当前农民主动市民化的主要模式，资料显示，中国改革开放以来，中专以上毕业后回农村就业的仅为 2.2%，97.8%的人才在城市就业。考虑到即使回农村就业的大学生也大多在农村乡镇企事业单位，基本没有再回农村务农，而他们又基本居住在城镇、解决了农业集体户籍，这就意味着大学生可以看成基本实现了市民化[1]。

实施对象三：农村进城老人或子女。农村的留守老人在子女进城以后，由于年老因素投奔子女养老，或者是农村子女在父母定居城市后，追随父母进城。现实中，由于中国农村老年农民的传统观念，一般能在农村生活者基本不愿意去城市生活，即使随子女去城市养老的农民也大多没有改变户籍实现市民化，所以农村进城子女进城的市民化比例不是太大。另一部分农村进城子女，由于户籍制度的存在，农村子女进城必须缴纳高额的择校费后才能进入城市学校读书，这给农村子女进城带来许多实际的困难。

实施对象四：建制镇的转化。近几年，许多城市都加快了城市扩张的步伐，城市周边的许多近郊农民也由于城市的扩张而失去土地被动地成为城市新市民。由于小城镇扩张发展形成的市民是中国前几年城市化率迅猛提高的主要原因之

---

[1] 参见国家人事部网站，http://www.mohrss.gov.cn/mohrss/Desktop.aspx? PATH=rsbww/sy。

一，但不是目前市民化进一步提高的主要形式，更不会是下一阶段中国城市化率提升的主要模式。实际上，镇区人口和市区人口所享受的政策是完全不同的，关键是要让小城镇的居民和城市的市民享受同样的市民化政策。

目前，中国城市化提升的主体主要是农民工、农村学生和因为建制转变而来的市民[①]。其中，农村学生市民化意愿很强，基本不存在动力提升的研究必要性；而建制镇的转变主要是城镇化规划，并不是制度改善的主要实施对象；农民工由于群体庞大，所占市民化比例却最小，未来农民市民化的重点显然是农民工的市民化问题，因此本书研究市民化政策的立足点是研究农民工市民化，从这个意义上讲，市民化政策研究等同于农民工市民化政策研究。农民市民化的落户与指标评价如表 6-1 所示。

表 6-1　农民市民化的落户与指标评价

城市落户		评价指标	城市落户		评价指标
一级渠道	二级渠道		一级渠道	二级渠道	
投资	实际投资	实际投资总额	家庭	婚姻	结婚年数
		每户平均投资额			年龄要求
		实际投资落户附带限制条件			学历和资历
	纳税	实际纳税额			婚姻落户附带限制条件
		纳税落户附带限制条件		家庭成员照顾	投靠者的年龄要求
		每户平均纳税额			被投靠者的年龄要求
	购房	购房款（面积）总额			必要性要求
		每户人均购房额			家庭成员照顾落户附带限制条件
		购房落户附带限制条件		随父或随母落户	父或母在本市的户口类型
就业	高端就业（人才类）	最低学术资格要求			落户子女的年龄要求
		就业规范要求	特殊贡献	获得重大奖项或有优异表现	获奖级别
		高端就业落户附带限制条件			立功级别
	普通就业	最低学历要求			获奖或优异表现认定的其他限制
		最低技能或职称要求	其他	建制转变	乡改街道
		就业规范要求			农地变城镇建设用地
		居住年限要求		特殊情况	需要特别考虑的落户
		住房要求			
		普通就业落户附带限制条件			

　　注：就业规范要求是指受雇人员与用人单位签订经政府劳动主管部门认可的劳动合同或自雇人士有认可的营业证照。实际投资和纳税落户渠道中，附带限制条件包括有无投资行业类型的限制、有无社保交纳的限制、有无当地住房条件的限制等。购房落户渠道中，附带限制条件包括有无购房类型的限制、有无购房区位的限制、有无购房年限的限制、有无社保交纳的限制等。就业落户渠道中的附带限制条件包括有无行业的限制、有无合同年限的限制、有无社保交纳的限制、有无指标的限制等

　　资料来源：吴开亚等，2010

---

　　① 农村进城老人或子女因为养老或教育问题，追随亲人进城，但是由于传统观念和户籍制度的存在，这一部分市民化的比例较小，从数量上基本可以不考虑。

五、农业转移人口市民化的政策评价

近几年的中央经济工作会议及历次党和政府重要的会议已经对农业转移人口市民化达成了共识，即将全面放开小城镇和小城市落户限制，有序放开中等城市落户限制，逐步放宽大城市落户条件，合理设定特大城市落户条件，逐步把符合条件的农业转移人口转为城镇居民。这不仅是中央提出的明确目标和原则，更是指导推进中国市民化进程作出的具体要求。

结合现阶段市民化的实践，中央政府对市民化的推动作用主要体现在一系列政策措施和制度安排上，具体包括五个方面：一是政策制定和推动。中央政府虽然没有就市民化出台专门系统的政策，但是，在户籍制度改革、引导农业转移人口合理流动方面出台了一系列政策，这些政策有助于推动、引导农业转移人口实现向市民转变。二是通过发展规划推动，尤其是政府制定统筹城乡发展规划、小城镇建设规划、城市扩容规划等，这些规划的出台和实施能有效引导农业转移人口市民化。三是财政税收手段推动。通过政府运用相关财政税收手段，鼓励农民从事非农产业，鼓励城市用工单位做好农业转移人口的聘用及促进建立良好的劳动用工关系，这些手段可以从具体层面有效引导农民市民化。四是政府加快公共服务的提供，为农民提供转化成为市民所需要的公共服务环境。五是社会福利和保障推动。通过提高社会福利和保障食品，为农业转移人口彻底转变为市民提供推动力，为农民提供与市民相同的社会福利和社会保障，也能够直接推进内涵意义上的农民市民化。

从过去的政策制定和初步实践表明，市民化政策是一个责任共担的制度安排，中央政府负责制定市民化方针，地方政府根据方针结合当地情况实施政策。在未来相当长的一段时间里，各城市尤其是大中城市推进市民化必将是中央政府与地方政府共同作用的结果。然而，由于大中城市推进市民化的意愿和能力仍然存在诸多问题，因此，市民化政策在缩小城乡收入差距方面的作用并不令人满意。

《国家新型城镇化规划（2014～2020 年）》提出应该按照尊重意愿、自主选择，因地制宜、分步推进，存量优先、带动增量的原则，以农业转移人口为重点，兼顾高校和职业技术院校毕业生、城镇间异地就业人员和城区城郊农业人口，统筹推进户籍制度改革和基本公共服务均等化。从上述要求可以看出，根据群体不同，市民化的实施对象主要包括三类：农民工、农业户籍大学生及建制转变等①。

根据各地不同的情况，应将"扩大户籍"与"降低户籍附带公共福利"结合起来，通过提高市民化政策水平以推动市民化，不断扩大非城市户籍居民的公共服务覆盖范围和服务水平，使其能够在城市长期居住和生活，从而实现农村人口能比较

---

① 农村进城老人或子女因为养老或教育问题，追随亲人进城，但是由于传统观念和户籍制度的存在，这一部分市民化的比例较小，基本可以不考虑。

自由地进入城市，为城市发展和农民得到更大的发展创造必要的条件。但是，市民化政策实施进程中，出现了一种现象，即大多数地区实施的扩大户籍的市民化政策——"蓝印户口"政策，该政策现在基本上成了各大城市吸纳投资、引进人才、拉升房地产价格的办法，有的城市规定了投资数额，有的规定了购房面积，有的则还规定了进入者的学历标准甚至特殊技能与贡献。这些规定表面上已经推进了市民化，但实质上却是肯定了户籍制度的合理性，由于这种政策对要素具有"选优"作用，从当地政府来看，这种政策带来的收益远比成本要高很多，作为理性的地方政府，当然愿意执行扩大户籍的市民化政策以促进经济增长[①]。然而，这种户籍制度改革的出发点和目的与户籍制度改革真正应该秉持的宗旨背道而驰，强化了城市居民对农民工的歧视，促使城市社会采取更高的进入"门槛"，放慢户籍制度改革和配套改革步伐，推迟了农民工的市民化进程。同时，加剧了社会分割，增加了社会不安定因素，无形之中加大了社会摩擦，提高了社会运行成本。

对此，《国家新型城镇化规划（2014～2020年）》提出逐步使符合条件的农业转移人口落户城镇，不仅要放开小城镇落户限制，也要放宽大中城市落户条件。各类城镇要健全农业转移人口落户制度，根据综合承载能力和发展潜力，以就业年限、居住年限、城镇社会保险参保年限等为基准条件，因地制宜制定具体的农业转移人口落户标准，并向全社会公布，引导农业转移人口在城镇落户的预期和选择。同时，实施差别化落户政策。以合法稳定就业和合法稳定住所（含租赁）等为前置条件，全面放开建制镇和小城市落户限制，有序放开城区人口50万～100万人的城市落户限制，合理放开城区人口100万～300万人的大城市落户限制，合理确定城区人口300万～500万人的大城市落户条件，严格控制城区人口500万人以上的特大城市人口规模。大中城市可设置参加城镇社会保险年限的要求，但最高年限不得超过5年。特大城市可采取积分制等方式设置阶梯式落户通道调控落户规模和节奏。

第二节　市民化政策实施的困境

改革开放以来，对市民化问题的认识基本上经历一个不断深化的过程。从20世纪80年代开始消除农民"离土"的限制，到90年代消除农民"离乡"的限制，

---

① 城市落户渠道总计五类，大致可以归纳为投资、就业、家庭团聚、特殊贡献和其他。每个渠道都有具体的规定细则。注：就业规范要求是指受雇人员与用人单位签订经政府劳动主管部门认可的劳动合同或自雇人士有认可的营业证照；实际投资和纳税落户渠道中，附带限制条件包括有无投资行业类型的限制、有无社保交纳的限制、有无当地住房条件的限制等；购房落户渠道中，附带限制条件包括有无购房类型的限制、有无购房区位的限制、有无购房年限的限制、有无社保交纳的限制等；就业落户渠道中的附带限制条件包括有无行业的限制、有无合同年限的限制、有无社保交纳的限制、有无指标的限制等。

然后再到 21 世纪允许农民在城镇定居转变，市民化政策取得了重大调整。但总的来看，推进农民市民化的长效机制还没有形成，农民进得了城但留不下的问题仍很突出，市民化还没有真正从制度上形成，没有从根本上摆脱城乡分割二元体制的影响，仍面临许多现实中的困境，突出表现在以下几个方面。

一、城乡收入差距长期过大

目前，市民化面临的最大困境是制度层面的障碍，尤其是城乡户籍制度及其相关的一系列制度安排，包括教育、医疗、就业与社会保障制度，这样的制度安排造成市民化的壁垒，并导致城市户籍居民对城市农民工的排斥，这使得大量的农民工在经济社会发展的各个方面不能公平地享有与城市户籍居民相同的公共服务和发展机会，进而导致不能顺利实现市民化。而从现阶段农民工市民化的政策方面来看，大多数相关政策只是局限于相对容易、层次较低的领域，许多深层次的障碍并未触及，制度运行成本仍然偏高，市民化道路踟蹰不前。

与户籍制度相关，设置就业制度、教育制度、社会保障制度等也存在着种种制约因素和障碍。如在社会保障制度方面，仍然保持了城乡分割的二元格局，城乡居民之间存在着明显的差别：只有具有城镇户口的市民才可以享受到最低生活保障、养老保险、医疗保险、失业保险等社会保障待遇以及住房补贴等社会福利津贴等，而农村居民不仅缺少失业保险与工伤保险，而且较城市而言，农村社会保障的保障力度较小。在市民化过程中的农民虽然已经进入城市，但是却不能享受城市居民的社会保障和社会福利。

从中国城乡公共产品供给情况看，由于历史上城乡分治的原因，中国城乡公共产品供给呈现典型的二元特征，城市公共产品主要由政府提供，乡村公共产品几乎全部由农民自己负担。由于公共产品非竞争性和非排他性的属性，导致乡村公共产品供给严重不足。21 世纪以来，尽管国家加大了对乡村公共产品的投入力度，但由于历史欠账太多，短时间内很难达到城市的供给水平。

在公共产品供给方面的城乡差距主要表现在以下方面：一是乡村和城市基础设施投入差距大。城市基础设施投入全部来自于中央政府和各级地方政府，而农业和农村基础设施主要由当地农村居民自己出资建设，城乡基础设施投入差距巨大。此外，除了基础设施建设外，城市还有较为完备的基础设施管护机制和经费持续投入，农业和农村基础设施普遍缺乏后续的管护投入，如近年来一些农村地区农业水利设施投入欠缺，给农业生产发展、农民增收带来的严重影响。二是乡村和城市教育差距大。教育资源在乡村和城市之间配置严重不均衡，乡村教育在师资力量、教学环境、教育设施方面与城市教育差距很大。2010 年，与城市中学生相比，农村中学生享受到的国家中学教育经费占比过低；教育投入上的巨大差距导致了城乡人力资本的差异，农村人口中初中及以上文化程度的比例不足 50%，远低于城市 70% 以上的水平。三是乡村和城市医疗卫生水平差距大。2010 年，占总人口一半以上的农村人口占政府卫生投入的比例不足 20%，老少边穷地区缺医少药的现象非常普遍。农村每千人拥有卫生技术人员仅为 1.1 人，每千人拥有病床为 0.96 张，不足城市水平的 3/4。农村开展的新型农村合作医疗制度，无论在报销比例、保障水平还是覆盖病重上都与城镇职工医疗保险水平有非常大的差距。四是乡村和城市社会保障水平差距大（表 6-2）。截至 2012 年，中国城市已基本建立了较为完备的社会保障制度，包括医疗保险、养老保险、工伤保险、失业保险、生育保险在内的社会保险制度（五险），低保和社会救助制度，住房公积金、经济适用房、两限房、廉租房等住房保障制度。而农村仅包括农村医疗、农村养老的社会保险制度，以及五保户、低保户的社会救济制度。此外，农村医疗、养老等社会保障制度尚无法与城市医疗和养老制度衔接，覆盖面和保障水平远不及城市。

表 6-2　城乡基本保险的对比

农村	城镇
新型农村合作医疗	城镇居民医疗保险（或城镇职工医疗保险）
农村危房改造	城镇居民住房保障
农村养老保险（失地农民为主）	城镇职工养老保险
—	城镇职工失业保险
计划生育保险	城镇职工生育保险
—	城镇职工工伤保险

构建统筹城乡的公共产品供给机制，要在公共产品供给机制的各个环节开展制度创新。要改革城乡公共财政筹集方式，加大国家财政对农业和乡村公共产品的投入，减轻农民在公共财政和税收中的负担；要改革公共财政在城乡区域的分配办法，改变城市偏向的公共财政分配格局，将公共财政更多地投向农业、农村和农民，在基础设施、教育、医疗、社会保障等方面加大对"三农"的投入，建立城乡统一的公共产品投入机制，让广大农村共同享受公共财政的阳光；要改革城乡公共产品的供给决策机制，制定符合农村实际的办法，提高决策效率与供给水平；要改革对乡村公共产品投入资金的监督管理机制，特别要发挥广大农民群众的积极性，建好、管好、用好、监督好各类基础设施和公共产品；要改革城乡公共产品的消费和使用机制，提高城乡公共产品使用效率，提高农业劳动生产率和农民收入水平，以统筹城乡公共产品供给机制进一步促进统筹城乡发展。

城乡差距的本质是城乡劳动生产率的差距，而乡村公共产品供给水平长期低于城市公共产品供给水平是导致城乡生产率差距的重要根源。从这个意义上来讲，城乡公共产品供给水平的差距是导致城乡二元结构的重要原因。因此，改革城乡公共产品供给制度、统筹城乡公共产品供给非常必要和迫切。

二、市民化成本较高

推进农业转移人口市民化除了需要进行相关制度创新，逐步取消户籍制度、就业制度、社会保障制度、土地制度等二元体制障碍外，还需解决农业转移人口享有城镇基本公共服务的公共成本和社会成本问题。对农业转移人口市民化成本的测算是构建农业转移人口市民化成本分担机制的基础，也是确定各级政府职责的重要依据。事实上，很多人反对户籍制度改革，一个重要的依据就是担心给予农民工平等的市民待遇会加重城市的财政负担，而许多地方户籍制度改革中途夭折的一个重要原因也是由于地方公共财政难以为更多的农民工及其家庭提供更多的公共支出，如城市基础设施、教育、住房、社会保障等。如果城乡分割的制度得以改变，农民工进城后能够得到平等的公共服务，那么，农民工的迁移决策就会从短期迁移、单人迁移变为长期迁移、举家迁移。很显然，在一定时期内，任何地方政府要承担如此巨额的经济成本，超出社会承载能力，是有很大难度的。因此，依据《国家新型城镇化规划（2014～2020年）》测算农业转移人口市民化的公共成本将成为下一步的重点研究内容。

早在2004年，陈广桂（2004）就提出农民市民化是解决农民问题的唯一出路，但实现农民市民化需要付出较高的成本，这是从早期西方国家工业化发展历程中农民市民化所付出的高代价中得出的一般性结论。作者利用2001～2003年的相关统计数据对生活成本、智力成本、自我保障成本、住房成本等农民市民化的私人成本进行了测算，发现中国超大城市、大城市、中等城市、小县城、农村小城镇的生活成本占家庭总成本的比例分别为51.6%、57.2%、66.1%、67.2%、78.8%，住房成本占总成本的比例分别为41.5%、38.1%、27.6%、26.8%、19.7%，作者得出的结论是生活成本随城市规模的扩大而递减，住房成本随城市规模的扩大而递增，由房价虚高导致房屋租金的传导性虚高是构成中国农民市民化成本过高的主要经济因素。

2005年，中国科学院可持续发展战略研究组（2005）对中国城市化的成本进行了分析与测算，将城市化成本分为个人发展成本和公共发展成本。其中个人发展成本包括个体从农村劳动者向城市居民转化所应付出的基础成本、生存成本、生活成本、智力成本、社保成本和住房成本；而公共发展成本则是指城市化进程中为保障城市健康协调发展所必需的城市内/城市间的基础设施、社会协调、公共环境、生态建设等基本功能要素的成本。课题组预测到2050年，中国城市人口将达到10亿～11亿人，依照城市化"成本-收益"分析，每进入城市1个人，需要"个人发展成本"1.45万元/人，"公共发展成本"1.05万元/人，总计每转变一个农民成为城市居民需支付社会总成本约2.5万元/人。

上述研究主要是针对农民市民化成本的研究，但农民市民化与农民工市民化及农业转移人口市民化存在一定的区别。因此，农民市民化成本的外延要比农民工市民化成本大。换言之，中国亟须关注的是"农民工市民化"问题，而不是泛泛意义上的"农民市民化"问题。张国胜（2009）认为，人口城市化的成本主要是指随城市人口的增加，政府为解决相应的城市化人口所花费的经济投资数量，一般包括城市各项设施建设的投资成本以及为了解决这些城市新增人口的就业问题必须创造的就业岗位所产生的投资成本；农民工市民化社会成本要比人口城市化成本更为庞大。其实，人口城市化是农村人口转为城市人口的过程，人口城市化的基本途径有招生考大学、投靠亲属、投资购房、进城打工等。2009年"农业转移人口"概念的出现，实际上出现淡化甚至淘汰"农民工"概念的取向，也展露出缩小城乡二元差异的政策方向。

张国胜（2009）借鉴人口城市化成本计算方法，采用市辖区的人均城市生活成本、人均教育成本、人均社会保障成本、人均城市住房成本、人均基础设施成本5个指标，测量出全国43个城市的农民工市民化成本，并按地区和类型归纳得出：东部沿海地区第一代农民工与第二代农民工市民化的社会成本分别约为10万元与9万元，内陆地区的第一代农民工与第二代农民工市民化的社会成本分别约为6万元与5万元。

中国发展研究基金会发布的《中国发展报告2010：促进人的发展的中国新型城市化战略》认为，中国当前农民工市民化的平均成本在10万元左右。

周小刚（2010）以江西省为例，通过城市人均固定资产额、养老保险成本年支出额、人均医疗保障成本、人均失业保险金支出成本、农民工子女转为市民子女的人均教育成本支出和城市人均公共管理成本6个指标，计算出江西平均每增加城市人口1人公共成本约为3.6万元。若以2008年在江西省内就业的123.64万农民工和30.91万农民工子女计算，农民工市民化总公共成本达到439.97亿元。农民工市民化私人成本方面，养老保险个人支出成本平均100元/年，平均增加的消费成本为5693.8元/年，购房成本大约为18.5万元，年均机会成本为3911.32元。

国务院发展研究中心课题组（2010）对重庆、郑州、武汉、嘉兴4个城市进行了调研测算，他们采用义务教育（包括小学生、中学生、校舍）、居民合作医疗保险、基本养老保险、民政部门的其他社会保障（包括意外伤害保险、低保、医疗等救助、妇幼保健等、孤寡老人）、城市管理费用和住房6个项目，分别得出4个城市的总成本。结果发现，按照2010年不变价格计算，农民工市民化的政府公共成本约为8万元/人。但去除养老保险的远期支出后，即期平均成本为4.6万元/人左右。因此，农民工的市民化成本并非不可承受，关键在于政府的行动能力。

周晓津（2011）提出，农民工市民化的最低成本可以简便地表示为：（广州市居民预期人均寿命–农民工市民化时的年龄）×城市居民人均年消费支出金额。

经过他的计算，一个农民工从 2006 年开始成为广州市民后，其一生必须支付的成本为 562 431 元。

许玉明（2011）测算了重庆市农民工市民化的制度成本，包括城镇养老保障和城市人口增加带来的基本公共服务设施建设成本。农民工市民化主要对象包括征地农转非人口（城市空间拓展）、农村转移劳动力及其总供养人口和农村城镇化建制改革带来的农转非人口。作者测算结果为：农民工及其总供养人口养老基金投资 1 亿～21 亿元，占财政收入比例为 0.02%～1%。按 50% 的家庭需政府提供租赁住房计算，农民工居住解决需求量约为 82 万套。未来 10 年主城区约需提供 50 万套公租房总建设规模为 2500 万平方米左右，需要建设用地（包括住房和公共用地）490 平方千米，投入城市建设资金 1225 亿元。

周向东（2012）将农民工市民化转型成本分为个人成本和公共成本两部分，其中个人成本包括等同于城市居民的生活成本、住房成本、放弃农村耕地的机会成本；公共成本包括城市基础设施建设成本、社会保障成本、随迁子女义务教育差异成本，测算得出重庆市农民工市民化转型成本为 11.22 万元，其中，转型成本主要集中在城市住房成本（38%）、城市基础设施建设成本（30%）两个方面，其次为社会保障成本（15%）。同时，作者对河南、江苏、辽宁的农民工市民化转型成本进行了测算，分别是 9.55 万元、13.62 万元、11.30 万元，得出的结论是中、西部地区农民工市民化转型总体要低于东部地区，这是由东部地区城乡差距较小所致。

申兵（2012）对浙江省农民工集中流入地宁波"十二五"时期农民工及其家属市民化的成本进行了测算。测算表明，地方政府为农民工提供与本市户籍居民同水平的子女义务教育、公共卫生、就业培训、社会保障和改善住房条件等公共服务，人均需投入 13 507.4～25 507.4 元。

徐红芬（2013）对郑州市农民工市民化成本的测算结果表明，人均城镇化基础设施建设成本为 1.29 万元；人均城镇公共管理成本为 0.34 万元；社会养老保险年均支出为 2.16 万元；人均社会保障成本不低于 2.16 万元；随迁子女教育成本为 0.035 万元；保障性住房成本为人均 0.25 万元。社会养老保险成本是农民工市民化的最主要的成本，超过总成本的 1/3，城镇化基础设施建设及公共管理成本是农民工市民化的第二大成本，占总成本的 1/4 左右。

张占斌等（2013）假定一次性将现已在城市居住的农村转移人口全部市民化，以 2011 年不变价格计算，为将现有已在城市居住的农村转移人口（15 863 万人）市民化，财政将新增支出 18 091.58 亿元。如果将计算范围扩大到现有的 2.6 亿农村转移人口，则计算结果将增大到 29 651.76 亿元。

根据华夏新供给经济学研究院农民工转型课题组于 2015 年的测算，中国现有农民工存量约 2.74 亿人左右。按照"两个百年"的时间规划，2014～2020 年，中国年均农民工市民化数量约为 3629 万人左右。2021～2049 年，年均约为 955 万人左右。当假定在岗职工工资年均增长率分别为 7%、8%、9% 时，农民工市民化的人均成本分别为 57 705 元、99 911 元和 157 055 元。

由中国社科院发布的《中国农业转移人口市民化进程报告》测算表明，目前中国农业转移人口市民化的人均公共成本约为 13 万元。其中，东、中、西部地区人口转移的公共成本分别为 17.6 万元、10.4 万元和 10.6 万元。这部分公共成本主要是政府为保障农业转移人口市民化而在各项公共服务、社会保障和基础设施新扩建等方面所需增加的财政支出。进入城镇的个人每年平均需要支付 1.8 万元的生活成本，还需要一次性支付 10 万元左右的购房成本；年人均公共服务管理成本为 806 元；年人均城镇建设维护成本为 677 元；社会保障成本人均为 4.14 万元；农民工随迁子女人均新建学校和义务教育成本为 1.42 万元；人均保障住房成本为 1.20 万元；假设公共成本是由政府来承担，每年解决 2500 万人城镇化，政府每年一次性支出约 6500 亿元，相当于中国 2012 年公共财政支出的 5.5%，课题组认为中央和地方政府是可以承担的。上述研究的特点是：

（1）从研究方法上来看，大多采用人口城市化角度，通过计算城镇人口的人均公共支出水平与人均消费水平来计算农业转移人口市民化的公共成本和个人成本，由于研究样本的范围、抽样时间的不同，所测算出的结果也不尽相同。但这种以实现农业转移人口数量为主要目标的测算方法并不能反映《国家新型城镇化规划（2014～2020 年）》中关于新型城镇化的主要指标。《国家新型城镇化规划（2014～2020 年）》中明确提出，到 2020 年城镇化水平、基本公共服务、基础设施、资源环境等主要指标所要完成的具体目标，这也是测算农业转移人口市民化公共成本的主要依据。本课题关于农业转移人口市民化公共成本的测算方法不同于以往人口城市化的测算角度，而是以《国家新型城镇化规划（2014～2020 年）》提出的新型城镇化主要指标为依据，测算完成这一目标所需的公共成本。

（2）从农业转移人口市民化成本的具体内容来看，现有研究多是将市民化成本分为公共成本和私人成本两部分，进而测算市民化的总成本，较少聚焦于市民化公共成本的测算（表 6-3）。关于公共成本的内容尚未统一，一般而言，公共成本包括农民工市民化过程中，为保障城镇健康协调发展所必需的城市内的基础设施、社会保障、生态环境与公共管理等基本功能要素的投资成本。部分文献测算采用核算的方法测算了不同视角下农民工市民化的费用（张继良和马洪福，2015），也有文献考虑由城乡二元制度引起的制度性成本（黄锟，2011）。农业转移人口市民化成本的具体内容的不同，也导致现有相关研究关于成本测算结果的不一致。《国家新型城镇化规划（2014～2020 年）》中提出政府要承担农业转移人口市民化在义务教育、劳动就业、基本养老、基本医疗卫生、保障性住房以及市政设施等方面的公共成本。并详细罗列基本公共服务、基础设施、环境资源的具体指标，其中城镇失业人员、农民工、新成长劳动力免费接受基本职业技能培训的基本公共服务是现有关于农业转移人口市民化成本测算相关文献中所不曾涉及的指标。

表 6-3　农业转移人口市民化成本的部分测算结果

测算单位	年份	测算结果	资料来源
中国科学院	2005	每进入城市 1 个人，需要"个人发展成本"1.45 万元/人，"公共发展成本"1.05 万元/人，即每转变一个农民成为城市居民需支付社会总成本约 2.5 万元/人	《中国可持续发展战略报告》
建设部调研组	2006	每新增一个城市人口需要增加市政公用设施配套费：小城市为 2 万元，中等城市为 3 万元，大城市为 6 万元，特大城市为 10 万元（不含运行和管理成本）	《农民工进城对城市建设提出的新要求》
张国胜	2009	东部沿海地区第一代农民工与第二代农民工市民化的社会成本分别约为 10 万元与 9 万元，内陆地区的第一代农民工与第二代农民工市民化的社会成本分别约为 6 万元与 5 万元	《基于社会成本考虑的农民工市民化：一个转轨中发展大国的视角与政策选择》
国务院发展研究中心课题组	2010	一个农民工市民化需要政府投入的成本为 8 万元（2009 年不变价）	《农民工市民化的成本测算》
中国发展研究基金会	2010	中国当前农民工市民化的平均成本在 10 万元左右	《中国发展报告 2010：促进人的发展的中国新型城市化战略》
中国社科院城市发展环境研究所	2013	农业转移人口市民化的人均公共成本约为 13 万元	《中国城市发展报告》
中国社会科学院	2014	中国农业转移人口市民化的人均公共成本约为 13 万元	《中国农业转移人口市民化进程》
华夏新供给经济学研究院农民工转型课题组	2015	当假定在岗职工工资年均增长率分别为 7%、8%、9% 时，农民工市民化的人均成本分别为 57 705 元、99 911 元和 157 055 元	农民工转型成本研究

三、农民工缺乏社会资本

在城乡分割的二元体制下，城市政府和市民为维护他们既得的利益，对农民工采取的是"经济上接纳，社会上排斥"的政策。对于进城农民工来说，没有城市户口，人力资本素质普遍比城市居民低，一般只能在非正规劳动力市场就业，是游离于城市的"边缘人"。农民工的社会资本主要存在于以地缘、亲缘和血缘为纽带的较为封闭的社会关系网络中，生活方式、职业选择、思维观念以及聚居环境不应该受到阻碍；第三层是结果意义上的收入平等，即要缩小社会成员之间的收入差距，实现收入水平的公正、平等。弗里德曼（1958）认为，在机会均等和权利平等的前提下，"在一个自由市场的社会里，收入分配的直接的道德原则是：按照个人和他拥有的工具所产生的东西进行分配"。而收入分配过程又与个人天赋、出身、机遇和努力程度有关，因此"根据产品计酬的资本主义制度能够而且在实际上也是具有相当程度的收入和财富不均等的特征"。在具有流动性和竞争性的自由企业的资本主义社会里，不均等本身促进社会进步和经济发展。

农民工市民化的人力资本是指通过教育培训、健康投资和劳动力迁移流动等形式投资所形成的农民工市民化的各种能力的总和，具体包括：农业向非农业职业转化；获得稳定就业和收入；身份转换和融入城市。农民工的人力资本主要是在基础教育的基础上进行实践式积累（如"干中学"）和教育式积累（如职业技能培训）。一般来说，农民工人力资本积累和投入质量越高，其非农就业能力和市民化的能力就越强。农民工由于人力资本投入和积累不足，在城乡二元体制分割的劳动力市场，一般只能在非正规部门就业，同时面临城市生活成本较高和工资收入较低。

"城""乡"的概念在人们的脑海中依旧根深蒂固。对于城市居民（包括一部分城市决策者和执法者）而言，对农民工存在观念上的偏见和行为上的歧视。市民对农民工的偏见和歧视，不可避免地会影响政府决策者作出不利于农民工的城市排斥决策，使本来就不太适应城市生活的农民产生强烈的自卑感与反市民化的倾向，表现出"文化抗拒"。从而缺乏对城市生活的认同感和归属感，农民厌恶城市，产生怀旧心理。从农民自身的主体角度来看，首先农民自身在观念上比较陈旧，"小农意识"根深蒂固，固化的传统已经成为集体无意识。而且，思维观念深入并不承认或欢迎城市快节奏、讲求时间与效率的工作和生活方式，对竞争持回避态度，农民思想观念越保守，越不有利于转变为市民。再加上受教育水平较低，对经济社会发展的趋势不能理性分析和准确判断，因此也就失去了寻求发展的方向和动力，从而也丧失了积极市民化的权利诉求。

这与农业转移人口自身素质有直接关系，或者说，农民工自身素质低下是市民化进程缓慢的基本内因。这不仅是进城农民能够在城市找到工作、在城市立足的重要条件，同时更是农民工自我发展乃至融入市民社会、最终取得市民资格不可缺少的成功因子。综合素质较高的农民工，进城后一方面容易获得较多的就业机会，容易取得相对稳定的职业和收入，另一方面又容易融入市民社会，培育市民观念，承担市民义务，得到市民社会及其管理者的认同。目前城市农民工虽然大多数年富力强，具有一定的文化水平，一部分人甚至还是农村的精英，但他们总体上的文化技术水平和能力素质不高，转移能力弱，进城就业竞争力低。

从图 6-1 可以看出，不管是新一代还是老一代农民工，总体文化程度不高、职业技能缺乏，这造成职业选择和就业空间狭小，大多只能在劳动密集型企业中从事技能要求不高的生产性劳动，尤其是制造业、建筑业和服务业。在新生代农民工里大多数没有接受过技术培训，即使参加过一些培训，也大多是短期培训，仅有少部分新生代农民工接受过中等职业技术教育，并且有专业技术职称（图 6-2）。

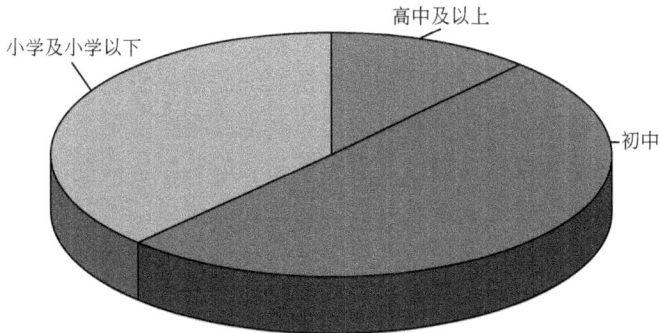

高中及以上

小学及小学以下

初中

图 6-1　中国农民工文化水平构成

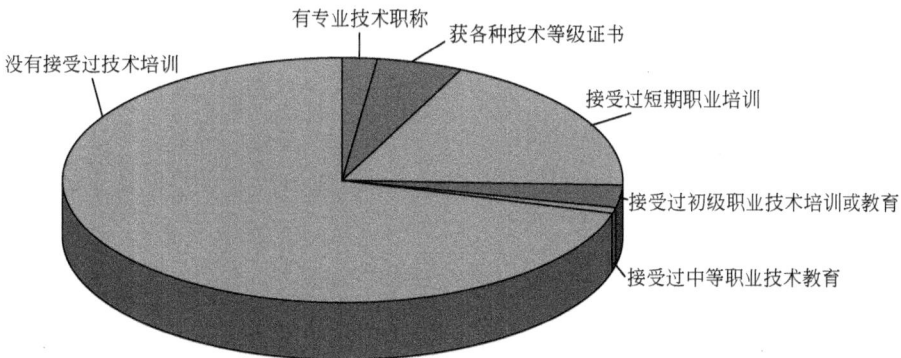

有专业技术职称

获各种技术等级证书

没有接受过技术培训

接受过短期职业培训

接受过初级职业技术培训或教育

接受过中等职业技术教育

图 6-2　新生代农民工技术培训情况

四、市民化对象差异较大

在市民化政策的实施对象中，从地域来源上大概可以划分为两类人口：本地农村人口和外来农村人口。从目前看，本地农村人口在当地直接转为城镇人口的阻力主要在于农民自身意愿。因为在沿海发达地区和大城市郊区，当地农民对土地升值的预期较高，而且还享受集体的各项福利，转为城镇居民的愿望并不高。在城市拆迁涉及的"农转非"问题，大多是通过利益谈判来解决。但对于外来人口，由于公共品供给区域化和地方化的格局，强化了跨省流动农民工市民化的难度，各级城镇政府对待外省农民工往往持消极态度，因为通过解决他们的户口问题而获得土地农转非的即期利益并不明显。再者，外来人口作为城市廉价劳动力已是事实，且大多属中低收入人口，城镇政府一般不愿意解决他们的户籍问题，因为会给财政带来更大负担，增加了新增人口，等于分摊了原来户籍人口的福利支出，自然也会遭到原城镇户籍人口的反对，并通过各种舆论和所谓民意渠道反馈到城镇政府，进而影响政府决策。

以扩大户籍的市民化政策为例，扩大户籍很容易造成地方政府推进市民化行为的更大偏差。近年来，大多数地区实施的扩大户籍的市民化政策——"蓝印户口"政策，该政策现在基本上成了各大城市吸纳投资、引进人才、拉升房地产价格的办法，有的城市规定了投资数额，有的规定了购房面积，有的则还规定了进入者的学历标准甚至特殊技能与贡献。这些规定表面上已经推进了市民化，但实质上却是肯定了户籍制度的合理性，由于这种政策对要素具有"选优"作用，从当地政府来看，这种政策带来的收益远比成本要高很多，作为理性的地方政府，当然愿意执行扩大户籍的市民化政策以促进经济增长。然而，这种户籍制度改革的出发点和目的与户籍制度改革真正应该秉持的宗旨背道而驰，强化了城市居民对农民工的歧视，促使城市社会采取更高的进入"门槛"，放慢户籍制度改革和配套改革步伐，推迟了农民工的市民化进程。同时，加剧了社会分割，增加了社会不安定因素，无形之中加大了社会摩擦，提高了社会运行成本。

第七章 理论分析：市民化影响城乡收入差距的经济效应

城乡分割这一制度性因素不仅影响了城乡居民之间的收入差距，而且，还通过户籍制度影响到了在城镇内部有无城镇户籍的居民之间的收入差距。

第一节 双重二元结构造成了城乡收入差距

一、传统城乡二元结构造成了城乡收入差距

二元结构首先表现为经济结构的二元化特征，即城乡二元经济结构。它是指以社会化生产为主要特点的城市经济和以小生产为主要特点的农村经济并存的经济结构。作为一个发展中的大国，由于经济战略措施上的特殊化，中国的二元经济结构特征比一般的发展中国家更为突出，是城乡差距扩大的主要原因[①]。20世纪50年代，中国选择了城乡分割的二元户籍制度，在城市实施优先发展重工业的工业化战略，而在广大农村，大量的农民从事效率低下的传统农业，收入增长十分有限。长期以来，中国国民收入分配形成了"城乡分割，重城市，轻农村，重工业，轻农业"的分配格局，初次分配中实行工农产品价格差制度，以"剪刀差"形式过度掠夺农业和农民，将农村居民的部分收入转移至城镇。此外，通过严格的户籍制度将农民束缚在土地上，直接导致了城乡居民在获取收入方面的起点的严重不平等。

虽然城乡二元政策在特定的历史期间曾经有效地推动了中国城市的快速起步和发展，但这种以剥夺农业剩余、牺牲农业和农村为代价的经济制度无疑对城乡差距起到了推动作用。同时，户籍制度附带了大量的公共福利，使得其成为社会资源在农村居民与城市居民之间进行分配的工具，不仅加剧了城乡二元分化，而且造成了城市经济高速发展和农村绝对贫困化。而且，由于中国目前所处的经济社会转型的特殊阶段，政府必须为经济发展提供大量社会基础设施等公共产品，再加上教育、医疗、就业、文化、卫生事业历史欠账较多，因此需要大量的公共

[①] 一些实证研究也表明城乡差距主要是由城乡分割的二元经济结构决定的（国家统计局农调总队课题组，1994）。

物品的支出。如果国家财政支出惠及民生不足，将加大居民负担①。在收入未能得到有效增长的情况下，导致居民可自由支配的实际收入减少，直接影响居民收入水平和生活质量。特别是在教育、医疗卫生、住房保障等关系居民生活的支出中，中央财政的支出远远小于地方财政支出。而地方由于财力不足，加之地方官员政绩思想严重，无疑加大了居民生活负担。可以说，城乡收入差距问题已经成为中国目前城乡二元结构之下各种深层次问题的集中反映。

城乡二元结构体制造成城乡收入差距扩大的具体表现有以下几个方面。首先，中国快速的经济增长是不均衡的增长，也就是说，并没有实现城乡统筹发展，相对于城市的发展速度，农村仍然处于相对落后的状态，导致城乡之间发展的状态割裂，城市居民在收入水平不断增加的同时，农村居民收入水平却一直处于较低水平，仅仅维持在生存与基本生活保障，没有发展的初始条件。这使得农业与非农产业、城乡二元结构转换较慢，人口流动受到诸多限制，阻碍了城镇化的进程，城乡差距进一步扩大。其次，城乡二元经济结构体制造成了城乡居民劳动生产率方面的巨大差异。由于城乡二元结构的存在，农业生产率始终较低，一时难以与城市中的工业部门相比，由于技术进步的影响，城市中工业部门的生产率越来越高，而农村地区的劳动生产率并未有较大的提高，这就造成了城乡之间劳动生产率的高低差异，在当前的经济高速增长时期，这一趋势愈发明显。最后，城乡二元经济结构体制决定了中国的农业户籍人口在享受教育、医疗、就业及社会保障等基本公共服务上，与城市户籍人口存在较大的不平等，这些不平等进一步导致了农村居民在今后的发展中获取发展条件和机会方面与城镇居民的差距不断扩大，而且这种差距不仅普遍存在于中国广大的城乡范围之内，而且还出现了一定的代际性，对今后中国劳动力素质的提高以及整个民族素质的提升都造成了巨大的负面影响。以上论述表明，一系列靠政府强制性的制度维系的二元经济结构体制与政策是导致中国城乡收入差距扩大的主要因素。

二、城市内部二元结构强化了城乡收入差距

中国的城乡收入统计是以户籍制度为统计基础的，考察城乡收入差距的构成也必须以户籍制度作为基础判断，大量的农业转移人口进入城市，只是空间和职业上的变化，没有从实质上改变户籍制度，当然也没有改变户籍制度本身所附带的公共服务。那么，随着农业转移人口不断进入城市，就形成了这样一种局面，曾经占主导地位的城乡二元结构矛盾依然存在，在一个城市内部，外来人口与本地居民之间由于所享受的公共服务不同，新的城市内部的二元矛盾又已浮现。城

---

① 由户籍制度化带来的对农村居民的歧视造成了城乡之间反效率的不平等收入分配。日益增加的收入分配不仅限制了市场的范围，阻碍了劳动分工的演进，而且产生了不满情绪。

市中外来人口由于没有城市户籍，享受不到各种福利待遇，在工资水平基本相同的前提下，外来人口与本地居民的贫富差距也是越来越大。而且，由于大量的农业转移人口进入城市，竞争的压力和短期内难以适应的城市文明，导致了一系列社会矛盾的产生，而且这些纠纷往往得不到公正处理。长期下去，对经济社会发展极为不利。这是因为地方政府和原有城市居民出于自身利益的考虑，促使城市社会采取更高的进入"门槛"，强化了城市居民对农民工的歧视，放慢户籍制度改革和配套改革步伐，推迟了农业转移人口市民化进程，这将加剧社会分割，增加社会不安定因素，无形之中加大了社会摩擦，提高了社会运行成本，从而导致城乡发展结构失衡，拉大城乡收入差距。

从城市内部二元结构的构成来讲，主要源于两个方面。一方面，从原有城市户籍居民来讲，长期以来，政府给予了户籍居民过高的福利水平，包括各类公共基础设施以及教育、医疗、就业及社会保障方面，甚至还包括各项隐含的公共福利。另一方面，从地方政府来讲，理性的政策选择是通过运用行政手段获取优质生产要素资源，并将其纳入自身的公共服务支出系统，而将外来人口及其家庭排斥在社会成本较高的"城市福利"之外。城市内部二元结构形成的两个方面，也是当前市民化政策实施的阻力所在。

从中国目前行政体制运行情况来看，城市级别越高，城市内部二元结构的形成也就越固化，城市的门槛也就越高，即城市发展所要求的人口素质和生产要素质量也就越高，城市筛选机制也就越明显。可见，城市内部二元结构随着户籍制度而产生，又随着这项制度的运行而维持，当然也将随着这项制度的逐步失效而消失，因此，户籍制度是造成中国城市内部二元结构的关键制度。

城市二元结构看似只是城市内部的矛盾，其实，对农业转移人口自由流动的限制作用十分明显，对农村发展而言更是有弊无利，不仅起不到缓解农村"人地矛盾"的作用，反而把社会的发展成本转嫁到农村，进一步扩大了城乡收入差距。因为户籍改革的步伐缓慢，农民虽然可以进城打工，但被户籍制度阻碍，不能成为市民，从而使农村劳动力转移进程中断。这不仅不能从实质上减少农民的作用，而且不会对土地集中规模化经营起到促进作用，更达不到发展现代农业，富裕农民的目的。不能在城市定居的农业转移人口只能回到农村，因此，就要保留原来在家的承包土地和宅基地，并且将自己的家庭留在农村，这会带来高额的流动成本和严重的社会问题。从一个人的工作时间段来讲，农民工个体将最宝贵的青春年华贡献给了城市，却将教育与养老等社会成本留在了农村，显然，这不利于城乡统筹发展的原则，当然也将扩大城乡收入差距。

从上面的分析可以看出，从城市的长期发展来看，城乡内部二元结构比城市二元结构更需要重视，换言之，城市内部二元结构对城市发展的影响更大。而且，从城市自身发展的公共政策制定角度，重视城市内部二元结构也是理所当然的。

第二节　市民化政策影响城乡收入差距的经济学分析

一、城镇化影响城乡收入差距的经济学分析

中国作为一个发展中大国，存在典型的城乡二元结构，根据二元结构经典理论，发展中国家在经济发展初期，传统农业部门与现代工业部门并存，与传统农业部门相比，现代工业部门的技术较为先进，劳动生产率较高，工资水平较高；同时，传统农业部门由于存在过剩劳动力，导致传统农业部门的劳动生产率较低，劳动生产率的差异必然会导致工资的差异，无论是实际收入差距还是预期收入差距都是大量劳动力从农村转移到城市的主要力量，进入城市的农业转移人口在城市能够获得比农村更高的劳动报酬，城乡收入差距也将因此不断缩小。

在这个过程中，地方政府为了本地区发展，对劳动力供给存在一定的需求，大多数城市政府积极接收外来劳动力进入本地区，再加上中央对全面统筹城乡和区域平衡发展的政策，使得地方政府逐步放宽劳动力流动政策，为农村劳动力进城打工和居住创造了好的政策环境。这样一来，大量的农民工进入城市，填补了城市大量的岗位缺口，为城市劳动力市场注入了竞争的活力，推动了劳动力市场的发育和转型，为城市的发展作出了重要贡献，同时也正是由于农村劳动力向城市的流动，大大加快了城镇化进程。在这个过程中，尽管农民工在工资和福利方面受到一定的歧视，但是获得的收入水平却不断提高。

从城镇化影响城乡收入差距的影响途径来看，主要集中在三个方面。首先，随着城镇化水平的提高，城镇劳动供给量的增加将加剧劳动力市场的竞争，进而降低城镇劳动者的工资水平。换言之，城镇化进程使农民工资性收入的增长存在较大空间。其次，随着城镇化进程的加快，大量的农村剩余劳动力向城镇转移，人均土地拥有量增加使得土地的规模经营和农业的产业化经营成为可能，农村建设用地的流转，既有利于城乡土地资源的有效配置，在总量不变的前提下实现结构优化，提高了农业生产的效率，也使乡村集体组织和农民能够从土地要素中获得财产性收入，农民的收入水平将相应地提高。最后，随着城镇化的快速推进，城市数量不断增加，城市规模不断扩大，这将相应地增加对农产品的需求，导致农产品价格上升，农民的收入也将因此而增加。简言之，首先，能有效转移农村人口，直接增加农民收入；其次，能够缓解农村人多地少的矛盾，通过节约大量耕地，提高劳动生产率；最后，能发挥城市辐射作用，带动农村经济发展，这将有利于转移农村剩余劳动力，增加农民收入，进而缩小中国城乡收入差距。

从另一方面来看，我们也可以辩证地发现城乡二元结构为城镇化缩小城乡收入差距提供了依据。从生产环节来看，城镇化使产业结构和就业结构发生转变，

进而作用于城乡收入差距机制。从刘易斯二元经济模型可以得知，伴随工业化进程的资本、劳动力等要素的流动，工业化的同时应伴随城市化，这一过程表现为农业比例逐渐缩小，非农比例逐渐上升。体现在产业结构上就是第一产业在 GDP 中的比例逐渐下降，二三产业在 GDP 中的比例逐渐上升。体现在就业结构上，第一产业从业人员比例下降，二三产业从业人员比例上升。城镇化的进程伴随着资本、劳动力、技术等生产要素从第一产业转移并且向第二、第三产业聚集的过程。这一过程会缩小城乡收入差距，原因在于：一方面，二三产业转移了农村剩余劳动力，使得农业部门的劳动边际产出在劳动力减少的情况下提高，农业部门的资本和劳动达到一个较为合理的比例构成，从而提高了农业劳动力的报酬；另一方面，从需求方面来讲，进入城市二三产业就业的农村居民，会将其劳动报酬带回农村（李实，1999）。这两方面因素共同作用，使得城镇化引起产业结构的变化，缩小了城乡收入差距。因此，城镇化对经济的影响机制反映出二三产业的发展能够转移农村剩余劳动力，有助于缩小城乡收入差距[①]。

特别需要指出的是，近几年来，虽然在中国的某些地区，城镇化拉大了城乡收入差距，但我们不能就此否定推进城镇化进程的政策。从长期来看，城镇化才是转移农村剩余劳动力，缩小城乡收入差距的根本措施。而中国某些地区的城镇化拉大城乡收入差距的原因在于不适当的户籍制度等制度性因素，而不是城市化进程本身。

二、市民化政策影响城乡收入差距的机理

随着市场化改革进程的不断深入，城乡劳动力要素流动的壁垒被打破，大量农村剩余劳动力向城市和非农产业转移，他们在为城市建设和经济发展作出了巨大贡献的同时，并没有享受到与城市居民平等的公共服务，甚至在工作上也同工不同酬，遇到了很多不容忽视的社会问题：工资偏低，被拖欠现象严重；无法享受城镇人口的待遇和各项公共服务，社会保障状况不容乐观；农民工子女教育、农民工住宅问题较为严重；同时还面临城市居民融合困难等问题[②]。由此形成了"不完全城市化"或者"半城市化"状况，这种局面形成的结构性问题，再加上原有的城乡二元结构，共同构成了双重二元结构。长此以往，更具歧视性的社会政

---

① 如果第二产业占比的增加主要是重工业化的贡献，这种转变则不可能发生。原因在于重工业是资金技术密集型产业，所需的劳动力数量少，尽管产业结构发生变化，农业占比下降一方面使得农业剩余劳动力必须转移到其他部门，工业占比增加，能够吸纳农业剩余劳动力，而重工业的发展却展现出与之相悖的结果。因此，在考虑到重工业优先发展战略会导致更高的城乡收入差距。

② 章铮（2009）测算一对农民工夫妻（有一个孩子）如果要满足进城定居的基本条件，最少需要在城市连续工作 21 年，阻碍农民工进城定居最大的几个障碍是住房、孩子教育和年老后的生活保障预期（养老问题），其中住房问题尤为突出。

策会导致城乡收入差距的恶化，容易引发社会矛盾。

按照刘易斯的二元经济理论，劳动力向城市转移必然会缩小城乡收入差距或城乡收入的不平等。然而，中国城镇化和城乡一体化的特征事实表明，在城镇化水平不断提高的情况下，城乡居民收入差距或不平等不但没有缩小，反而扩大了，以至经典理论与中国的经验形成矛盾。原因可能在于刘易斯理论隐含假设：一是剩余劳动力在城市就业就成为城市人口，其工资收入必然高于农业收入；二是城市劳动力市场是竞争性的，工资水平由劳动力供求关系决定，大体上趋向于一个水平。然而在现实中，中国向城市流动的剩余劳动力以农民工为主，在统计上他们可能仍然被计入农村居民，也可能作为城市常住人口，但其工资收入会成为农村家庭的收入来源，从而计入农村家庭人均收入中。而且，由于户籍改革的滞后，农业转移人口"两栖"式的流动，使得这个群体日益成为城市的边缘人，而且农村青壮年劳动力的大量外出，也导致农村"空心化"，农村经济发展缓慢，农民收入不断降低，城乡收入差距不断拉大。在这个发展状态下，优质资源的单向流动与公共服务的不均等得以保持并有所扩大。

市民化政策就是通过影响户籍制度，打破影响城乡分割的制度壁垒，剥离户籍制度所附的公共福利及就业机会，使进入城市的劳动力在为城市建设和经济发展作出了巨大贡献的同时，享受到与城市居民平等的公共服务和就业机会。因此，市民化政策影响城乡收入差距的机理包含两方面。一方面，通过为农民工提供公共服务，降低了农民工的公共品支出比例，减少了城市农民工的消费支出，从而缩小了城乡居民的收入差距。另一方面，通过市民化政策，消除了由于户籍制度带来的就业歧视，给予了农民工与城市居民同等的就业条件，使农民工可以在公平的市场竞争环境下，取得与城市户籍居民同样的劳动报酬，这样也有助于缩小城乡收入差距①。另外，由于推进了市民化，城市里的农民工能够在城市尽快安定下来，减少"候鸟式"的流动方式，从而从根本上减少了进入城市的农民，提高了农村农业劳动生产率水平，农村经济也能因此得到快速发展，城乡之间的收入差距自然也因此缩小。

---

① 由于户籍制度的差异，城乡居民在就业时面临不同的就业机会，如国有经济部门对城市户籍居民有较大偏好，而国有部门的工资一般要高于非国有部门。由于存在户籍分割，农民工只能进入城市的非国有部门，接受低于国有部门水平的平均工资。如果农民工的工资严重地低于城市其他工人的工资，剩余劳动力向城市流动就不会改善城乡收入关系。也就是说，由于户籍作用，在工资和公共服务水平的共同影响下，即使农民工在城市从事非农产业的活动，但城乡收入差距也将不断扩大。

第八章 市民化政策影响城乡收入
差距的实证研究

市民化政策对城乡收入差距存在一定的影响。本章将从实证角度论证市民化政策对城乡收入差距的影响。

第一节 市民化政策影响城乡收入差距的模型构建

一、一般均衡模型概述

可计算一般均衡（简称 CGE）模型获得了广泛的应用，表明经济学一个新的领域已经诞生，并逐渐发展成为应用经济学的一个分支。世界上第一个 CGE 模型应是约翰森（Johansen）于 1960 年提出的。Johansen 发表了一篇关于经济模型的文章，实际上就是应用一般均衡模型。Johansen 模型设定了一组非线性方程，其主要方面仍然同目前使用的方程类似，通过对方程的线性化处理，并经过其他处理方式进行求解，这种方法直到现在还有较大影响。

（一）CGE 模型的结构

它所分析的基本经济单元是生产者、消费者、政府和外国经济。

生产行为。在 CGE 中，生产者力求在生产条件和资源约束之下实现其利润优化。这是一种次优解（sub-optimal）。与生产者相关的有两类方程：一类是描述性方程，如生产者的生产过程、中间生产过程等；另一类是优化条件方程。在许多 CGE 模型中，假设生产者行为可以用科布-道格拉斯或常替代弹性（CES）方程来描述。

消费行为。包括描述性方程和优化方程。消费者优化问题的实质是在预算约束条件下选择商品（包括服务、投资以及休闲）的最佳组合以实现尽可能高的效益。

政府行为。一般来说，政府的作用首先是制定有关政策。在 CEG 中通常将其作为政府变量。同时，政府也是消费者。政府的收入来自税和费。政府开支包括各项公共事业、转移支付与政策性补贴。

外贸。在 CGE 中，通常按照常弹性转换方程（CET）来描述为了优化出口产品利润，把国内产品在国内市场和出口之间进行优化分配的过程。或用阿明顿（Armington）方程来描述为了实现最低成本把进口产品与国内产品进行优化组合的过程。

市场均衡。CGE 的市场均衡及预算均衡包括如下几方面：①产品市场均衡。产品均衡不仅要求在数量上均衡，而且要求在价值上均衡。②要素市场均衡，主要是劳动力市场均衡，假定劳动力无条件迁移，不存在迁移的制度障碍。③资本市场均衡，投资=储蓄。④政府预算均衡。政府收入-政府开支=预算赤字。⑤居民收支平衡。居民收入的来源是工资及存款利息。居民收支平衡意味着：居民收入-支出=节余。⑥国际市场均衡。外贸出超 CGE 中表现为外国资本流入，外贸入超表现为本国资本流出。在研究方法上主要使用可计算一般均衡（CGE）技术，并配合使用其他计量工具。CGE 模型的基础是社会核算矩阵表（SAM）。SAM 反映了整个国民经济的运行，包括商品、活动、要素、企业、居民、政府、资本（储蓄-投资）和国外账户，这些主要账户还可以细分，以进一步刻画经济结构。其中要素账户包括各类生产要素（资本和劳动）的收支状况，可以刻画要素收入分配结构。

CGE 模型是描述经济系统供求平衡的一系列方程。该模型构建的理论基础是瓦尔拉斯一般均衡理论，但也可以解决非均衡问题，显示出模型强大的灵活性。其基本结构包括三个部分：供给部分、需求部分和供需关系部分。根据研究问题的需要，可以引入更多的主题和研究对象，也体现出 CGE 模型处理问题的灵活性。

在 CGE 模型中对生产、消费等各个模块可以设定不同类型的函数形式。CGE 模型中经常使用常替代弹性生产函数（CES），这种生产函数通过设定不同的替代弹性，刻画部门的异质性，从而满足我们进行结构性研究的要求。我们将在 CGE 模型中将各种冲击，如结构调整、技术变化、对外开放、要素投入、货币政策和财政政策等引入，来模拟稳定状态时各种参数变化和各种机制对政策目标的影响，以评估各种政策措施的效果。

（二）CGE 模型的应用领域

CGE 模型经常被用来分析税收、公共消费变动，关税和其他外贸政策，技术变动，环境政策，工资调整，探明新的矿产资源储量和开采能力的变动等对国家或地区（国内或跨国的）福利、产业结构、劳动市场、环境状况、收入分配的影响。CGE 模型最重要的成功在于它在经济的各个组成部分之间建立起了数量联系，使我们能够考察来自经济某一部分的扰动对经济另一部分的影响。对于投入产出模型来讲，它所强调的是产业的投入产出联系或关联效应。

但是，CGE 模型也存在一定的局限性。一是在分析政策变动对福利影响方面也仅获得了部分成功，因为它假定了政策变化不影响劳动力失业和资本的水平、企业间竞争的形式和技术进步率。二是 CGE 模型本身并不能提供有价值的预测工具。三是 CGE 模型需要的数据甚至比投入产出分析要远为复杂而难以找到，因为它不仅分析产业或工业，也分析个人、政府决策，这些都是投入产出分析力所不能及的。

在 CGE 模型中经常使用常替代弹性生产函数（CES），这种生产函数通过设定不同的替代弹性，刻画部门的异质性，从而满足我们进行结构性研究的要求。它主要是用来分析政策的变动对经济结构的影响，最成功之处在于它在经济的各个组成部分之间建立起了数量联系，使我们能够考察来自经济某一部分的扰动对经济另一部分的影响。但是，CGE 模型也存在一定的局限性，如假定政策变化不影响劳动力失业和资本的水平、企业间竞争的形式和技术进步率等。

二、模型基本结构

（一）建模思路

作为数量化系统分析工具之一，CGE 模型刻画经济运行具有整体性、结构性和系统性的特点。在中国，CGE 模型也已被广泛应用于对中国宏观经济政策、产业政策、贸易政策、税收和社会福利政策以及能源环境政策等各类政策的数量分析，为本书研究提供了较有价值的参考。但鉴于研究的针对性，本书所构建的市民化对城乡收入差距而言具有以下特点。

一是刻画了处于"半城市化"的农民工居民。已有涉及中国居民和劳动力转移的 CGE 模型是在城乡两类劳动力和城乡两类居民框架下构建的，也就是说将居民分为城市户籍居民、农民工和农村居民三类。

二是反映了三类不同人的工资收入差别歧视，工资歧视是由户籍制度造成的，是市场不完全竞争的结果，工资收入从高到低的依次排列是城市户籍居民、农民工和农村人口。并且设定城市户籍居民与农民工的工资收入歧视为 2，也就是说城市户籍居民的工资收入是农民工工资收入的两倍。中国向城市流动的剩余劳动力以农民工为主，在统计上他们可能仍然被计入农村居民，也可能作为城市常住人口，但其工资收入会成为农村家庭的收入来源，从而计入农村家庭人均收入中。本书把他们计入农村居民[①]。

（二）城乡收入差距 CGE 模型的基本内容

CGE 模型能够描述各生产部门、政府、居民、企业之间的相互经济联系，

---

① 与刘易斯模型假设相同，本书的假设也是工资不变，这与中国的实际并不相符，但是这有利于分析公共福利的差距对城乡收入差距的影响。

刻画经济运行具有整体性、结构性和系统性的特点。本书从以下几方面进行模型描述。

1. 模型描述

CGE 模型能够描述各生产部门、政府、居民、企业之间的相互经济联系，刻画经济运行具有整体性、结构性和系统性的特点。本书所采用的模型主要参考北京理工大学能源与环境政策研究中心开发的 CEEPA 模型，由于本书主要关注农民工市民化的问题，故将劳动力进一步区分为农业劳动力、农民工劳动力和城市正式劳动力，相应地将居民部门区分为留守农村的农村居民、常住城镇的农民工居民和有城镇户籍的城镇居民人口[①]。本书从以下几方面进行模型描述，其中：

生产活动。假设经济体包括两类生产部门 i：农业部门 1 和非农业部门 2。假设农业劳动力仅用于农业部门生产，农民工和城市劳动力投入非农业生产，$LS=ls_a+ls_{u1}+ls_{u2}$ 表示经济中的总劳动力投入数量，ls_a 表示农村劳动力数量，$ls_u=ls_{u1}+ls_{u2}$ 表示城市劳动力数量，其中 ls_{u1} 表示城市中城镇劳动力，ls_{u2} 表示农民工劳动力数量。以多层嵌套的生产函数来描述生产活动，第一层基于 C-D 型函数投入各类劳动力合成复合劳动力；第二层基于 C-D 型函数投入资本和复合劳动力合成增加值；最顶层基于列昂惕夫型函数投入增加值和中间品产出产品。各产业部门依据利润最大化原则确定对各类要素的需求及产品产量。

$$\pi_i = \max_{Q_i, X_{ji}, VA_i} p_i Q_i - \sum_{j=1}^{M} q_j X_{ji} - pva_i VA_i \tag{8-1}$$

$$\text{s.t. } Q_i = \min\left\{\frac{X_{1i}}{a_{1i}}, \cdots, \frac{X_{Mi}}{a_{Mi}}, \frac{VA_i}{a_{Vi}}\right\} \tag{8-2}$$

$$pva_i VA_i = \min_{L_{ki}, K_i} \sum_k w_k L_{ki} + rK_i \tag{8-3}$$

$$\text{s.t. } VA_i = A_i^{va}\left\{\prod_k \left(L_{ki}\right)^{\delta_{ki}}\right\}^{\beta_i} \left(K_i\right)^{1-\beta_i} \tag{8-4}$$

其中，π_i 表示第 i 部门的利润水平，p_i 和 Q_i 分别是 i 部门的生产者价格和产量，x_{ji} 是 i 部门生产需要投入的 j 部门中间投入产品量，本书只假设两个部门，故 $M=2$；q_j 是使用者价格，pva_i 和 VA_i 是增加值复合品价格和增加值复合品投入量，a_{ji} 和 a_{Vi} 分别指最顶层中间投入系数和增加值投入系数，w_k 是第 k 类劳动力工资水平，$k=a$，$u1$，$u2$，r 是资本回报率，L_{ki} 指对 i 部门生产的第 k 类劳动力投入；K_i 指对 i 部门生产的资本投入；A_i^{va} 指增加值构成的规模系数，反应生产技术水平；δ_{ki}

---

① 考虑公共服务的实质差别，本书所指的城乡居民是按户籍制度进行的划分，而非按居住地划分。

和 β_i 分别是份额参数，其中 $\sum_k \delta_{ki} = 1$，以反应规模报酬不变生产函数。

居民部门。各类居民将税后总收入以一定的储蓄倾向储蓄后基于 C-D 型效用函数的效用最大化原则用于消费支出，但不同居民的储蓄/支出倾向和支出结构不同，收入结构也不同。其中，各类居民的收入来源包括劳动力工资收入 $Lincome$、资本回报收入 $Kincome$ 和各类转移支付总和 $Transfers$，其中转移支付包括企业转移支付 $Trans_{eh}$、政府转移支付 $Trans_{gh}$ 以及国外转移支付 $Trans_{fh}$。

$$\text{Max}: \quad U_h = \prod_i (C_{ih})^{\mu_{ih}} \tag{8-5}$$

$$\text{s.t.} \quad \sum_i q_i \cdot C_{ih} + S_h = (1 - htax_h) \cdot (Lincome_h + Kincome_h + Transfers_h) \tag{8-6}$$

$$S = mps_h \cdot (1 - htax_h) \cdot (Lincome_h + Kincome_h + Transfers_h) \tag{8-7}$$

$$Transfers_h = Trans_{eh} + Trans_{gh} + Trans_{fh} \tag{8-8}$$

其中，U_h 指第 h 类居民的消费者效用，C_{ih} 是 h 类居民对 i 产品的消费水平，μ_{ih} 是效用函数的份额参数，s_h 是 h 类居民的储蓄，$htax_h$ 是居民所得税税率，mps_h 是边际储蓄倾向。

经拉格朗日求解得到各类消费者对各部门产品的消费额满足如下关系：

$$q_i \cdot C_{ih} = cles_{ih}(1 - mps_h)(1 - htax_h)(Lincome_h + Kincome_h + Transfers_h) \tag{8-9}$$

其中，$cles_{ih}$ 指第 h 类居民对 i 部门商品的边际支出倾向。

企业部门。企业部门的收入一部分来自于以一定的盈余率获得的营业盈余，另一部分来自于政府转移支付。一部分支出以转移支付形式支付给各类居民、一部分缴纳给政府作为企业所得税，剩余用于企业储蓄。

政府部门。政府的收入主要来源于各类税收，它以一定的税率从生产活动征收生产间接税和从居民和企业征收所得税、进口关税、国外转移作为收入，支出去向包括政府消费、对各类居民和企业的转移支付、对出口的补贴以及政府储蓄。

贸易活动。模型是开放的，即包括进出口活动。国外贸易采取小国假设，以 Amington 假设描述进口行为，以决定进口和国内使用品。以 CET(常转换弹性)函数描述出口行为，生产厂商以利润最大化为目标，确定用于出口和用于国内销售的数量。

$$\text{Min}: \quad D_i \bullet PD_i + M_i \bullet PM_i \tag{8-10}$$

$$\text{s.t} \quad Q_i = A_i^q (\delta_i^q D_i^{\rho_i^q} + (1 - \delta_i^q) M_i^{\rho_i^q})^{1/\rho_i^q} \tag{8-11}$$

$$\text{Max}: \quad D_i \bullet PD_i + E_i \bullet PE_i \tag{8-12}$$

$$\text{s.t} \quad Z_i = A_i^t (\delta_i^t D_i^{\rho_i^t} + (1 - \delta_i^t) M_i^{\rho_i^t})^{1/\rho_i^t}, \rho_i^t > 1 \tag{8-13}$$

其中，D_i 和 PD_i 分别是国内销售量和相应的价格，M_i 和 PM_i 分别是进口量和进口价格，E_i 和 PE_i 分别是出口量和出口价格，A_i^q 和 A_i^t 分别为进口行为和出口行为的规模参数，δ_i^q 和 δ_i^t 分别为份额参数，ρ_i^q 和 ρ_i^t 为替代弹性参数。

市场出清与模型闭合。模型假设资本市场和劳动力市场分别出清，劳动力供给不变，不同劳动力类型之间不可流动，但部门间劳动力和资本可以自由流动。采用政府消费外生、储蓄内生，国外储蓄外生以及储蓄驱动的闭合规则。

本模型的数据基础是社会核算矩阵（social accounting matrix，SAM），基于北京理工大学能源与环境政策研究中心编制的 2007 年 SAM 表，并在其基础上根据研究的问题进行部门和主体的拆分与合并[①]。各类劳动力投入、人口数据等来源于中国统计年鉴和中国人口统计年鉴，各类居民的储蓄消费数据来源于国务院发展研究中心课题组的研究。

模型中的参数包括外生参数和内生参数，内生参数通过校准的方法确定：把 SAM 中的数据作为均衡数据代入模型方程中，然后求解得到各参数的值。模型中外生参数包括各种替代弹性的设定参照 CEEPA 模型并结合作者的相应调整。

2. 模拟情景设计

本书针对性地设计以下 4 种模拟情形以讨论农民工市民化对城乡收入差距的综合影响。

情形一，政府转移支付给农民工，人均转移支付额度为城镇居民的 1/2，模型中以方程式（8-14）表示。

情形二，政府转移支付给农民工，人均转移支付额度为城镇居民的 1/2，农民工储蓄率、消费率也发生改变，储蓄/支出结构与城镇居民一致，模型中以方程式（8-14）、式（8-15）和式（8-17）来表示。

情形三，政府转移支付给农民工，人均转移支付额度与城镇居民一致，在模型中以方程式（8-15）来表示。

情形四，政府转移支付给农民工，人均转移支付额度与城镇居民一致。农民工储蓄率、消费率也发生改变，储蓄/支出结构与城镇居民一致[②]，在模型中以式（8-15）、式（8-16）和式（8-17）来表示。

$$Trans_{gu2}^{(1)} / Pop_{u2} = 0.5 \cdot (Trans_{gu1} / Pop_{u1}) \quad (8\text{-}14)$$

$$Trans_{gu2}^{(1)} / Pop_{u2} = Trans_{gu1} / Pop_{u1} \quad (8\text{-}15)$$

$$cles_{iu2}^{(1)} = cles_{iu1} \quad (8\text{-}16)$$

① 由于数据和程序的保密性，本节的数据及编程由北京理工大学能源政策研究中心樊静丽博士完成，在此表示感谢。

② 政府转移支付相当于使农民工收入变化，消费储蓄行为转变相当于支出结构变化。

$$mps_{u2}^{(1)} = mps_{u1} \qquad (8\text{-}17)$$

其中，$Trans_{gu2}^{(1)}$、$cles_{u2}^{(1)}$ 和 $mps_{u2}^{(1)}$ 分别是政策扰动后对农民工居民的转移支付、农民工的消费倾向和农民工的储蓄倾向，Pop_{u1} 和 Pop_{u2} 分别是城镇居民和农民工的人数。

三、CGE 模型的模拟结果分析

1. 农民工市民化的转移支付额度为城镇居民的 1/2

1）当储蓄/支出结构与城镇居民不同时的模拟（表 8-1）

表 8-1　情形一的模拟结果（%）

项目分类	希克斯福利变化		可支配收入变化	
	居民变化	城乡变化	居民变化	城乡变化
农村居民	0.611	3.165	0.671	5.095
农民工	10.945		10.969	
城市居民	−0.063	−0.063	−0.087	−0.087

2）农民工市民化的转移支付额度为城镇居民的 1/2 的模拟结果的分析

第一，对居民福利的影响。通过农民工市民化，三类居民的福利水平发生了变化。就希克斯福利水平变化而言，农村居民福利水平提高了 0.611 个百分点，农民工提高了 10.945 个百分点，而城市居民则下降了 0.063 个百分点。而从城乡视角来看，农村居民的福利水平提高了 3.615 个百分点，城市居民下降了 0.063 个百分点。这说明农民工市民化对农村居民和农民工的福利水平具有显著的提升作用，而对城市居民福利水平却有负面影响，但是负面影响作用十分微弱，甚至可以忽略不计。可见，对城市居民福利造成的负面冲击不足以成为推迟市民化的理由。

第二，对居民收入的影响。通过对农民工的转移支付，三类居民的可支配收入发生了显著变化。农村居民的可支配收入提高了 0.67 个百分点，农民工提高了 10.969 个百分点，而城市居民则略有下降，下降幅度为 0.087 个百分点。从城乡视角来看，城市居民与农村居民可支配收入的变化方向不同，农村居民提高了 5.095 个百分点，这说明农民工市民化显著地提高农村居民的收入水平，从而缩小了城乡收入差距。

农民工市民化不仅能增加农民工的福利水平，而且能显著提高农民工的收入水平，对城乡收入差距具有显著的缩小作用，符合缩小城乡收入差距的调整指向。

3）当储蓄/支出结构与城镇居民一致时的模拟（表 8-2）

表 8-2　情形二的模拟结果（%）

项目分类	希克斯福利变化		可支配收入变化	
	居民变化	城乡变化	居民变化	城乡变化
农村居民	−0.797	23.375	−0.877	4.373
农民工	97.018		11.343	
城市居民	0.083	0.083	0.113	0.113

4）储蓄/支出结构与城镇居民一致时的模拟结果的分析

第一，对居民福利的影响。通过农民工市民化，三类居民的福利水平发生了变化。就希克斯福利水平变化而言，农村居民福利水平降低了 0.797 个百分点，农民工提高了 97.018 个百分点，而城市居民则提高了 0.083 个百分点。而从城乡视角来看，农村居民的福利水平提高了 23.375 个百分点，城市居民提高了 0.083 个百分点。这说明对农民工市民化不仅对农民工的福利水平有显著提升，而且对农村居民的福利水平亦有促进作用。

第二，对居民收入的影响。通过对农民工市民化，不仅增加了对农民工的转移支付，而且消费支出结构的改变也会通过相互关系影响可支配收入。三类居民的可支配收入发生了显著变化。农村居民的可支配收入下降了 0.877 个百分点，农民工提高了 11.343 个百分点，而城市居民则略有提高，提高幅度为 0.113 个百分点。导致农村居民可支配收入下降的一种可能解释是，同质劳动力要素竞争造成了农村居民在可支配收入方面竞争力下降。但综合城乡来看，城市居民与农村居民可支配收入的变化方向相同，农村居民提高了 4.373 个百分点，而城市居民则上升了 0.113 百分点。这给我们带来了一些政策启示，在推动农民工市民化的同时，应该统筹协调农村发展，切实提高农村居民的可支配收入。

2. 政府转移支付给农民工的人均转移支付额度与城镇居民一致

1）当储蓄/支出结构与城镇居民不同时的模拟（表 8-3）

表 8-3　情形三的模拟结果（%）

项目分类	希克斯福利变化		可支配收入变化	
	居民变化	城乡变化	居民变化	城乡变化
农村居民	1.224	6.33	1.343	10.191
农民工	21.887		21.939	
城市居民	−0.125	−0.125	−0.173	−0.173

2）储蓄/支出结构与城镇居民不同时模拟结果的分析

在此情景中，政府转移支付给农民工的人均转移支付额度与城镇居民一致，与情形一相比，只是人均转移支付额度不同，产生的影响也只是量的差异（情形三是情形一影响的近两倍）。

第一，对居民福利的影响。通过农民工市民化，三类居民的福利水平发生了变化。就希克斯福利水平变化而言，农村居民福利水平提高了 1.224 个百分点，农民工提高了 21.887 个百分点，而城市居民则下降了 0.125 个百分点。而从城乡视角来看，农村居民的福利水平提高了 6.33 个百分点，城市居民下降了 0.125 个百分点。这说明农民工市民化政策显著地提升了农村居民和农民工的福利水平，而城市居民的福利水平略有下降。

第二，对居民收入的影响。通过对农民工的转移支付，三类居民的可支配收入发生了显著变化。农村居民和农民工的可支配收入分别提高了 1.343 个百分点和 21.939 个百分点，而城市居民的福利水平则下降 0.173 个百分点。从城乡视角来看，城市居民与农村居民可支配收入的变化方向不同，农村居民提高了 10.191 个百分点，这说明农民工市民化显著地提高农村居民的收入水平，从而缩小了城乡收入差距。

3. 当储蓄/支出结构与城镇居民不同时的模拟

1）当储蓄/支出结构与城镇居民一致时的模拟结果（表 8-4）

表 8-4　情形四的模拟结果（%）

项目分类	希克斯福利变化		可支配收入变化	
	居民变化	城乡变化	居民变化	城乡变化
农村居民	−0.327	28.551	−0.359	9.396
农民工	116.532		22.349	
城市居民	0.034	0.034	0.046	0.046

2）当储蓄/支出结构与城镇居民一致时的模拟结果分析

第一，对居民福利的影响。通过农民工市民化，三类居民的福利水平发生了变化。就希克斯福利水平变化而言，农村居民福利水平下降了 0.327 个百分点，农民工提高了 116.532 个百分点，而城市居民则提高了 0.034 个百分点。而从城乡视角来看，农村居民的福利水平提高了 28.551 个百分点，城市居民提高了 0.034 个百分点。这说明从城乡收入差距的目标来看，农民工市民化政策能有效缩小城乡收入差距。

第二，对居民收入的影响。通过对农民工市民化，三类居民的可支配收入发生了显著变化。农村居民的可支配收入下降了 0.359 个百分点，农民工提高了 22.349 个百分点，而城市居民则略有上升，上升幅度为 0.046 个百分点。从城乡视角来看，城市居民与农村居民可支配收入的变化方向相同，农村居民提高了

9.396 个百分点，远高于城镇居民的 0.046 个百分点。这说明农民工市民化显著地提高农村居民的收入水平，缩小了城乡收入差距。

四、CGE 模型的模拟结果比较

（一）不同情况下模拟结果的比较

人均转移支付额度相同，储蓄/支出结构不同（情形一与情形二对比，情形三与情形四对比）。通过对比，可以发现：如果没有改变储蓄/支出结构（假定农民工与城市居民不同，农民工的储蓄率较高，见《国务院发展研究中心课题组文章》），农村户籍居民可支配收入增加幅度更大，这主要是因为处在该情形时，在产品需求带动下，农村留守劳动力工资水平有所增加，而城市居民劳动力工资水平有所下降，进一步使农村居民的可支配收入有所增加（如情形一下，增长 0.67 个百分点），而城市居民可支配收入则略有下降（如情形一下，下降 0.087 个百分点）；与之相对应，改变储蓄/支出结构时，由于对非农产品需求程度显著增加，使城市劳动力工资水平增加，而农村居民劳动力水平有所下降，导致农村和城市居民可支配收入变化方向与不变结构情形时恰恰相反。农民工居民的工资水平变化方向虽与城市居民类似，可支配收入也比改变结构时增加更多（11.3 个百分点），但这仅部分抵消了农村户籍居民在结构不变时可支配收入增加更多的事实。

值得注意的是，两种情形下的城乡福利变化指标变化情况虽然与可支配收入变化方向一致，但变化程度存在很大差异，主要体现在储蓄/支出结构改变的情形下，就城乡来看，农村居民的福利水平增加幅度非常大（23.4 个百分点），这是因为农民工居民收入用于消费的比例增加，福利水平恰恰是反映实际消费支出购买商品的情况，进而致使农村居民福利水平大幅增加。

储蓄/支出结构一致，人均转移支付额度不同（情形一与情形三对比，情形二与情形四对比）。当农民工与城镇居民的储蓄/支出结构一致时，不管人均转移支付额度为多少，城乡居民的可支配收入变化和福利水平变化方向并不发生变化，而是变化程度上有所不同。其中，就情形一和情形三的城乡变化来说，由于储蓄/支出结构均与基准情景一致，城市居民和农村居民的可支配收入和福利水平变化同样存在两倍的关系（与人均转移额度的两倍关系一致）。与之不同的是，就情形二和情形四来说，城乡居民收入和福利变化不再与转移额度成比例，转移额度更高的情形四下农村居民收入水平增幅两倍多于情形二，而城市居民收入水平增幅却低与情形二，这表明，将储蓄/支出结构保持与城市居民一致时，增加对农民工的转移支付额度使城乡差距进一步缩小。我们认为这与产品市场价格、劳动力工资、支出结构等均有关系。

但是，不管哪一种情景，毋庸置疑的是，农民工市民化政策都能有效地提高城市农民工的收入，改善农民工的福利水平，并且通过政府的转移支付，有效缩小了城乡收入差距（表8-5）。

表8-5 农民工市民化对城乡收入差距的影响结果（%）

城乡差距	情形一		情形二		情形三		情形四	
	城镇居民	农村居民	城镇居民	农村居民	城镇居民	农村居民	城镇居民	农村居民
福利变化	−0.063	3.165	0.083	23.375	−0.125	6.33	0.034	28.551
收入变化	−0.087	5.095	0.113	4.373	−0.173	10.191	0.046	9.396

（二）不同情况下模拟结果的分析

从模拟结果可以看出，在农民工储蓄/支出结构不变的情况下，如果进行农民工市民化，则对城市居民的福利、收入及消费都具有较大的负面冲击。此时，城镇居民由于自身利益受损，虽然利益损失不大，他们将通过各种渠道影响城镇政府，反对市民化进程。另一个情况是，如果储蓄/支出结构不变，则城镇居民赞成农民工市民化，但是这将对农村居民造成利益损失。因此，农民工市民化实质上是各方利益相互博弈的结果，只不过城镇居民对政府的影响较大，所以出现了市民化政策难以推进的局面。

第二节 市民化政策实施过程中的地方政府行为

一、市民化政策实施的模拟结果与分析

从模拟结果（表8-6）可以看出，在农民工储蓄/支出结构不一致的情况下，如果进行农民工市民化，则对城市居民的福利及收入都具有一定的负面冲击。此时，城镇居民由于自身利益受损，他们将通过各种渠道影响城镇政府，反对给农民工进行转移支付。如果储蓄/支出结构一致，则将对农村居民造成利益损失，因此，农民工市民化实质上是各方利益相互博弈的结果，只不过城镇居民对政府的影响较大，所以出现了市民化政策难以推进的局面。这是农民工市民化政策难以推进的直接原因。更为重要的原因来自于地方政府。通过模拟可知，农民工市民化对经济增长产生了重要影响。

表8-6 四种情形下农民工市民化对经济增长的模拟结果（%）

变化指标	经济增长			
	情形一	情形二	情形三	情形四
投资	−0.849	−6.577	−1.699	−7.996
GDP	−0.313	−2.416	−0.626	−2.938
政府储蓄	−10.457	−10.332	−20.915	−20.777

1）对投资的影响

如果农民工储蓄/支出结构不一致，则对投资的负面冲击较小，但因不同的人均转移支付额度有所不同，分别为-0.849%和-1.699%。如果农民工储蓄/支出结构与城镇居民一致，则对投资的负面冲击较大，并且因人均转移支付额度不同而不同，分别为-6.577%和-7.996%。

2）对GDP的影响

如果农民工储蓄/支出结构不一致，则对GDP的负面冲击较小，但因不同的人均转移支付额度有所不同，分别为-0.313%和-0.626%。如果农民工储蓄/支出结构与城镇居民一致，则对GDP的负面冲击较大，并且因人均转移支付额度不同而不同，分别为-2.416%和-2.938%。

3）对政府储蓄的影响

如果农民工储蓄/支出结构没有改变，则对政府储蓄的负面冲击较小，但因不同的人均转移支付额度有所不同，分别为-10.457%和-20.915%。如果农民工储蓄/支出结构与城镇居民一致，则对政府储蓄的负面冲击较大，并且因人均转移支付额度不同而不同，分别为-10.332%和-20.777%。

可以看出，不管哪种情景模拟下的农民工市民化政策，都对经济增长产生了较大的负面冲击，导致地方政府不能、更不愿实施政策，换言之，农民工市民化政策难以实施的根本原因是对地方的经济增长造成了负面影响。

二、地方政府实施市民化政策的消极因素分析

既然实施农民工市民化可以缩小城乡收入差距，那么为什么地方政府对农民工市民化采取消极，甚至是排斥的态度，我们认为，必须结合模拟结果进行深入分析。

从模拟结果看来，不管哪种情景模拟下的农民工市民化政策，都对经济增长产生了较大的负面冲击，导致地方政府不能、更不愿实施政策，换言之，农民工市民化政策难以实施的根本原因是对地方的经济增长造成了负面影响。这是因为实施市民化政策的相机决策权实际上被下放到了地方政府，特别是城市政府。这时，由于推进市民化不仅仅是一纸户口的问题，更是户籍身份背后所隐含的公共服务、社会保障等福利问题，如果地方政府推进市民化导致城市经济与福利的流失，特别是那些财力捉襟见肘并且已经预期到市民化进程将带来福利损失的地方政府，将不再为市民提供充分的公共服务，即不会实施市民化政策。

更为深层次的原因是，在现行政绩考核体系的作用下，地方政府大多将精力放在相关考评指标的增长上，如GDP总量、财政收入、吸引的外商直接投资额以及上缴多少税收等，而对于那些不属于考评范围内的指标漠不关心。因此，研究推进市民化路径和政策的过程中，需要着重分析地方政府的积极性问题，现阶段，

市民化水平并没有被加入地方考核体系，或者说在体系内的权重较小，因而地方政府在以发展为核心的环境下，必然更加重视经济发展水平等指标的提升。所以，很多地方政府借口财力有限，对推进市民化的热情不高。尽管中央政府一再要求地方政府配合其推进市民化，地方政府仍然很少以积极的态度来推行，农民工的市民化问题仍然无法受到应有的重视。由此可见，就地方政府推进市民化的财政能力而言，推进市民化的积极性也不容忽视。

但是，推进农民工市民化已经成为大势所趋，不仅是现实需要，更是客观要求。面对中央政府推进农民工市民化的压力，地方政府在政策制定和实施过程中，为了执行中央政府的规定，同时又能保护自身的利益不受损失，造成中国地方政府实施市民化政策进程中出现了许多偏差，特别是一些大中城市，市民化推进过程中的政策措施往往实施以扩大户籍为核心的"准入政策"，该项政策主要针对的是特殊人才，而不是普通劳动者，实际上是让富有的人成为城市居民，而不能取得城市户籍的贫困农民则往返于城市与农村之间，导致户籍制度成为"选富择优"的门槛，从缩小城乡收入差距的角度来看，不仅没有对城乡收入差距起到缩小作用，反而进一步拉大了城乡收入差距。

综上所述，中国有大量处于"半城市化"的农民工及其家庭，他们因户籍制度而不能享受到与城市居民相同的公共服务，其储蓄/支出结构也因身份境遇的不同而有别于一般城市居民，利用 CGE 模型模拟分析了农民工市民化对城乡收入差距的影响，主要关注农民工市民化对在不同的人均转移支付额度下，农民工居民与城市居民的储蓄/支出结构是否一致对城乡收入差距的影响。通过研究，得出如下结论：第一，对于中国城乡收入差距而言，农民工的储蓄/支出结构是否一致在不同的人均转移支付额度下均具有显著的缩小作用，并对经济增长具有负面冲击。第二，农民工市民化对城乡两类居民的影响在不同的储蓄/支出结构下具有不同作用。总体来说，当储蓄/支出结构不同时，农民工市民化对缩小城乡收入差距的影响作用更大。第三，农民工市民化的人均转移支付额度越高，缩小城乡收入差距的力度越强，但是对地方经济增长的负面冲击也就越大。

总结中国市民化政策实施过程中出现的偏差，是中国调整市民化政策的理论依据，对缩小城乡收入差距具有重要作用。

第三节　市民化政策路径偏差的表现

一、目标偏差——追求效率而不是追求公平

政策目标的偏差是当前市民化政策出现的首要偏差。按照马克思主义政治经济学的经典理论，生产过程分为生产、分配、交换和消费。农业转移人口市民化

虽与上述四个方面都有联系，但是，由于涉及大量的公共服务支出，农业转移人口市民化严格来说，是政府收入的再分配过程，既然是属于分配范畴，农民工市民化问题的价值判断依据必须首选为公平，而非追求效率。但是，地方政府为了短期的经济增长，制定的福利政策目标却只是针对城市市民，并通过户籍壁垒制度将农民工严格地排斥在外。因此，在一个城市内部就形成了这一现象，外来农民工与本地居民之间的贫富悬殊，居住环境差距明显，本地人享受各方面福利待遇，没有户籍的外来人口享受不到这些待遇；当地政府聘用本地户籍人口管理外来人口，社会纠纷有时得不到公正处理。由此不仅导致社会不和谐，直接加大了农民工在城市的生活成本，而且从根本上动摇了农民工在城市的发展基础，减少了农业转移人口平等发展的机会，使农业转移人口处于城市生活与个人发展的双重边缘化状态。也正是因为政策目标的偏差，制约了城市化进程的健康发展，导致了一系列社会问题的产生，增大了社会冲突、犯罪，以及防止这些事件发生的社会支出，无形之中增加了社会资源消耗。

二、主体偏差——中央政府与地方政府之间博弈多过合作

推进市民化的主体是地方政府，但是起主导作用的应该是中央政府。这是因为一方面中央政府具有矫正地方政府行为偏差的职责和作用，另一方面，中国农民工群体中，很大比例为跨省流动，特别是东部地区对农民工的吸引力较强，这是因为东部地区二三产业的就业弹性高于中西部地区，即使东部地区产业升级战略取得成效，生产性服务业仍将进一步带动生活性服务业的发展，服务业相对较高的就业弹性使得跨省流动的农民工规模仍然较大，如果中央政府不能采取措施加以引导，将会出现两种局面，地方政府要么不推进农民工市民化，要么地方政府只推进本省农业转移人口市民化。这是因为，地方政府特别是劳动力流入地区的城市政府，常常担心农村劳动力的流入会导致由地方财政补贴形成社会福利流失，担心外来劳动力会冲击当地的就业，因而随着就业形势的变化不断调整对待外来劳动力的态度，形成政策上的摇摆。从这个意义上讲，中央政府与地方政府在推进农业转移人口市民化的进程中混淆了彼此的角色，中央政府过多依靠地方政府推进农业转移人口市民化问题，这对地方政府来说确实存在困难。

而如果中央政府加强监管，那么地方政府就会"变相"制定农民工市民化的政策。以就业为例，当前大部分城市普遍实行"敞开城门，分设门槛"的就业政策，表现为在农民工进入城镇就业的总量控制，职业、工种限制，强制收取管理费、用工调节费等。很多城市制定了针对外来农民工分类管理政策，对就业工种、专业、人数、使用期限等作出了诸多规定。农民工只能从事不需要什么技能的低报酬工作，从事市民不愿意做的工作，而且大多只能从事短期的工作。

三、方式偏差——扩大户籍而不是缩小公共服务差异

在中央政府的压力下，地方政府必须加快推进农业转移人口市民化。但是，由于涉及较大规模的公共支出，地方政府究竟应该采取哪种推进农业转移人口市民化的措施存在较大争议。一种观点认为应该逐步放开户籍，将其户口转为城镇户口。另一种观点认为无论其为何种户口而给予其与城市居民平等的福利，换言之应该减少城市户籍居民和农民工之间的公共服务差异，使这些由城市原居民享有的公共服务覆盖于农民工。作为理性的地方政府，必然选择对自身有利的政策措施。从短期来看，扩大户籍要比缩小公共服务差异更能体现政府政绩，但是这种方式并没有降低城市内部农业转移人口身份转变的"门槛"，容易形成城市内部的二元结构，造成城市内部不同居民的对立，从而扩大了城乡收入差距。

当前市民化的方式存在一些偏差，这些问题的产生归根结底都是由于户籍制度的存在。正是由于户籍制度所附带的公共服务差距是建立在人口迁移（或流动）严格受控的情形下，所以产生并扩大了城乡差距。由此可见，当前阶段，中国出现城乡收入差距扩大除了特殊的国情、二元影响因素外，政策措施偏差等均在不同程度上加剧了城乡收入差距。

第四节　中国市民化政策路径偏差的体制约束

一、财政体制不能有效提供支持市民化的物质基础

（一）财政体制具有城市偏向

从政府级次看，中国实行的是中央、省、市、县和乡五个级次的行政体制。其中，省、市、县、乡镇四级构成所谓地方政府。根据现行《预算法》的规定，每一级政府都要有相应的一级财政收支预算。这意味着，地方财政部门的数量与地方政府的数量是等同的。所以，中国的地方财政是一个相当庞大而复杂的系统。

值得一提的是，按照地域划分，地方财政中存在着城市财政和农村财政这两大系统。城市财政下面包括区财政和街道财政，农村财政所对应的主要是县和乡镇财政，村并不是一级行政机构。中国城乡之间的经济社会发展程度差异是比较大的，这同样反映在城市财政和农村财政中。城市是工业和服务业的集中地区，国家的大多数财政收入来源于城市。同时，城市又是政府财政的受益者。相对而言，城市居民可以享受到较多、较好的公共产品和服务，包括各种类型的基础设施、社会保障体系、教育、各种补贴等。相比较之下，在人口众多的农村，情形则几乎相反。

而且，中国现行的财政体制都是以假定人口不流动为前提的，以辖区的户籍

人口为基础。在这种体制框架下,各地政府按户籍人口来提供公共服务。然而,推进农业转移人口市民化措施改变了这一前提。这就要求无论是纵向的,还是横向的财政关系都需要进行调整,尤其是处于流动状态的庞大人口的公共服务的提供,这为各地公共服务的供给带来了困难,形成了公共服务供给上的真空。所以,城市政府不愿意放开户籍、推进市民化的真正原因,主要是城市政府财权与公共服务支出责任不对称,缺乏稳定的能随人口增加而增长的财政资金筹集渠道。

另外,在财政分权体制下,地方财政收入直接与经济发展挂钩,与地方 GDP 直接相关。为了追求财政收入的快速增长,地方政府采取各种方式推动地方发展。在这种导向下,地方政府把大量资金投向与经济发展密切相关的并能产生直接效应的交通、道路、通信、能源等生产性基础设施项目,降低了农业转移人口市民化的冲动。同时,通过户籍制度制定出台各种吸引投资的优惠措施,吸引其他地方资金流向本地,扭曲了市民化的行为。

(二)政府间财权与支出关系不匹配

政府间财权支出关系规范化是财政和行政意义上市民化政策调整面临的深层次挑战。这是因为:政府在推进农业转移人口市民化过程中承担公共成本,对渐次实现《国家新型城镇化规划(2014~2020 年)》规划目标具有决定性作用,但由于财税体制改革尚未完成,政府还面临诸多财政约束问题,不利于农业转移人口市民化规划目标的实现。财政约束问题包括各级财政事权职责尚未明晰、财政支出结构不合理、转移支付制度尚未完善、缺乏对农业转移人口市民化的财政支出预算管理等。

当前,各级政府财政事权职责的划分是农业转移人口市民化公共成本分担机制构建的基础,但当前中国财税体制改革尚未完善,各级政府事权的划分尚未清晰,不利于农业转移人口市民化目标的顺利实现。而且,当前财政支出结构尚存在偏重基础设施建设投资、忽视民生支出等问题,而民生支出是农业转移人口市民化公共支出的主要部分。另外,虽然转移支付制度的完善是地方政府完成农业转移人口市民化的重要资金保障。但是,当前中国转移支付制度尚未完善,仍存在一般性转移支付规模过小、一般性转移支付中标准财政支出的范围过窄、收入分享型的过渡性特征较明显、专项转移支付尚未建立系统的农民工市民化转移支付等问题。就市民化而言,虽仅以政府间财政的收支与转移支付为主要内容,但其经济社会影响却远超财政体制范围。因为市民化政策的实施不仅涉及财权财力,而且与政府间事权划分和行政编制密切相关。而更深层次的是,需要进一步促进中央、省、市县(市)各级政府职能转变,探索建立事权财权明晰规范的政府间关系。

长期以来,中国政府间关系中存在各层级政府共享权力、共担职责、职权界定模糊的问题,中央、省、市、县、乡级政府共同管理范围广泛的社会事务,政府间事权缺乏明确界定。2004 年第十届全国人民代表大会常务委员会第十二次会议修改通过的《地方各级人民代表大会和地方各级人民政府组织法》第四章"地方各级人民政府"第五十九条明确规定，县级以上地方各级人民政府行使如下职权：管理本行政区域内的经济、教育、科学、文化、卫生、体育事业，环境和资源保护，城乡建设事业和财政、民政、公安、民族事务、司法行政、监察、计划生育等行政工作。受各层级政府间职权未能明确划分的影响和制约，各层级政府间事权、支出责任、财权划分以及财力配置问题也一直未得到妥善解决。

二、政绩考核体系异化了政府实施市民化的行为

（一）政绩考核体系导致地方政府市民化行为出现动机偏差

首先，当前的官员考核体系导致地方政府经济行为的短期化。地方官员为了晋升，由于资历、年龄的限制，必须在尽可能短的时间内作出尽可能大的政绩。这些晋升方面的规定和限制，必然导致地方官员注重短期行为，注重"短平快"项目，以尽快出政绩。即使重视市民化问题，也会作出权衡与比较。这是因为，地方官员作为理性经济人，面临市民化收益与成本权衡比较的问题，政府通常会选择出台或接受那种对其政治净收益最大的方案。高水平公共服务能较大程度提升户籍人口福利，但将带来任期内较重的财政支出负担，而低水平的公共服务能以较低的支出成本加快城镇化进程，但从长期来看却会带来一系列城镇化过程中产生的问题。农业转移人口市民化的正面作用需要长期影响，这与官员考核体系相矛盾，不利于市民化的推进。

其次，在政绩考评体系的作用下，各地区地方政府将全部精力放在这些考评指标的增长上，对于那些不在考评范围内的指标漠不关心，市民化并没有在考评体系内，或者说在考评体系内的权重较小，因此，对市民化自然采取消极态度。而指标权重较大的集中在 GDP 总量、财政收入、吸引的外商直接投资额及上缴多少税收等方面。正是在这样的发展逻辑下，近年来某些地方政府热衷于造城运动，一些城市兴建了大面积的新城区。大规模的土地财政以及地方融资，在经济下行期间潜藏了经济危机的风险。新城区建设尽管增加了地方 GDP，但是新城区往往成为空城。在现有的土地转让制度下，地方政府征了地再卖出去，就可以获得大笔的收入；大量投资也可以给地方政府带来各种各样的好处。在制度不完善的情况下，一些地方官员还可能从土地出让和投资中得到很多寻租机会，获得巨大的利益，滋生了腐败现象。

最后，在政绩考核体系的作用下，地方政府之间为了实现晋升存在着激烈的竞争，地方政府尽可能地使本地区的各项考评指标高于其他地区，因为政绩排序的考评机制意味着地方政府不仅要竭力提高本地区的各项经济指标，更重要的是

这些指标要超过其他地区。而地方政府为农业转移人口提供基本公共服务，其受益范围往往会超过本地区，这就产生了外部性问题。一般来说，地方政府作为代表本地区利益的主体，只考虑本地区居民的利益，对于利益外溢的基本公共服务，地方政府承担了额外成本，作为理性经济人的地方政府没有足够的动力行动，由此导致该类公共服务提供不足。因此，为实现经济增长，地方政府一方面会通过提供城市公共产品，吸引人口不断从乡村往城市转移，为工商业发展提供丰富的劳动力资源；另一方面为了加速资本积累进一步促进经济增长，当然，为了减轻财政负担，也会限制获得城市户籍的人口数量，从而减少公共产品支出成本。

（二）政绩考核体系导致中央政府与地方政府出现利益博弈

毫无疑问，承担农民工市民化的主体应该是各级地方政府。自从公共选择理论将"经济人"假设引入政府行为研究中以来（Downs，1957；Niskanen，1971，1975），布坎南认为政府是自利的，是追求自身利益最大化的组织。Anthony Downs认为，政府官僚就是其产出不能通过市场途径来衡量的组织或个人，政府官僚只依赖其上级来晋升，所以，他们的行为准则是上级的偏好。综合布坎南与Downs的观点，可以看出，政府是自利的、晋升偏好的。正是由于政府存在上述特征，地方政府根据其成本收益计算后会作出如下选择：如果中央政府的政策使得地方政府执行该政策能够获得晋升，地方政府会积极执行中央政府的政策；而当执行中央政府的某些政策，地方政府尽管能够获得晋升，但自身利益却受到损失时，地方政府会利用中央政府监督的高成本、信息的不对称，采取消极的态度予以执行。各地方政府对推进农民工市民化的消极应付、犹豫观望态度有：一些地方的做法有悖于中央的政策目标；一些地方借口财力有限，对推进市民化的热情不高。尽管中央政府一再要求地方政府配合其推进市民化，但由于地方政府没能积极响应，使中央政府调控政策的效果大打折扣，农业转移人口市民化仍然举步维艰。因此，中央政府的政策效果也因为地方政府消极应付而并不显著。

正是上述体制性因素，导致中国当前相应的户籍制度与政府权力主导的城镇化进程出现了诸多偏差，使中国城镇化表现为严重限制福利公平供给与经济导向，市民化政策也异化为地方政府实现经济高速增长的手段。因此，过去多年的城市化基本上是要素的城市化。在这样的城镇化过程中，人口也作为要素可以自由流动，但与人相伴随的权利和福利却不能同步流动，于是，市民化政策出现了上述各种偏差。

第九章　中国推进市民化进程的实施策略

近年来，中国在城市就业、社会保障和福利制度等方面的改革为市民化创造了制度环境，降低了农民向城市流动并且定居的成本，农民工在城市居住和工作的环境获得极大改善。从政府角度来看，改进市民化政策的实施策略对引导和保障市民化进程的顺利推进具有重要作用。但是，目前仍有许多问题尚需讨论，对此，我们必须深入讨论相关策略。

伴随着城镇化进程的快速推进，市民化政策的制定和实施对中国经济社会发展的影响日益增加。政策实施得当，可以有效缩小中国当前的城乡收入差距，促进经济增长，从而实现经济社会的健康和快速发展；相反，政策实施出现偏差，不仅不利于改善收入分配，反而将增加社会不稳定因素，从而造成一系列经济社会问题。可见，市民化政策的成功实施是当前中国保持经济社会健康、稳定与持续发展的重要保证。近年来，虽然中国市民化政策不断改善，取得了长足进步，但是就市民化的政策目标与实施效果而言，还存在诸多问题，最为突出的表现是市民化政策出现公平与效率两个基本价值维度的割裂，即要么为了追求公平，而导致政策的低效率实施；要么过度追求效率，而忽视了公平。而离开公平讲市民化政策容易造成政策目标偏差，离开效率讲市民化政策容易导致政策失效。因此，导致中国市民化政策出现一系列问题，对经济社会发展造成诸多负面影响。如何调整并优化当前中国的市民化政策，防止政策目标出现偏差及政策实施效果失效，是推进市民化进程的关键。

第一节　中国市民化政策实施的价值判断依据

对于分配问题，必须考虑公平与效率的关系，国内外经济学界主要持有三种观点。下面主要介绍效率优先论。持有这种观点的经济学家认为在处理公平与效率的关系过程中，首先应该认识到效率的首要性，坚持"效率优先"的原则，然后在此基础上才能更多地体现出公平、进而实现社会公平；在此过程中，只有把效率放在首要位置，把生产力的"蛋糕"做大才能得以快速发展，最终实现公平。主张效率优先的经济学家普遍将效率与自由的理念结合起来，认为效率是建立在自由这个基础之上的，追求公平就意味着破坏自由，会损坏市场对社会资源的配置效率。代表人物包括货币学派经济学家弗里德曼（M. Friedman）和新自由主义经济学家哈耶克（F. A. Hayek）等。

　　哈耶克强调市场效率，不赞同通过国民收入再分配来实现社会平等。在他看来，平等虽是目标，但真正意义的平等是机会的平等，而不仅仅是收入和财产的平等。他强调市场效率的重要性，不赞同通过国民收入再分配的方式来实现人为的公平，认为这样做只能降低劳动的积极性和效率。他认为国家应该运用法律手段为自由竞争创造条件，保证机会平等，进而保证效率。

　　弗里德曼则更多地研究起点公平和结果公平，他在其著作《自由选择》中，将公平划分为三个层次："第一层是上帝面前的平等即权力的平等、法律面前人人平等；第二层次是机会均等，即社会成员凭自己的能力追求自己的目标，谁也不应该受到专制障碍的阻扰；第三层是结果意义上的收入平等，即是要缩小社会成员之间的收入差距，实现收入水平的公正、平等。"

　　对此，我们首先对公共政策价值的一般性进行讨论，然后再进行深入的分析。

1. 公共政策价值的一般性讨论

　　从中国过往的实践，中国社会以物为本，重视物质财富的产出，秉承的是一种物本发展观，以经济增长速度为主要追求目标，恰如中国在很长一段时间内将GDP的增长速度作为考核地方官员政绩的唯一标准，从现实的一个侧面反映了这种发展思想。随着物质财富的丰富，人们开始反思经济增长中出现的问题。在继承前人公平正义思想的基础上，开始重新审视市场经济的分配价值观。市场经济不能够自动实现分配的公平与正义，需要政府和社会通过制度安排进行矫正。

　　哲学家罗尔斯指出："正义是社会体制的第一美德，每个人都具有一种建立在正义基础上的不可侵犯性，这种不可侵犯性甚至是整个社会的福利都不能凌驾其上的。因此，正义否认某个人失去自由会由于别人享有更大的利益而变得理所当然起来。它不承认强加给少数人的牺牲可以由于许多人享有的更大利益而变得无足轻重。"这一点，与霍布斯、边沁的学说不同，社会发展的历程也表明，平等是人类发展追求的永恒价值，公民有获取平等的权利，它既不应受政治的影响，也不应受到社会利益的限制。

　　在社会发展中，人们在共同社会准则的指导和约束下生活。这是由人类自然发展规律决定的，社会合作远比单独行动能给人带来更多的利益，在这样的行为模式下，人们有了合作的基础，但是，出于人性的占有欲，每个合作成员都想在组织中获得更大的利益，于是产生了利益冲突。此时，必须要有一种制度安排，保证达成某种关于恰当分配份额的协议。这样的制度安排既规定了在社会生活中基本的利益分配方法，同时又规定了恰当的分配份额。

　　社会的稳定发展，不仅得益于社会个体利益的不断增加，同时也得益于这种制度安排的有效支配，它使每个成员既能接受自己应得的合理份额，又对别人的异常行为高度警惕。然而，一般来讲，这样的基本制度安排随着社会的动态发展将引起社会各阶层的普遍争论，但不管存在怎样的争论，社会成员之间通过协商与各自妥协，将会建立新的特定原则，以便用这些原则来分配基本权利和义务，来决定他们合作的利益和负担的恰当分配。因此，只要在分配基本权利和义务时不在人们之间任意制造差别，从而能在规定社会生活方面确立新的平衡，那么调整后的制度安排就是正义的。当然，每个个体成员可以对不同的权利和义务的差别进行确定，这样的差别对社会的发展往往能起到推动作用。

然而，社会成员的个人想法必须保持足够的沟通，以便使他们的活动协调一致，从而实现各自的想法。当然，这些目标必须符合社会绝大多数成员的共同利益。最后，社会成员必须对基本规则自觉遵守。然而，社会各成员之间往往因为不信任、猜疑和敌意采取了极端行动。因此，我们必须依靠某种体制性的安排来防止极端行动的发生，而且，一旦某种基本规则的正义性超越现有规则的规定范围，我们必须对现有的体制安排进行优化和改善。

2. 对体制存在的理解

体制是指政治构成和主要的经济和社会安排。在市场经济中，体制的基本作用是对自由、竞争和私有财产的保护，它不仅是一种制度安排，规定人们的权利和义务，而且对人们的行为具有重要的影响。启蒙时期，洛克和卢梭长期致力于构建社会契约，实质上就是对人性层面的基本规则，即体制，进行了深入讨论和构建，经过康德的理性批判，特别是康德的《实践理性批判》对这一基本规则进行了充分的阐释，使之提高到一个更高的抽象层次。这样的基本规则，与什么样的权力机构组成，市场组织形式及思想形式变革并没有什么直接联系，它是人类最为原始的内心期望，不仅是对人性作出的最为现实的回应，也是对整个人类发展充满美好希望的基本动力。

然而，在社会结构中，体制并非始终公平，体制的设计者不可能对所有人保持相等的权利对待，相反，往往是对一些人有利，对另一些人不利，当然，这是相对而言的，而且，这种不公平是在保持社会稳定性不变的前提下进行的。正是这种不公平对人在社会中的经济机会和社会条件保持了起始差异，而从整个历史发展的角度来讲，这种不公平往往是不可避免的。如果这样体制上的不公平长期存在，并且发散，进而影响越来越大，那么势必破坏体制安排有利于社会稳定的原始初衷。例如，收入分配领域许多问题的产生与权利赋予的制度安排有着密切的联系，收入的不公平首先的起因是赋权的不公平。收入贫困的背后是权利和权利实现的贫困，要提高社会低收入阶层的收入水平，首先要提升其获得高收入的能力。让低收入者公平地分享社会提供的教育、医疗、社会保障以及其他公共产品，才能缩小收入差距，否则低收入阶层输在起跑线上，两极分化的鸿沟无法弥合。而公共品也是利益分享的重要组成部分，社会成员获取收入的能力是同自身素质的提升联系在一起的，而自身素质的提升与对社会发展成果的分享息息相关。

我们认为，社会的体制安排首先提供了一种评价标准，这种评价标准可以对社会成员所应得的社会分配额进行合理评价。这个标准的制定可以有多个价值维度，但是基本的价值维度只有两个：公平与效率。两个价值维度往往存在某种冲突，因此，如何取舍是制度安排的首要出发点。

体制的安排似乎必须在公平与效率之间寻找某种恰当的平衡，而最基本的社会原则，即规定每个社会成员分配额度的基本原则应该成为价值维度选取的合理依据。在这一点上，不管是中国古代圣贤，如孔子提出的"己所不欲，勿施于人"，还是古希腊哲人亚里士多德一直提倡的"抑制贪心"，都从人性的角度定义了基本的价值看法，通俗来讲，就是不要为了自己得到某种好处而去攫取属于另一个人的东西等；也不要剥夺他应得的东西，如兑现对他的许诺，偿还欠他的债务，对他表示应有的尊重等。这样的层面是公平与效率所无法规定的，相反正是这样的要求，公平和效率才得以从中衍生出来。如果这种人性层面的应当转变为每个成员的特质得以保留，并且通过教育得到广泛传播，社会成员将会以思维习惯的方式共同遵守某一意念和行为方式，那么基本准则的公民基础便由此得到了提炼和升华。

正是有体制这样的要求，一个理性的、关注自身利益增加的人，对基本规则的尊重、对平等状态的承认通过自我意识表达，实际上决定了权力机构的组织形式，即政府应该以什么样的形式存在，社会成员希望寻找一个公平的代表，对各个成员的基本权利和义务进行统一分配，以保障社会成员能够平等地享受个人所得。每个成员可以向政府表达有个体差别，但不能超出某种规定限度的利益诉求，政府应该充分考虑利益诉求和利益差别，但是政府的满足利益分配的基本依据不应是各个成员的社会地位和才智能力，而应是最为基础的基本准则，因为只有这样，才能避免社会成员在选择时由于经济机会和社会条件的差异造成人为的不公平。

但是，对待差异化的利益诉求，通过协商，各自利益的相互妥协，可以达成社会成员共同接受的结果，那么，政府就是协商和利益协调人的角色。政府的责任就是上述状态所描述的一系列规定化的程序。从某种意义上讲，有形的政府和无形的体制是对应关系，而它们之上的存在即是社会成员之间协调关系的共同规则。

我们假定，一旦最基本的共同规则发生了动态调整，而体制性因素未能及时调整，反而成为规则调整的桎梏，此时，政府应主动作出合理的改革，政府的实施策略应该主动改善，使之符合规则的调整，同时也对应体制的及时改变。需要注意的是，政府对社会各个成员的诸多差异应持中立态度，每个成员的发展目标并不相同，正如不同的民族、宗教及区域，由于经济发展水平、风俗习惯及道德层次的区别，使得部分成员的目标差异性较大，有时甚至是对立的。政府作为调和者，应该充分寻找各种差异的最大相同点，同时保持对差异化的尊重，而不能像功利主义所说的那样，牺牲一小部分人的利益，达到整体利益的最大化。事实上，也证明了功利主义在指导社会发展过程中存在的弊病，社会发展最终并不接受功利主义思想，相反，洛克、卢梭及康德的道德原则对政府调整不同社会各个成员之间的利益差别具有重要的指导作用。

以公平准则为基础，使创造价值的各个社会成员自始至终处于平等的竞争状态，与结果平等相比，起始的机会平等具有更为深远的意义。通过政府提供公共服务，目的就是减少机会或起点的不平等。政府需要做的是，面对不同的起点位置，应该为社会成员提供一种制度安排，来缓和起点不同的机会不平等。

起点公平并不是要求整个过程自始至终的公平，因为整个过程的完全公平受到的各种因素影响，几乎不可能达到，但是，起步阶段的公平却相对容易达到，至少可以在客观上可以保障社会成员在起步阶段不要受到制度因素的影响，使人们能够对所期望的公平有所满足。换句话讲，只要每个人认为自己有一个"公平机会"参与竞争，他就可以希望获得一个满意的结果，纵使他自己承认，他的结果的预期值可能低于其他竞争者。当然，我们在此讨论的是社会公平的概念，而不考虑一些主观性因素，如遗传、出身及独特的社会文化。相反的情况是，如果为了结果公平，而人为地添加制度障碍，竞争也绝不可能真正称为是"公平"的。

在一定范围内，社会成员的差别可以被接受，大多数成员也是以未知的身份进入整体程序竞争，并且在决定最终价值分配中发挥重要的作用，但在过程开始之前，没有任何判断这些初始差别的方法，这也符合社会发展的基本实践。特别需要指出的是，现代社会对公平的内涵有了新的要求，它要求同样的付出得到同样的收获，或者说应该给同等以同等待遇，这是任何一个公平社会秩序规则的一个必要因素。从国际上看，基本公共服务均等化是世界大多数国家社会政策发展的趋势。很多国家都把基本公共服务的供给作为治理国家的重要政策，把为国民提供基本公共服务纳入国家法律，与公民的基本权利紧密相连。农民工与户籍人口都是社会主义市场经济体制下地位平等的公民，都有平等的权利享受经济社会发展的成果，都应依照同样的法律规范享受公共服务。使长期在城市就业和居住的农民工享受流入地的基本公共服务，是对农民工创造和贡献的回馈，是维护社会公平的重要内容。

3. 基本价值维度的解析

公平作为一种道德要求和品质，是人类社会各种制度、系统乃至重要活动的一种重要道德性质，它指按照一定的社会标准（法律、道德、政策等）、正当的程序、合理地处事。公平不是抽象的、逻辑的、绝对的，而是具体的、历史的，相对的，是与一国生产力的发展状况和具体国情紧密相连的，其内涵也是随着经济社会的发展而不断丰富。所谓效率，是投入与产出的一种关系，即在投入一定时如何使产出最大，或在产出一定时如何使投入最小。公平与效率之所以会成为一对范畴，是因为创造财富与实现人的全面发展是现代社会生活的两大根本命题，这两大命题互相关联、相辅相成，两者互为目的和手段，公平为效率提供了实施方向，效率为公平提供了实施条件，是互为因果、互为依存的有机整体，统一于社会生产力的发展过程之中。

公平与效率是制定市民化政策的首要问题。公平是以促进人的全面自由发展为前提和基础，它着眼于缩小城市内部成员之间的不平等，并以此缩小城乡之间的发展差距；这就意味着保证城市中人人都能平等地享有教育、医疗、就业与社会保障等公共服务，并且能平等地参与社会生活。马克思主义认为，公平是不同的实践主体在社会文化活动中，按双方都能接受的规则和标准采取行动和处理相互之间关系的准则。人们对于公平的观念不是抽象的，而是具体的；不是静止的，而是处于动态变化之中的。

当前，虽然中国市民化政策不断改善，取得了长足进步，但是就市民化的政策目标与实施效果而言，还存在诸多问题，并由此导致了一系列经济社会问题的产生。市民化政策实施得当，则可以有效缩小中国当前的城乡收入差距，市民化政策实施出现偏差，不仅不利于缩小城乡收入差距，反而将增加社会不稳定因素，从而造成一系列经济社会问题。离开公平讲社会政策容易造成政策目标偏差，离开效率讲社会政策容易导致政策失效。对于市民化政策而言，也必须坚持从公平与效率相统一的视角，对政策的制定和实施进行调整和优化。因此，公平与效率辩证诠释了社会政策的内在属性，是制定市民化政策需要考虑的首要问题。

4. 市民化政策视域下的公平与效率

在现代社会中，平等意识深入人心，随着社会的发展，人们不仅关注起点公平和结果公平，更加关注机会公平和制度公平。市民化政策不仅能帮助农民工解决自身困难，而且能化解社会矛盾，消灭不稳定因素于未生之际，从根本上保障经济社会的健康发展。这种建立在公平基础之上的政策安排，便是制定市民化政策的基点。这不仅符合公平的核心价值取向，而且通过一系列政策保障使农民工具备发展的基本条件，进而缩小了贫富差距，尤其是城乡差距，从而缓和了社会矛盾。因此，市民化政策的公平观概括为：给同样生活在城市的人以相同的公共福利，即使公共福利有所差异，也应控制在合理范围之内，从而维护政策的公平取向。随着城市化的不断推进，越来越多的农村劳动者离开土地，进入城镇工作与生活，事实上，原来在农村主要依靠家庭或个人解决的教育、医疗、就业、社会保障等问题，进入城市后解决上述问题的能力大大降低。因此，通过市民化政策来提供农民工的社会福利对防御教育、疾病、工伤、失业等社会风险，本身就具有公平的意义，而且市民化政策将促进经济和社会发展，体现效率的要求。

对市民化政策来说，效率同样是一项重要的目标和价值，是制定政策的另一个重要方面。首先，市民化政策通过调节不同户籍居民的收入差距来缓解社会矛盾，为社会进步提供稳定的发展环境。其次，通过向农业转移人口群体提供公共福利，使资源得以合理配置，从而提高农业转移人口群体的收入水平，进而刺激消费、促进经济增长。市民化政策要求社会福利政策在公平理念的指导下，通过最小的制度运行成本达到政策目标。既然促进效率同样是市民化政策的目标和价值，那么市民化政策就应关注效率、促进效率，着眼于实现效率。我们可以把市民化政策的效率观概括为：在实现政策目标的前提下，通过合理配置资源，提高市民化政策的实施效果，最大限度地发挥市民化政策对经济社会发展的促进作用。

5. 公平与效率视角下中国市民化政策评价

在过去十几年的时间里，由于大量的农村剩余劳动力进入城市，城市内部不同户籍身份居民之间的巨大福利差距，导致了城市户籍居民与大量农民工共存于城市中。然而，大部分城市在户籍制度的调整过程中，延续了户籍制度的基本价值取向，过多地从效率视角实施市民化政策，对于社会公平重视不够，尤其体现为过多着眼于吸纳发展资金和人才等短期效应，而对于同样为城市发展作出贡献的中低层外来人口的利益和城市人口长远发展则有所忽视。从理论上讲，户籍政策作为一项公共政策，应当弥补市场失灵缺陷，对社会利益进行分配并维护社会整体利益，本身就应当以公平作为价值取向，然而，市民化政策追求效率，忽视公平的价值取向，造成了社会公平这一基本理念不仅没有得到应有的重视，反而使社会的公平性日益受损。

在市民化政策实施过程中，正是因为地方政府过多地考虑自身经济发展的"效率"问题，过多地强调经济发展而忽略社会公平，反而使市民化政策的实施出现了低效率化的倾向。注重效率、忽视公平的价值取向无论对市民化政策的实施还是对经济社会运行的效率都造成了很大危害。这是因为：首先，当地的市民化政策不仅没能对国民收入再分配起到缩小贫富差距的作用，反而进一步拉大了城乡差距，影响了经济社会发展的效率和质量。其次，由于社会福利的欠缺，农民工对医疗、养老、教育、住房等未来支出的预期增加，当前消费受到影响，不仅削弱了经济发展的后劲，而且加剧了经济风险。最后，由于制定农民工市民化政策的主体是各级地方政府，不仅造成了市民化政策的地区差异，并没有从实质上解决因劳动力流动带来的公共福利缺失问题，从而也就降低了资源配置的效率。

同样，追求效率，忽视公平固然不可取，追求公平，忽视效率同样影响市民化政策的实施。中国"农业转移人口市民化"可视为进城务工农民获得上述城市居民所享有的福利或公共服务的过程，如果一味忽视效率追求公平，市民化政策就将难以实施。

中国认为政策有效制定和实施的前提是必须从公平与效率的内涵予以准确把握。在城乡二元结构尚未消除、新的二元结构已经形成的背景下，我们认为市民化政策的制定与实施必须坚持效率与公平相统一的原则，即随着公平度的提高，效率也将逐渐提高。只有公平与效率的统一在市民化政策效果上达到了高度契合，才能在发展中不断纠正自己的路径，在纠偏过程中趋向公平与效率的高度统一，这也是实施市民化政策的根本规律。因此，市民化政策的价值取向既须考虑公平作为政策制定的基石，又须考虑如何通过提高政策的实施效率来实现社会公平，即实现"公平基础上的效率"。这不仅包括选择市民化对象的公平，而且还需要着力市民化渠道的公平建构。通过发挥政策引导作用，使人们在公平的政策引导下追求效率，从而实现公平与效率的统一。对此，市民化政策的价值取向必须具有公平蕴涵，通过市民化政策对公共财政进行权威性的价值分配，在不过度伤害原有城镇居民福利的前提下，统筹考虑社会不同利益群体，特别是农业转移人口群体的利益诉求。通过将公平作为首选政策目标，提高市民化政策的实施效率，通过构建公平与效率动态平衡机制，不断推进市民化进程，最终实现经济社会的稳步发展。

6. 公平与效率相统一视角下的市民化政策实施

在城乡二元结构尚未消除、新的二元结构已经形成的背景下，我们认为必须坚持效率与公平相统一的原则，即随着公平度的提高，效率也将逐渐提高。在此原则下，市民化政策不但促进经济发展，而且必须能有效缩小收入差距，并有利于促进劳动力的流动。市民化水平超前或滞后都不利于经济发展，水平超前会损害经济效率，水平滞后将导致中国居民未来预期支出增多，不利于当前消费水平的提高。

1）公平与效率相统一视角下市民化政策实施意义

公平的市民化政策有利于促进经济发展。在市民化政策对经济发展的影响方面，比较有代表性的是福利经济学，庇古认为，如果把富人收入的一部分转移给穷人，经济福利就会增大，而收入转移的途径就是政府向富人征收累进所得税和遗产税，然后补贴穷人。经济福利之所以会因收入分配均等化而增大，其依据是边际效用递减学说。如果将货币收入从富人那里"转移"一些给穷人，就可以增加货币的边际效用，而使社会满足总量增加。可以看出，对穷人的补贴应该是普遍的，否则收入分配均等化的效果不明显，社会满足总量的增加也将不明显。此外，通过为农业转移人口提供公共福利，提高了劳动者素质，有利于国民经济增长。当然，市民化措施不能损害富人的积极性，即不能过度损害富人的利益，即不损害富人积极性并普遍补贴穷人。

提高市民化政策的效率有利于缩小收入差距。市民化政策的价值取向决定了它必须是一项有利于实现社会公平与正义这一根本目标的制度安排，必须具有并切实发挥促进社会发展的功能。在一个具体的社会中，当某一市民化政策所追求的"社会公平"与社会发展目标是相容的时候，它就促进这个社会的发展；当其所追求"社会公平"与社会发展目标不相容的时候，它就会成为社会发展的障碍。如果通过合理的制度安排使市民化政策在利益调节方面的功能得到有效发挥，将有利于缩小地区、城乡、贫富之间的差距，进而从根本上促进中国经济的健康持续发展。

公平与效率的统一在市民化政策效果上达到了高度契合，才能在发展中不断纠正自己的路径，在纠偏中趋向公平与效率的高度统一，是实施市民化政策的根本规律。

2）公平与效率相统一视角下的市民化政策调整

市民化政策必须坚持公平与效率相统一的标准，既要坚持基本生存条件及公共服务条件的公平，又要坚持政策的稳定性、连续性和利益可协调性。中国市民化的艰巨任务决定中国的市民化政策必将是一个长期稳定的政策，如果市民化政策断断续续、走走停停，则必将影响市民化的政策效果。因此，市民化政策在必须注意政策对象范围的同时，又要注重政策对象的层次，既为公平理念得到普及，又能在最大程度上得到不同层次的社会成员的支持，从而共担市民化成本与风险，进而不断推进市民化进程。

如果任其发展下去，不仅有害公平，而且会严重影响经济社会的良性运转。因而，必须重视发挥市民化政策干预收入分配和协调经济社会发展的功能，让市民化政策在协调利益关系，特别是缩小城乡收入差距、化解劳资矛盾、保障困难群众基本生活方面发挥更大的作用。这就意味着，在市民化政策实施中，我们必须统筹协调，至少不能让市民化政策造成城乡居民新的不平等，成为城市化进程中农村人口向城市人口转变的新的壁垒。同时，应该切实提高某些福利的供给层次，这样才能在更大范围内实现互济，提高资金利用效率。

第二节　中国市民化政策实施主体的博弈分析

回顾中国市民化历程，地方政府在实施市民化政策中的作用饱受争议。它既大力推进农村剩余劳动力向城市转移，成为推进城镇化的重要动力，同时又因对农村转移人口没有提供公共服务保障，导致中国市民化进程出现迟滞[①]。具体来讲，地方政府对能够刺激经济增长和税收增长的劳动力转移热情较高，而对需要支付公共服务成本的市民化待遇问题，地方政府行为冷漠，即严重忽视教育、医疗、环境和社会保障等。

作为理性的地方政府，在城镇化进程中的上述行为导致了一系列经济与社会问题的产生，如城乡发展不平衡、城乡收入差距过大，公共产品供给严重不足等问题。面对地方政府行为的上述偏差，中央政府作为地方政府的委托人，为了保证全社会福利水平最大化，将提出一系列激励约束措施来加强对地方政府的监督并矫正地方政府在市民化进程中的行为偏差。例如，要求地方政府增加农业转移人口社会保障，积极改善农业转移人口住房、子女教育等问题。

然而，由于地方政府自身的趋利性，作为执行中央政府各项政策的代理人，地方政府与中央政府的目标必然存在一定的差异。这就是说，在目标不一致的情况下，中央政府和地方政府存在博弈的可能性。在现实中，存在信息不对称，中央政府无法获取地方政府的充分信息[②]，使得地方政府不断地创新手段来应付中央政府，导致中央政府的努力并未从根本上扭转地方政府的工作重心和工作方式，进而造成了地方政府仍存在着较强的短期及机会主义的行为激励。因此，本书将市民化进程中的地方政府行为作为研究的逻辑起点，着重分析中央政府强制地方政府推进市民化的概率，从而增强中央政府对地方政府的行为矫正力度。

从以往的研究文献来看，对地方政府行为的研究主要是建立两个视角之上，即"委托代理"和"博弈论"的视角。自从公共选择理论将"经济人"假设引入政府行为研究中以来，该理论越来越成为政府行为分析的一个现成的理论框架。国内学界在这两个理论的基础上，通过中央政府与地方政府之间存在的权力的委托代理关系，运用"中央-地方"的分析框架来探究中国地方政府行为，并且在此

---

① 截至 2012 年，我国城镇化水平已经达到了 52.57%，但若按户籍人口计算，这个数字只有 35.29%，两者之间有着 17% 的差额。这意味着大量农村人口迁向城市，并常住城市就业、生活，但他们无法在社会保障、公共服务以及政治权益等方面得到与城市居民同等的待遇，甚至在工作上也同工不同酬。也就是说，相当一部分农民成功实现了职业的转变，成为城市里的农民工（非农化），却没有实现身份的转变，成为与城市户籍居民一样的身份的城市居民（市民化）。

② 一方面中国多层级的政府体制导致汇报过程中的信息失真，另一方面中央政府缺乏独立的信息渠道。

基础上进行行为主体的利益博弈。

1. 市民化实施主体选择的理论基础

1) 博弈论概述

博弈论是研究在利益相互影响的局势中，理性的局中人为了最大化自己的利益如何选择各自的策略以及这种策略的均衡问题，即研究当一个局中人的选择受到其他局中人的影响，而且反过来又影响到其他局中人的选择时的决策问题和均衡问题。

博弈论问题源远流长，仅就博弈思想和实践活动而言，上可追溯到 2000 多年前的齐王和田忌赛马以及《孙子兵法》中的军事博弈。而将博弈论应用于经济领域则是始于古诺（A.A.Cournot）（1838）和伯特兰（J.Bertrant）（1883）等关于两寡头垄断、产品交易行为的研究。他们通过对不同的经济行为方式与案例的研究，建立相应的模型进行博弈分析，揭示了经济活动过程中蕴涵的博弈问题特征，为经济博弈论的发展提供了思想雏形，并进行了有益尝试。

为大家所公认的博弈论研究始自美国数学家冯·诺依曼（John Von Neumann）于 1928 年和 1937 年先后发表的两篇文章。然而，经济博弈论的创立则是以冯·诺依曼和经济学家摩根斯坦（O. Morgenstern）合著的《博弈论与经济行为》一书为标志的。该书奠定和形成了这门学科的理论与方法论基础。自此以后，博弈论得到了迅速发展，现在已被广泛用于各个领域与行业。

此后不久，纳什（John F. Nash）（1950）明确提出纳什均衡这一基本概念，揭示了博弈论与经济均衡的内在联系，抓住了博弈论研究的关键。后继的理论研究就是围绕这一核心问题展开的。纳什均衡指明的理性结局是这样的一种策略组合，其中每一个局中人均不能因为单方面改变自己的策略而增加收益。

2) 博弈论过程

博弈的策略类型表述由以下几个基本要素组成：

决策人：在博弈中率先作出决策的一方，这一方往往依据自身的感受、经验和表面状态优先采取一种有方向性的行动。

对抗者：在博弈二人对局中行动滞后的那个人，与决策人要作出基本反面的决定，并且他的动作是滞后的、默认的、被动的，但最终占优。他的策略可能依赖于决策人劣势的策略选择，占去空间特性，因此对抗是唯一占优的方式，实为领导人的阶段性终结行为。

局中人（players）：即博弈的参与者，他们是博弈的决策主体，根据自己的利益要求来决定各自的行为，局中人可以是自然人，也可以是各种组织，如企业、政府、社团等。

策略（strategies）：一局博弈中，每个局中人都会选择实际可行的完整的行动方案，即方案不是某阶段的行动方案，而是指导整个行动的方案，局中人的一个可行的自始至终全局筹划的行动方案，称为这个局中人的一个策略。如果在一个博弈中局中人都有有限个策略，则称为"有限博弈"，否则称为"无限博弈"。

得失（pay offs）：一局博弈结局时的结果称为得失。每个局中人在一局博弈结束时的得失，不仅与该局中人自身所选择的策略有关，而且与全局中人所取定的一组策略有关。所以，一局博弈结束时每个局中人的"得失"是全体局中人所取定的一组策略的函数，通常称为支付（pay off）函数。

次序（orders）：各博弈方的决策有先后之分，且一个博弈方要作不止一次的决策选择，就出现了次序问题；其他要素相同次序不同，博弈就不同。

博弈涉及均衡：均衡是平衡的意思。在经济学中，均衡意即相关量处于稳定值。在供求关系中，某一商品市场如果在某一价格下，想以此价格买此商品的人均能买到，而想卖的人均能卖出，此时我们就说，该商品的供求达到了均衡。

3）博弈结果

纳什均衡（Nash equilibrium）：在一个策略组合中，所有的参与者面临这样一种情况，当其他人不改变策略时，他此时的策略是最好的。也就是说，此时如果他改变策略他的收益将会降低。在纳什均衡点上，每一个理性的参与者都不会有单独改变策略的冲动。

纳什均衡揭示了博弈均衡与经济均衡的内在联系。纳什的研究奠定了现代非合作博弈论的基石，后来的博弈论研究基本上都沿着这条主线展开，后续的研究者对博弈论的贡献，都建立在这一概念之上。纳什均衡的提出和不断完善为博弈论广泛应用于经济学、管理学、社会学、政治学、军事科学等领域奠定了坚实的理论基础。纳什均衡博弈论在现实中的应用很多。各国对博弈论的研究，促进了人类社会的文明发展。博弈论对人类的最大贡献则是其哲学思维方式推动了人类思维模式向前发展。纳什均衡博弈论关注个体行为的合理性，使博弈论研究可以在一个博弈结构里寻找比较有意义的结果。

4）重复博弈

在现实世界中，人们大多数行为之间的相互作用或博弈是重复发生的。例如，公众与雇员之间的劳资协议；消费者在同一食品商店购买食品，并经常购买同一品牌的商品；垄断市场的厂商进入问题；各国之间的关税谈判；中央政府与地方政府的利益分配（如分税制）、政府税收方案与企业行为、央行的货币政策与公众的预期行为等。我们把在博弈中参与者重复地遇到战略相互作用的博弈称为"重复博弈"。在博弈论的理论体系中，重复博弈也是重要内容之一，占有重要地位。

重复博弈是指有同样结构的博弈重复多次，其中的每次博弈称为阶段博弈。例如，市场进入博弈中的两个厂商(在位者和进入者)就"进入"问题反复博弈；具有广泛意义的"囚徒困境"进行多次，等等。重复博弈是扩展型博弈的特殊形式。重复博弈有如下几个特征：重复进行的各阶段博弈的结构不变；所有参与者都观测到博弈过去的历史；重复博弈中对参与者的总支付是所有阶段博弈支付的贴现值之和或加权平均值。

在完全信息情况下，不论博弈重复多少次，只要重复的次数是有限的，唯一的子博弈精练纳什均衡是每个参与人在每次博弈中选择静态均衡战略，即有限次重复不可能导致参与人的合作行为。特别地，在有限次重复囚徒博弈中，每次都选择"坦白"是每个囚徒的最优战略。这一结果似乎与人们的直观感觉不一致。阿克斯罗德（Axelrod，1981）的实验结果表明，即使在有限次重复博弈中，合作行为也频繁出现。1982 年，克瑞普斯（Kreps）、米尔格罗姆（Milgrom）、罗伯茨（Roberts）和威尔逊（Wilson）建立的声誉模型（reputation model），称为 KMRW 声誉模型，通过将不完全信息引入重复博弈，对这种现象作出很合理的解释。他们证明，参与人对其他参与人得益函数或战略空间的不完全信息对均衡结果有重要影响，只要博弈重复的次数足够多（没有必要是无限的），合作行为就会出现。特别地，"坏人"可能在相当长一段时期表现得像"好人"一样。

2. 市民化政策实施主体选择的理论模型

作为理性经济人，为实现经济增长，地方政府一方面会通过提供城市公共产品吸引人口不断从乡村往城市转移，为工商业发展提供丰富的劳动力资源；另一方面为了加速资本积累进一步促进经济增长，当然，为了减轻财政负担，也会限制获得城市户籍的人口数量，从而减少公共产品支出成本。公共服务存在，使一个人进入城市能够获得的期望效用高于待在农村，地方政府对户籍的控制使得进城人口能否获得户籍的政策多了一些选择。即地方政府可以在推进城市化过程中选择不同的公共服务提供量，高水平公共服务虽然能较大程度地提升户籍人口福利，但也会带来较重的财政支出负担，而低水平的公共服务能使政府以较低的支出成本加快城市化进程，但是却会带来一系列城市化过程中产生的问题[①]。因此，政府作为一个理性的经济人，选择要不要进行市民化，选择什么样的市民化，面临市民化收益与成本权衡比较的问题，按照政治经济学理论，政府通常会选择出台或接受那种对其政治净收益最大的方案。

1）博弈主体

中央政府依据全民根本利益，负责制定各项政策、方针、措施，并委托地方政府实施，从而使地方政府与基层民众受惠。地方政府则代表中央实现国家意志

---

① 中央政府和地方政府出台的各种政策，是多个实施主体之间互动或博弈的结果。这种互动发生在劳动力流出地政府与流入地政府之间、地方政府与中央政府之间、流动劳动力与城市劳动力之间，以及两类劳动者与政府之间。

和利益在地方的贯彻，并承担由此引起的责任和损失。

2）博弈策略

中央政府通过非强制性的手段使政策得以执行，地方政府主动接受，认真贯彻。中央政府没有采取强制性的手段，但地方政府却采取不合作的方式来抵制中央政策的贯彻实施。中央通过强制命令的态度保证政策的强有力实施，地方政府采取接受的方式。中央政府通过强制命令的态度，但是地方政府政府拒不执行，此时，中央政府必须惩罚地方政府，以保证社会总福利不受损失。

所以，在这个博弈模型中，当上级政府制定了某项经济政策后，下级政府从本地区的利益出发有两种可供选择的策略：不推进和推进。中央政府对地方政府是否推进市民化也有两种可选策略：不强制和强制。因此，就会形成四种博弈策略，即（不推进、不强制）、（推进、不强制）、（不推进、强制）及（推进、强制）。

3. 博弈过程分析

假设一：市民化进程只考虑中央政府和地方政府，其他因素皆为共同信息。

假设二：中央政府的效益函数为全社会福利最大化，而地方政府的效用取决于当前它所获得的收益。

假设三：中央政府与地方政府都是风险中性的。

假设中央政府对推进市民化采取不强制态度的概率为 p（$0 \leq p \leq 1$）。此时，地方政府不进行市民化的收益为 R（$R \geq 0$），但是，这将给社会带来福利损失，我们假定福利损失为 mR（$m \geq 0$），m 为中央政府福利损失系数。如果推进市民化，地方政府市民化收益为 $-N$（N 为常数，且大于零），则中央政府的收益为 θN（$\theta \geq 0$），θ 为中央政府市民化获益系数。

假设中央政府对推进市民化采取强制态度的概率为（$1-P$）（$0 \leq p \leq 1$），则当地方政府不进行市民化时，地方政府将承担收益损失 $-F$，此时中央政府的成本为 c；地方政府推进市民化，则收益为 $-N$，但此时中央政府的收益为（$\theta N - c$），并且 $F \prec \theta N$（表9-1）。

表9-1　中央政府与地方政府的支付收益矩阵

项目		中央政府	
		不强制	强制
地方政府	不推进	$R, -mR$	$-F, F-c$
	推进	$-N, \theta N$	$-N, \theta N-c$

用 η 代表中央政府强制的概率，p 代表地方政府不推进市民化政策的概率。给定 η，地方政府选择不推进（$\eta=0$）和推进（$\eta=1$）的期望收益效用函数分别为：

$$E(U_1) = pR + (1-p)(-F) = pR + Fp - F \tag{9-1}$$

$$E(U_1') = p(-N) + (1-p)(-N) = -N \tag{9-2}$$

令 $E(U_1) = E(U_1')$，它表示地方政府采取推进和不推进市民化的预期收益是相等的，得：

$$E(\overline{U}_1) = pR + Fp - F + N = 0 \tag{9-3}$$

经整理得：

$$p^* = \frac{F-N}{F+R} \tag{9-4}$$

给定 p，中央政府选择强制（$\eta=1$）和不强制（$\eta=0$）的期望收益效用函数分别为：

$$E(U_2) = (1-\eta)(-mR) + \eta(F-c) = \eta mR - mR + F\eta - c\eta \tag{9-5}$$

$$E(U_2') = (1-\eta)(\theta N) + \eta(\theta N - c) = \theta N - c\eta \tag{9-6}$$

令 $E(U_2) = E(U_2')$，则：

$$\theta N = \eta mR - mR + \eta F \tag{9-7}$$

经整理得：

$$\eta = \frac{mR + \theta N}{mR + F} \tag{9-8}$$

因此，混合策略纳什均衡是：$\eta^* = \dfrac{mR + \theta N}{mR + F}$，$p^* = \dfrac{F-N}{F+R}$，即中央政府以 $\dfrac{mR + \theta N}{mR + F}$ 的概率选择强制市民化政策，地方政府以 $\dfrac{F-N}{F+R}$ 的概率选择不推进政策。

可以看出，这个博弈中的纳什均衡与以下几个因素相关：地方政府市民化成本（N）、中央政府惩罚成本（F）、中央政府市民化获益系数（θ）及中央政府福利损失系数（m）。并且可以得出两点结论：①中央政府越是强制地方政府推进市民化政策，地方政府选择不推进政策的概率越高，这也说明了中央政府长期以来出台的市民化政策，地方政府并没有执行的动力；②中央政府对地方政府不执行政策的惩罚越高，地方政府不执行政策的概率就越低。这说明长期以来市民化政策的出台并没有以相应的惩罚机制作为保障条件，导致了地方政府以较高的概率来选择不执行政策。在完全信息下，地方政府知道中央政府会以较高的概率选择监管，自己就会为了避免高额的惩罚而选择执行政策。

4. 影响中国市民化政策实施主体的因素分析

可以看出，是否能有力推进市民化决定于四个因素，即地方政府市民化成本（N）、中央政府惩罚成本（F）、中央政府市民化获益系数（θ）及中央政府福利损失系数（m）。这四个因素受三个体制因素影响。

1）财政体制的划分决定了地方政府的市民化成本

中国现行财政收支责任和转移支付制度都以假定辖区户籍人口不流动为基础前提，在这种体制前提下，各地方政府按本地区所辖户籍人口来提供公共服务。然而，大量农业转移人口的自由流动冲击了这一前提存在的现实基础，对现有的财政关系提出了重大挑战。针对农业转移人口流动带来的公共服务的供给难题，地方政府从意愿上之所以并不想推进农业转移人口市民化，究其原因，还是地方政府财权与公共服务支出不对称，缺乏稳定的财政资金筹集渠道以支撑日益庞大的农业转移人口数量。因此，激励地方政府市民化行为的重要途径之一，就是合理划分中央和地方的事权与支出责任，建立起财权与支出相顺应的财政体制，以事权明晰化、不断提高财政体制安排的科学性和公平性。通过对地方政府财政行为的共同约束，形成各级政府稳定的收入和支出预期。

2）官员考核体系决定中央政府的惩罚成本

首先，当前地方官员的竞争机制导致了"囚徒困境"的出现。地方官员在晋升上的竞争，引发地方政府经济行为上的相互竞争。在官员的晋升博弈中，上级对地方官员的考察依据促使参与者只关心自己的相对地位，为了能够在晋升竞争中胜出而努力使自己的绩效最大化，突出地方经济发展绩效无疑是最佳的选择，但是这很容易导致"囚徒困境"的出现。其次，当前的官员考核体系导致地方政府经济行为的短期化。地方官员为了晋升，由于资历、年龄的限制，必须在尽可能短的时间内作出尽可能大的政绩。这些晋升方面的规定和限制，必然导致地方官员注重短期行为，注重"短平快"的项目，注重显性项目。然而，市民化的正面作用需要长期影响，这与官员考核体系相矛盾，不利于市民化的推进。因此，在市民化进程中，中央政府应该加大对地方政府的监督力度，提高对地方政府的惩罚成本。

3）市民化政策实施主体决定中央政府的市民化损益系数

随着城镇化进程的快速推进，市民化已经成为当前最为重要的现实任务。由于中央政府的强制作用，不推进市民化已经不可能。近年来，许多城市开始实施市民化政策，然而实践表明，迄今为止，大多数地区实施的市民化政策往往异化成地方政府行为，从当地政府来看，这种政策带来的收益远比成本要高很多，作为理性的地方政府，当然愿意执行扩大户籍的市民化政策。但是，这样的政策由于选择优质要素，抬高了市民化的门槛而有助于本地区经济增长，也将加剧城乡收入差距，这对中央政府来讲，加大了福利损失，提高了福利损失系数。因此，我们认为应该采取减少城市户籍居民和农民工之间公共服务差异的市民化办法，增强社会融合。因为城市中存在的公共服务歧视可能加剧城市内部不同户籍身份的劳动力之间的收入差距和社会冲突，造成社会资源的非生产性消耗。通过减少不同户籍身份居民的公共服务差异来促进社会融合，可以减少收入差距和社会冲突，从而有利于经济增长和居民收入水平的提高，对中央政府而言，福利收益系数也将有较大程度的提高。

中国农业转移人口市民化滞后与政府责任界定不清有着密切的关系。在很长一段时间里，由于地方政府没有正确意识到自己对市民化所肩负的责任，在农业转移人口市民化政策中存在中央政府与地方政府责任相互博弈，这是由于市民化的责任没有界定清楚，由此，导致政策制定水平不高，实际操作中存在的管理不严、监督不力的问题。在市民化的进程中，目前地方政府承担了市民化的主要任务，然而由于存在着诸多地区利益，目前地方政府实施的是一种各自为政式的市民化实施方式，因而不可避免地造成了各地区负担的不平衡。如果要在不同地区间统一标准，那么将会遇到较大阻力，而中央政府在市民化问题上又缺乏实质性的措施，这既是中央政府同地方政府博弈的结果，也是中央政府不敢承担太多市民化责任的表现。

5. 完善中国市民化实施主体的实施策略

中央政府和地方政府必须进行相关的责任界定，既要充分发挥中央政府的主导作用，又要对地方政府市民化进行不断的激励，从而充分发挥地方政府的主观能动性。事实上，市民化政策实施的关键是界定主体之间的公共成本，如何合理分摊中央政府与地方政府在市民化进程中所附带的公共福利成本，是当前中央政府与地方政府推进市民化政策的关键。首先，中央政府要为推进市民化承担适当成本，以解决当前地方政府市民化能力有限的问题；最后，努力提高地方政府实施市民化的政策水平，从实质上解决市民化进程中公共福利供给成本过高问题。

另外，对各地市民化政策指标的考核，应由原先按照户籍人口为基数变为以常住人口为基数。同时加大对城市政府职责的监督，对未能尽职尽责解决市民化问题的地方，加大惩罚力度，确保制度安排的实施。对确实因市民化政策承担较大公共服务支出的省份和地区，中央财政要对存在困难的流入地给予必要的财政转移支付，对于诸如教育、职业培训及养老等方面的公共服务支出，可以设立专项基金予以支持。

第三节　中国完善市民化政策的路径选择

为了破解双重二元结构，缩小城乡差距。中央政府提出大力推进"人的城镇化"为核心的新型城镇化，其实质就是市民化。然而，从缩小城乡收入差距而言，市民化推进过程中的政策措施却值得商榷，因为中国一些地方实行的以扩大户籍为核心的"准入政策"实际上是让富有的人成为城市居民，而不能取得城市户籍的贫困农民则往返于城市与农村之间，导致户籍制度成为"选富择优"的门槛，不仅没有对城乡收入差距起到缩小的作用，反而进一步拉大了城乡收入差距。

一、市民化政策路径选择的理论模型

（一）市民化政策路径选择的理论模型假设

假设一：结合中国实际，借鉴已有研究成果的思路，本书设中国经济存在城乡二元结构，与以往的研究相似，笔者把经济分为两个部门：农业部门(部门 1)和非农业部门（部门 2）。其中，农业部门存在于农村，非农业部门存在于城市。两部门由于制度障碍彼此分割。

假设二：为了分析的简便，这里假设部门内的经济主体是同质的，设劳动力人数等于人口数，即农业劳动力等于农村人口 L_1，非农业劳动力等于城市人口 L_2，且不考虑人口增长，即总人口规模 L 不变。定义城市化程度 $\eta = L_1/(L_1 + L_2)$。

假设三：因为户籍制度的存在，我们将非农业人口分为非农业户籍人口（L_2^1）和农民工（L_2^2）两类，由于户籍率是一个地区或城市中非农业户籍人口占全部常住人口的比例，则户籍率=非农业户籍人口÷非农业人口，定义户籍率程度为 $n = L_2^1 / (L_2^1 + L_2^2)$。

假设四：两部门代表性厂商的生产函数为：

$$Y_1 = A_1 K_1^\alpha L_1^{1-\alpha} G_1^{1-\alpha} \tag{9-9}$$

$$Y_2 = A_2 K_2^\beta L_2^{1-\beta} G_2^{1-\beta} \tag{9-10}$$

其中，Y_1 和 Y_2 分别为农业部门和非农业部门的产出。K_1 和 K_2 为农业部门和非农业部门的资本投入，L_1 和 L_2 分别为农业部门和非农业部门的劳动力投入，α，β 分别为农业部门和非农业部门的资本产出弹性，为了不失现实性，我们设定 $\alpha < \beta$，即农业部门的资本产出弹性小于非农业部门的资本产出弹性。A_1 和 A_2 分别为两个部门的生产技术，反映了技术水平、土地条件、气候等因素对农业生产的影响，显然，A_1 和 A_2 是外生给定的参数。G_1 和 G_2 为农业部门和非农业部门实际能够获得的公共支出。

假设五：令 $k_1 = K_1 / L_1$，$k_2 = K_2 / L_2$，根据假设二，则两部门代表性个体的选择行为生产函数改写为：

$$y_1 = A_1 k_1^\alpha G_1^{1-\alpha} \tag{9-11}$$

$$y_2 = A_2 k_2^\beta G_2^{1-\beta} \tag{9-12}$$

考虑到两部门代表性厂商根据利润最大化及零利润条件进行决策以实现要素市场的均衡，两部门劳动力市场达到均衡状态时的出清条件为：

$$w_1 = f(k,g) - k f'(k,G) = A_1(1-\alpha) k_1^\alpha G_1^{1-\alpha} \tag{9-13}$$

$$w_2 = f(k,g) - k f'(k,G) = A_2(1-\beta) k_2^\beta G_2^{1-\beta} \tag{9-14}$$

假设六：考虑当前户籍制度对生产要素具有甄选功能，对非户籍居民而言，就业过程中的高学历、特殊技能和特殊贡献，或者购房和附带较大规模的实际投资往往更易获得城市户籍，或者说，在农村居民向城镇居民转变的过程中，较富裕的农村居民往往更容易成为城镇居民（阮杨等，2002）。随着城市户籍的不断增加，城市中相应的资本与技术等要素将越来越多。因此，参照并借鉴（Mulhgan and Sala-i-Martin，1997；孙永强，2012）的理论与研究方法，假设城市生产中，最终产品的生产只有一类最终产品 Q，劳动、资本与技术等要素分别作为中间产品而共同生产最终产品，其生产符合柯布道格拉斯生产函数，且满足规模收益不变，如下：$Q = AY_1^n Y_2^{1-n}$，其中，A 为生产最终产品的技术，n 为户籍率，在此表示资本技术密集型中间产品的产出弹性。

（二）模型的静态分析

假设中间产品的价格分别为 P_1 和 P_2，则最终产品部门利润最大化需满足：

$$\max Q(Y_1, Y_2) = AY_1^n Y_2^{1-n} \tag{9-15}$$

$$\text{s.t.} P_1 Y_1 + P_2 Y_2 = C \tag{9-16}$$

解该最优问题，得到：

$$P_1 = An(Y_2 / Y_1)^n \tag{9-17}$$

$$P_2 = A(1-n)(Y_1 / Y_2)^n \tag{9-18}$$

由式（9-9）和式（9-10）处理得：

$$P_1 Y_1 / P_2 Y_2 = n / 1 - n \tag{9-19}$$

城乡收入差距（π'）从广义来讲由两部分组成，一是工资差异（π），二是考虑由于户籍政策差异带来的诸如医疗、教育、失业保障等非货币因素，我们设定其收入差距系数 θ（$0 < \theta < 1$），由此可得：

$$\pi' = \pi + \theta \tag{9-20}$$

由式（9-5）、式（9-5）可得：

$$\pi = w_1 / w_2 \tag{9-21}$$

由式（9-11）、式（9-12）整理后，并将城市化率 η 代入，可得：

$$\frac{P_1 \eta (1-\beta)(\pi' - \theta)}{P_2 (1-\eta)(1-\alpha)} = \frac{n}{1-n} \tag{9-22}$$

由上式得到隐函数：

$$F = \frac{P_1 \eta (1-\beta)(\pi' - \theta)}{P_2 (1-\eta)(1-\alpha)} - \frac{n}{1-n} \tag{9-23}$$

命题一，扩大户籍拉大了城乡收入差距。这是因为 $\dfrac{\partial \pi'}{\partial n} = \dfrac{\pi' - \theta}{n(1-\theta)} > 0$，得证。

命题二，城市化缩小了城乡收入差距。这是因为 $\dfrac{\partial \pi'}{\partial \eta} = -\dfrac{\pi' - \theta}{\eta(1-\eta)} < 0$，得证。

命题三,扩大户籍的政策有助于推动城市化。这是因为:$\dfrac{\partial \eta}{\partial n} = \dfrac{\eta(1-\eta)(n+1)}{n(1-n)(2-\eta)} > 0$,得证。

命题四,缩小公共服务差异的措施有助于推动城市化。这是因为:

$$\frac{\partial \eta}{\partial \theta} = \frac{\eta(1-\eta)}{\pi' - \theta} > 0 \,, \ \text{得证。}$$

推论 1:由命题一、二、三可知,扩大户籍将拉大城乡居民收入差距,同时,扩大户籍化将推动城市化,并通过城市化间接缩小城乡居民收入差距。

推论 2:由式(9-15)与命题四可知,缩小由户籍制度带来的公共服务差异直接缩小城乡收入差距,而且通过推动城市化,间接缩小城乡收入差距。

从以上理论分析,得出结论:虽然扩大户籍与缩小公共服务差距都能推动城市化,而且城市化有利于缩小城乡收入差距,但是,扩大户籍的市民化政策将拉大城乡收入差距,相比而言,降低公共服务差异的市民化措施将直接缩小城乡收入差距。由此,我们认为在市民化的政策选择上,从缩小城乡收入差距的角度考虑,扩大户籍的措施并不合适,应该采取缩小公共服务差距的市民化措施。

二、市民化政策路径选择的实证分析

(一)变量选取和数据来源

1. 被解释变量

本书选用的被解释变量为研究城乡收入差距最常用、最直接,也是最容易计算与理解的统计指标-城乡居民收入比(URG)[①]。该变量直接反映了城乡的收入水平相对差距,同时保证城乡收入来源具有动态可比性。

2. 主要解释变量

城市化水平。本书运用以城市化率(UBN)=非农业人口/总人口作为衡量城市化质量的指标。

市民化水平。市民化率作为市民化水平的代理变量,主要表现为非农业户籍率。

计算公式通常为非农业人口占常住人口的比例。由于城市常住人口中农民工部分存在较大的流动性,存在着统计上的困难,因此我们用城镇人口替代城市常

---

① 城乡收入比=城镇居民可支配收入/农村居民纯收入,用基尼系数来反映我国城乡差距是可取的,它的长处是能够比较方便地以一个数值来看收入分配差距的总体状况。但在我国基尼系数值非常混乱,对同一对象的研究,不同的研究机构不同的研究者计算出的基尼系数大不一样。而且从基尼本身,不能发现哪个阶层的收入份额上升或下降了多少,特别是对低收入阶层的收入比重变化不敏感。

住人口。因此，本书中市民化率（CTZ）=城市户籍人口/城市常住人口。

3. 其他控制变量

本书选取的其他控制变量主要有：①经济发展水平（GDP），采用各省份的人均 GDP 来表示。经济发展越快，城乡之间要素流动越快，城乡收入差距应该越小，所以，预期该变量的系数为负。②产业结构（THI），采用第三产业增加值占 GDP 的比例来衡量产业结构变动对城乡收入差距的影响。由于城市化推动大量的农村剩余劳动力进入城市，提高了劳动力的收入水平。③地方政府对经济的干预程度（FIN），为地方政府的财政支出占 GDP 的比例。该变量衡量了政府的财政行为对于城乡收入差距的影响。④社会保障水平差异（SOP），用地方政府社会保障支出占政府财政支出的比例来表示，由于能够享受到政府社会保障体系主要涵盖拥有城镇户籍的居民，因此该指标可作为户籍制度对收入差距影响的代理变量，其预期符号为正。⑤土地财政（FLD），采用各省份土地出让金占各地财政收入的比值来表示。用来衡量各省份城镇化速度对于收入差距的影响。⑥对外开放程度（TRD）。本书采用 FDI 值占 GDP 的比例表示各省份对外开放水平[①]。

本书采用各省份 2000～2011 年的面板数据[②]，其中非农业人口和总人口来源于《中国人口统计年鉴》（2001～2007）和《中国人口和就业统计年鉴》（2008～2012）；土地出让金来源于《中国国土资源年鉴》（2001～2012）；其他数据均来自于《中国统计年鉴》（2001～2012）。为了消除数据中的异方差和多重共线性，实证分析过程中本书对各变量进行了对数化处理。

（二）系统广义矩估计（sys-GMM）

广义矩估计（generalized method of moments，GMM）是基于模型实际参数满足一定矩条件而形成的一种参数估计方法，是矩估计方法的一般化。只要模型设定正确，则总能找到该模型实际参数满足的若干矩条件而采用 GMM 估计。该方法首先由 Lars Hansen 于 1982 年引入计量经济学。在研究过程中，在经济理论中很少能够提供关于总体分布的信息，于是出现了准极大似然估计（quasi-maximum likelihood estimation，QMLE）理论用来猜测总体分布，然而除非猜测和真实情况恰好符合，否则得到的估计量不再是最优的，甚至有可能导致对总体中某些参数的有偏估计。相反，GMM 理论提供一种计算相对便捷的推断模型，且不需要设定似然函数。

---

① 本书计算过程中首先将美元表示的实际利用外商直接投资数据用相应年份的年平均汇率转化为人民币单位。

② 由于港澳台地区制度与大陆地区存在较大差异，本书样本中剔除了港澳台地区。另外，由于西藏某些指标上的数据统计不全，本书研究范围为全国除西藏外的 30 个省份。

由于基本模型的解释变量中含有被解释变量的滞后项，为了防止模型中的被解释变量的滞后项与个体之间相同的截距之间存在可能的相关性，并且考虑到模型中解释变量可能存在的内生性问题，本书采用 Arellano 和 Bond 于 1991 年首先提出的广义矩估计（GMM）方法进行分析。根据广义矩估计（GMM）的思想，首先对原模型进行一阶差分以消除地区固定效应，然后选择一个工具变量，在满足矩条件的情况下最小化目标函数，即可得到模型参数的 GMM 估计。为了克服因差分丢失信息的问题，Arellano 和 Bover、Blundell 和 Bond 进一步提出系统广义矩方法（sys-GMM），从而大大提高了估计结果的有效性和一致性。具体发展历程大致如下：

动态面板数据模型的意义是能够揭示被解释变量的动态变化特征，它的一般形式：

$$y_{it} = y_{it-1}\gamma + x_{it}\beta + u_i + \varepsilon_{it} \tag{9-24}$$

在式（9-24）中，u_i 为非观测截面个体效应。动态面板数据模型的估计，通常采用广义矩方法（GMM）。

Arellano 和 Bond（1991）提出 DIF-GMM 估计方法，通过对式（9-24）进行差分，消除由于未观测到的截面个体效应造成的遗漏变量偏误。

$$\Delta y_{it} = \Delta y_{it-1} r + \Delta x_{it}\beta + \Delta \varepsilon_{it} \tag{9-25}$$

由式（9-25）知，y_{ti-1} 是 ε_{it-1} 的函数，因此式（9-25）中的 $\Delta\varepsilon_{it}(=\varepsilon_{it}-\varepsilon_{it-1})$ 与 $\Delta y_{it-1}(=y_{it-1}-y_{it-2})$ 是相关的。在估计式（9-25）时，就需引入 Δy_{it-1} 的工具变量。从第 3 期开始，需要为 Δy_{it-1} 设定工具变量。在 DIF-GMM 估计中，Δy_{it-1} 的工具变量是这样设定的：在第 3 期，y_{i3} 是 Δy_{i3} 的工具变量；在第 4 期，y_{i1} 和 y_{i2} 是 Δy_{i4} 的工具变量；在第 5 期，y_{i1}、y_{i2} 和 y_{i3} 是 Δy_{i5} 的工具变量，依此类推。外生解释变量同样作为工具变量。

然而，DIF-GMM 存在着一些缺陷。例如，差分时，不仅消除了非观测截面个体效应，而且也消除了不随时间变化的其他变量。还有，DIF-GMM 估计量很多时候并非有效估计量（方差最小）。Arellano 和 Bover 以及 Blundell 和 Bond 在 DIF-GMM 估计的基础上，引入被解释变量差分的滞后项与随机误差项正交这个矩条件，得到系统矩估计（sys-GMM）。

（三）市民化政策对城乡收入差距影响的计量模型

本书重点考察户籍制度与城市化水平对中国城乡收入差距的影响，构建如下的计量模型：

$$Y_{i,t} = c + \alpha Y_{i,t-1} + \beta X_{i,t} + \mu_t + \xi_{i,t} \quad t=1,\cdots,12, i=1,\cdots,30 \tag{9-26}$$

其中，$Y_{i,t}$ 表示 t 年省份 i 的城乡居民收入差距，$Y_{i,t-1}$ 为被解释变量的一阶滞后项，$X_{i,t}$ 为解释变量和控制变量向量，β 为待定系数，c 为个体之间相同的截距，μ_i 为个体效应，$\xi_{i,t}$ 为随机误差项。

考虑到基本模型式（9-26）中被解释变量滞后项与个体效应 μ_i 之间可能的相关性以及模型中潜在的内生性问题，本书采用 Arellano 与 Bond 于 1991 年首先提出的广义矩估计（GMM）方法估计模型。由于传统的广义矩估计方法将原始模型进行一阶差分后估计，因此可能会丢失模型中不随时间变化的个体信息。为了克服上述问题，Arellano 和 Bover、Blundell 和 Bond 提出了系统广义矩方法（sys-GMM），该方法提高了估计结果的有效性和一致性。本书采用两步系统 GMM方法估计，随后采用 Sargan 检验来确定是否存在过度识别，并采用 Arellano-BondAR（1）和 Arellano-Bond AR（2）①检验差分误差项的序列相关性以保证 GMM估计的有效性。如果 Arellano-Bond AR（1）检验拒绝原假设而 Arellano-Bond AR（2）检验接受原假设则表明模型的残差序列不相关。

三、市民化路径选择的模型实证结果分析

为了防止面板数据中的非平稳性而导致的"虚假回归"问题，本书首先对数据模型进行单位根检验和协整检验，并在此基础上采用系统广义矩估计方法对模型进行估计。

（一）面板单位根及面板协整检验

面板单位根检验。为了避免单一检验方法的缺陷，本书采用 LLC 检验、ADF-Fisher CH 检验以及 Hadri 检验对主要变量进行单位根检验。经检验，除了社保水平（SOP）和土地财政（FLD）控制变量的单位根不能拒绝原假设外，其他变量在三种检验法下接受了存在单位根的原假设，原序列均为一阶单整序列。

面板协整检验。由于解释变量和被解释变量的最高单整阶数相同，均为一阶单整，因此可以进行协整检验。本书实证研究的时间跨度较短（12 年），因此协整检验采用适合于小样本的 Panel ADF 和 Group ADF 检验。经检验，PanelADF 和 Group ADF-Statistic 统计量在 1%的显著性水平上拒绝不存在协整关系的原假设。此外，Kao 面板协整检验进一步支持变量之间存在面板协整关系的结论。

（二）实证结果与分析

本书采用动态面板数据模型，对市民化、城市化与城乡居民收入差距三者之间的内在关系进行分析，结果如表 9-2 所示。

---

① 如果 Arellano-Bond AR(1)检验拒绝原假设而 Arellano-Bond AR(2)检验接受原假设则表明模型的差分残差序列不相关。

表 9-2　市民化与城乡居民收入差距之间计量分析结果（被解释变量：URG）

变量	(1)	(2)	(3)
	OLS	FE	sys-GMM
L. URG	0.945***	0.674***	0.843***
	（0.248）	（0.184）	（0.217）
UBN	−0.392	−0.256	−13.119*
	（−0.99）	（−0.64）	（−1.73）
CTZ	−0.039	−0.018	0.367
	（−1.13）	（−0.55）	（1.10）
GDP	−0.031***	−0.023***	−0.131*
	（−5.23）	（−2.75）	（−1.76）
THR	0.253**	0.218	−1.232
	（2.25）	（1.03）	（−1.38）
SOP	−0.132	0.282	−0.528
	（−0.62）	（1.31）	（−0.52）
FIN	−0.141	−0.974***	1.114*
	（−1.29）	（−4.96）	（1.70）
FLD	−0.066***	0.010	−0.018
	（−2.96）	（0.35）	（−0.15）
TRD	0.004	0.000	−0.111*
	（0.32）	（0.01）	（−1.77）
常数项	0.277***	0.971***	−0.518
	（3.71）	（6.76）	（−0.63）
N	319	319	319
Sargan 统计量	—	—	0.856
Arellano-Bond AR(1)	—	—	−2.589
Arellano-Bond AR(2)	—	—	2.509

***、**和*分别表示在 1%、5%和 10%显著性水平上显著，方括号内为 t 统计量的值

L. URG 为城乡居民收入差距的一阶滞后项

　　由于混合 OLS 估计会高估因变量滞后项（L.URG）的系数，而固定效应估计会低估因变量滞后项（L.URG）的系数。如果 GMM 估计值介于两者之间，则 GMM 估计是可靠和有效的(Bondetal，2001)。为了便于比较各种方法的估计值，在表 9-2 中也报告了混合 OLS（列（1））和固定效应（列（2））的估计值。估计结果表明 sys-GMM 中因变量一阶滞后项的估计值(0.843)介于混合 OLS 估计值(0.945)和固定效应估计值(0.674)之间，这表明 sys-GMM 的估计结果没有因弱工具变量问题而导致严重偏误。此外，大部分变量的 sys-GMM 估计和混合 OLS、FE 估计具有相似的符号和显著性，说明主要变量的系数符号和显著性没有发生实质性的改变。同是表 9-2 中系统 GMM 方法也通过了 Sargan 检验，

Arellano-Bond AR（1）和 AR（2）检验也表明该方法是有效的。Hadri 和 ADF-Fisher V2 单位根检验结果表明模型的残差为平稳序列，说明模型的估计结果是可靠的。

以下主要分析列（3）sys-GMM 的估计结果为基础。城乡收入差距的滞后一阶变量（L.URG）的系数为 0.843，且在 1% 的显著水平是显著的，表明城乡收入差距具有惯性，同时说明缩小城乡收入差距需要一个过程，并不能一蹴而就。城市化（UBN）的参数估计值为（−13.119），显著地缩小了中国的城乡收入差距，与预期一致。说明不断推进城市化的政策措施有利于缩小中国城乡收入差距。因此加快中国的城市化进程有利于缩小城乡收入差距。市民化（CTZ）参数估计值为 0.367，且不显著。这与第二部分的数理模型分析结果一致，即当前中国以户籍制度为核心的市民化措施虽然拉大了城乡收入差距，同时也推动城市化间接缩小城乡收入差距。

此外，经济增长（GDP）对城乡收入差距的影响为负，说明中国的经济增长对缩小城乡收入差距有一定的作用。产业结构（THR）的变动缩小了城乡收入差距，说明第三产业的快速发展显著地缩小城乡收入差距。政府财政支出占 GDP 比例（FIN）的估计系数（1.114）显著为正，说明政府对经济的干预程度拉大了城乡收入差距，因此当前为了进一步缩小城乡收入差距，政府的财政支出应逐渐向农村地区倾斜。社保支出（SOP）对城乡收入差距的影响显著为负（−0.528），说明当前的社保支出缩小了城乡收入差距，这得益于近年来中国对农村社会保障覆盖网的建立。农村新型合作医疗等社会保障政策提升了中国农村居民的实际收入，缩小了中国城乡收入差距。土地财政（FLD）对城乡收入差距具有负的效应，影响系数为（−0.018），这说明土地财政缩小了城乡收入差距，但是系数不显著。对外开放（TRD）缩小了城乡收入差距，影响系数为（−0.111），意味着开放水平的提高有利于缩小中国的城乡收入差距。

四、市民化路径选择的动态模拟

城乡收入差距由刻画经济体特征的各参数内生决定，但是根据方程表达式难以直接求解每个内生变量的解析表达式，于是数值模拟分析就成为重要的研究方法。数值模拟的思想是通过调整模型中各参数的取值情况来模拟两种市民化措施对城乡收入差距的影响。因此，可以观察到不同市民化政策对城乡收入差距的影响效果。数值模拟分析首先要确定外生参数的具体数值。根据文献总结，模型的参数估计方法主要有直接经验校准、广义矩估计、极大似然估计、最小距离估计和贝叶斯估计等方法。

（一）参数校准

本书模型探讨扩大户籍和降低公共服务差异两种市民化政策实施对城乡收入差距的影响，考虑不同的市民化政策对城乡收入差距的影响产生的直接效应不同，并且由于各个参数基准值没有统一的标准，只能对它加以估算。因此，本书采用直接经验校准的方法，参考王文寅和张叶峰（2012）研究成果和现实经验情况对相应参数进行估计[①]（表 9-3），并运用 Matlab 程序模拟在不同的城市化阶段市民化措施对城乡收入差距的影响。

表 9-3　部分参数直接经验校准的数值

参数	P_1	P_2	α	β
基准值	20	1	0.6	0.4

（二）模拟结果分析

本书基于城乡二元结构理论，加入了户籍制度因素构建双重二元结构模型，该模型具有良好的参数性质，根据该理论模型设计的基准模型可以模拟不同市民化措施对城乡差距的影响，具有良好的模拟精度和稳定性。模拟结果表明，基本参数取值的变化对模型均衡解的影响与经济原理一致，能够较好地通过模型从理论方面刻画并解释当前中国市民化政策对城乡收入差距影响的逻辑关系。

1. 扩大户籍对城乡收入差距的影响模拟

模型中参数 n 代表城市中户籍人口占城市常住人口的比例，参数 n 越大说明城市中户籍率越高，当户籍率超过 60% 时，如果继续扩大户籍，则将拉大城乡收入差距。结合中国实际，当前中国大部分城市的户籍率都在 60% 以上，为了研究的方便，我们取户籍率为 $n=0.8$。

当城市化水平处于不同阶段（城市化率分别为 $\eta=0.3$，$\eta=0.5$，$\eta=0.8$）时，如果采用以扩大户籍为措施的市民化政策，将显著拉大城乡收入差距。但是，扩大户籍的市民化政策推行，有利于推动城市化，城市中的常住人口增加，城市户籍率不断下降，从而降低城乡收入差距。这种市民化措施由于对城乡收入差距的正反两方面作用，形成了对城乡收入差距的政策抵消，即如果扩大户籍，将拉大城乡收入差距，但有利于城市化推进，而城市化的不断推进，虽然缩小

[①] 假设城市户籍获得资本和技术收益，非城市户籍获得劳动收益，则得出结论 α 与 β 的值分别为 0.6 与 0.4。"十五"与"十一五"期间资本与技术之和与劳动的贡献率分别为 90% 与 85%，再分别乘以两者的产出弹性 α 与 β，即可得出收入水平，假定市场为完全竞争，则求得以上各个参数值。

收入差距，但又会降低户籍率，这样将会形成并固化城市内部二元结构，从而不利于市民化。这也就是说，扩大户籍的市民化措施与缩小城乡收入差距的目标相背离。

2. 缩小公共服务差异对城乡收入差距影响的模拟

通过缩小公共服务差异的市民化政策将直接缩小城乡收入差距，并且随着城市化的不断推进，公共服务差异占比不断增大，这说明随着城市化水平的不断提高，缩小公共服务差异的市民化措施对缩小城乡收入差距的作用逐渐增大。当城市化水平较低（$\eta=0.3$）时，公共服务差异占城乡收入差异的 1/15，随着城市化水平的提高（$\eta=0.5$），公共服务差异占比缩小至 1/6，当城市化水平处于较高水平时（$\eta=0.8$）时，公共服务差异占城乡收入差距的比例最大，达到 2/5。此时，应该首先缩小公共服务差异的市民化措施。

不管采取哪种市民化措施，随着城市化率的不断提高，城乡收入差距不断缩小，当（$\eta=0.3$）时，城乡收入差距（Z 轴所示）为 15，随着城市化的提高（$\eta=0.5$）时，城乡收入差距从 15 降为 6，当 $\eta=0.8$ 时，城乡收入差距降为 2.5。此时，城市化率已经进入相对稳定期，降低公共服务差异的市民化措施成为缩小城乡收入差距的首选办法。

从上述数值模拟分析，再次验证了理论模型的结论，并得出以下启示：随着城市化的不断推进，应当逐步调整市民化措施，变扩大户籍措施为降低户籍所附带的公共服务水平，当城市化处于较高水平时，应首选降低两类居民公共服务差异的措施以缩小城乡收入差距。

第十章　政府实施农业转移人口市民化战略的框架设计

第一节　公共成本测算

根据财政的三大职能，资源配置、收入分配和经济稳定，认为收入分配和经济稳定职能应由中央政府负责。Tiebout（1956）的用脚投票理论，假定公民可以自由流动，作为公共产品和服务的消费者，由于政府竞争的存在，当一个地方的政府不能为居民提供满意的公共服务，居民通过用脚投票去另一个地区，这样政府通过竞争提供有效的公共服务。同时，地方政府支出划分的三原则：受益原则，受益对象为全国居民的，由中央政府支出，受益范围为地方民众的，由地方政府提供；行动原则，需要统一行动和规划的由中央政府支出，需要因地制宜的由地方政府支出；技术原则，规模比较大的支出，由中央政府支出。

根据以上的理论，可以将财政分权划分为三个层次。第一个层次是法律和制度环境，包括选举机制等；第二个层次，政府间财政关系的组成部分；第三个层次，包括地方政府能力的强化、社会民主进程的推进和信息发布公众监督。财政分权在所有要素存在的情况下会有效运行，法律上划分政府的职责。民主选举督促政府提供公共服务。信息充分，便于民众监督。用脚投票，实现政府竞争。转移支付完善，实现财力均衡。

一、农业转移人口市民化的成本测算

次贷金融危机后，2000多万农民工返乡。由于这些老一代农民工在农村都有土地，所以没有造成太大的经济和社会问题。但是新一代农民工已经和土地脱离很深，很多人即使失业也不会回到农村，必须解决他们的社会保障问题，突出的问题就是高考和留守儿童问题。另外，对于一些中小城市来说，是没有能力、没有充足的财政资金进行农民工市民化；对于一些大中型城市，则是有资金但是没有激励去推进农民工市民化。总之，地方政府的行为和市民化需求存在脱节，一方面浪费了建设资金在土地开发和基础设施上，另一方面市民化需要的一些公共服务却无法满足需要。

　　《国家新型城镇化规划（2014～2020 年）》中提出政府要承担农业转移人口市民化在义务教育、劳动就业、基本养老、基本医疗卫生、保障性住房以及市政设施等方面的公共成本，并详细制定了这些指标在 2020 年所要达到的具体目标，测算实现这些目标所需的具体公共成本数据，是下一步确定各级政府分担农业转移人口市民化公共成本机制的基础，也是确定各级政府在农业转移人口市民化中具体事权的前提。

　　以《国家新型城镇化规划（2014～2020 年）》提出的新型城镇化政府承担的公共服务主要指标为依据，测算完成各指标在 2020 年实现规划目标所需的公共成本，包括城镇化水平、基本公共服务、基础设施、资源环境等主要指标所要完成的具体目标。具体来讲，除包含以往文献中所涉及的农民工随迁子女义务教育、基本养老保险、保障性住房、基本医疗保险等基本公共服务外，还包括城镇失业人员、农民工、新成长劳动力免费接受基本职业技能培训等基本公共服务，以及公共交通、公共供水、污水处理、生活垃圾处理、家庭宽带接入能力、社区综合服务设施等基础设施建设指标。通过构建各指标与公共成本之间的计量关系模型，历史数据计算模型中各参数，以测算 2014～2020 年实现规划目标所需的公共成本。这样所测算出的农业转移人口市民化公共成本是一个总量成本，包括中央政府和地方政府共同承担的成本，因此在测算出总量公共成本后，还将考虑中央政府与地方政府、流入地政府与流出地政府、不同规模城市之间公共成本的分担比例，并根据各自的比例关系确定各级政府所承担的公共成本。

　　为此，首先，根据《国家新型城镇化规划（2014～2020 年）》规划目标，到 2020 年年底中国常住人口城镇化率将达到 60%。此外，到 21 世纪中叶新中国成立 100 周年时，中国将达到中等发达国家水平，现阶段中等发达国家城镇化率基本为 80%。利用农业转移人口市民化各指标与公共成本之间的计量关系模型，测算实现 2020 年规划目标所需的公共成本，在此引用华夏新供给经济学研究院农民工转型课题组的研究成果[①]。其次，为确保各级政府的财政平衡关系，根据事权关系的划分，分别确定中央政府与地方政府之间公共成本分担比例；根据农村转移人口比例，确定以东部地区为主的流入地政府与以中、西部地区为主的流出地

---

　　① 在考虑人口自然增长率的情况下，为计算到 2020 年和 2049 年这两个重要时点时我国需市民化的农民工数量，作出以下假定。假定 1：需市民化农民工数量＝当前需市民化存量农民工数量＋农村转移人口数量，其中农村转移人口数量＝城镇人口增量−城镇人口自然增长量。假定 2：截至 2013 年年底，外出农民工包含在城市常住人口统计中，均未实现市民化，已有存量外出农民工在 2020 年年底前全部实现市民化。

　　在考虑人口自然增长率的情况下，根据联合国《世界人口展望：2012 年修订版》预测，中国人口将在 2028 年达到峰值 14.5 亿人，2050 年达到 13.85 亿人，接近我国人口现实状况。2013 年年底中国总人口为 13.61 亿人，可计算得到 2014～2028 年年均人口自然增长率为 4.2‰，2029～2050 年年均人口自然增长率为−2.1‰，不考虑城乡人口自然增长率差异。我们计算得到，2014～2020 年年均农民工市民化人数为 3629 万人，2021～2049 年年均市民化人数为 955 万人。

政府的成本分担比例；根据直辖市、省会城市、地级市等的划分，确定不同规模城市之间公共成本分担比例。再次，根据比例关系计算中央政府与地方政府、流入地政府与流出地政府、不同规模城市等各级政府所承担的公共成本数量。最后，根据测算结果，分析各级政府财政支出结构的合理性。

二、财政对农业转移人口市民化公共成本的承载能力估计

实现农业转移人口市民化的规划目标，无疑对政府财政增加了较大的支出压力，而合理判断政府新增财力能否承担农业转移人口市民化的公共成本，是地方政府有效执行农业转移人口市民化政策的基础，也是下一步制定农业转移人口市民化配套政策的关键。

财政能力是衡量某一级政府为提供公共物品和服务从辖区内获得财政收入的能力，科学有效地判断政府的财政能力是政府承担农业转移人口市民化公共成本的基础。通过对政府承担农业转移人口市民化公共成本的财政能力进行衡量，中央政府除承担部分农业转移人口市民化公共成本外，还需为地方政府提供转移支付资金，因此，对中央政府财政能力的衡量具有重要意义。利用标准税系统法（RTS）计算中央政府的财政能力，根据全国平均税率和标准税基获得人均财政收入作为中央政府的财政能力，并与全国平均水平进行比较，以此判断中央政府的财政能力[①]。

其次，本书将根据历史数据所计算的中央政府财政能力，预测 2014～2020 年中央政府财政能力的变化趋势，从而判断中央政府为实现 2020 年农业转移人口市民化支付公共成本及为地方政府提供转移支付资金的能力。

从全国财政收支项目看，政府可以动用的财政资源主要包括公共财政收支、政府性基金收支、国有资本经营收支、社会保障基金收支等。2013 年，全国公共财政赤字为 1.2 万亿元，政府性基金收支差额为 1767.9 亿元，国有资本经营收支差额为 151.8 亿元，社会保障基金收支差额为 7249.7 亿元，后面三项收支差额合计为 9169.4 亿元，我们假定这部分结余资金政府可用于农民工转型支出。

根据测算可知，在不考虑通货膨胀因素下，2014～2020 年，当假定在岗职工工资年均增长率为 7%、8%、9%时，农民工转型需要政府支出的总成本分别为 14.66 万亿元、25.38 万亿元和 39.89 万亿元，按 2013 年全国财政结余资金计算，7 年中政府总共可结余财政资金 6.42 万亿元，政府成本缺口分别达到 8.24 万亿元、18.96 万亿元和 33.47 万亿元，这部分缺口资金需要靠政府发债来筹集，发债量占全国 GDP 总量（2013 年为 58.8 万亿元）的比例分别为 2%、4.6%和 8.1%。由于

---

① RTS 指标能有效、及时反映经济增长和经济周期对税收规模的影响，有助于中央政府为各地区提供反周期的财政补助。

这些债务在 7 年内发生，因此每年增长的债务在可控范围内。同样地，我们可计算得到，2021～2049 年，当假定在岗职工工资年均增长率为 9%时，财政结余资金不够支付农民工转型成本，存在较大缺口，达到 16.91 万亿元，其他两种情形基本不存在缺口（徐诺金等，2015）。

地方政府承担农业转移人口市民化公共成本的资金来源除了地方税收之外，还包括土地财政收入及地方政府债务，因此对地方政府财政能力的衡量包括税收、土地财政、地方债三个方面。本部分首先利用标准税系统法（RTS），根据全国平均税率和标准税基计算地方政府的财政能力，并与全国平均水平进行比较，从整体上判断地方政府的财政能力。其次，对地方政府土地财政收入规模的判断，需结合国家土地流转制度改革，预测地方政府土地财政收入的变化趋势。然后，对地方政府债务规模变化趋势的判断，也需结合国家关于地方政府债券发行制度改革，预测地方政府债务规模的变化趋势。最后，还将地方政府划分为不同类型，如省会城市、直辖市、不同规模的城市等，分别考察其财政能力，以与农业转移人口市民化的公共成本测算结果进行比较，进而判断各级政府承担公共成本的能力。各级政府财政收入情况如表 10-1 所示。

表 10-1 各级政府财政收入情况

项目	2004 年	2005 年	2006 年	2007 年	2008 年	2009 年	2010 年	2011 年	2012 年
全国	26 396.47	31 649.29	38 760.20	51 321.78	61 330.35	68 518.30	83 101.51	103 874.43	117 253.52
中央	14 503.10	16 548.53	20 456.62	27 749.16	32 680.56	35 915.71	42 488.47	51 327.32	56 175.23
地方	11 893.37	15 100.76	18 303.58	23 572.62	28 649.79	32 602.59	40 613.04	52 547.11	61 078.29

第二节 农业转移人口市民化过程中的财政激励机制设计

随着委托代理理论的产生与发展，中央政府应采用激励手段，设立有效的激励机制，引导地方政府按照中央的要求执行中央的决策。具体到推进市民化进程，中央政府是委托人，地方政府是代理人。中央的目标是社会总体福利的最大化，地方政府追求地方利益的最大化，两个主体构成委托代理关系，而且中央政府是风险中性的。

一、农业转移人口公共服务政府财政职责划分

在公共服务均等化框架下的农业转移人口市民化中，中央政府和地方政府均需要承担相应的职责。在制度设计和监管方面，中央政府承担宏观层面的制度建立和监管，由其主导、协调不同地区、不同层级等各方面的利益关系和要求，建立和完善统一基本公共服务均等化的运行和监管机制。地方政府则应根据当地的

实际情况，充分利用获得当地微观信息的有利条件，主要承担公共服务均等化的具体组织实施及地方性行政管理等微观责任，不断降低公共服务均等化进程的成本，保障当地公共服务均等化进程的可行性和合理性。

财政责任中，农业转移人口市民化需要政府大量投入资金，依据现有的分税制的财政体制，中央政府与地方政府分别承担不同的财政职责。中央政府主要承担社会保障、义务教育、就业服务、医疗卫生和住房保障等方面的资金支持，主要是以转移支付的方式，额度根据各地区标准财政收入和标准财政支出的差额和转移指数系数确定。各级地方政府承担的财政责任主要包括：按规定适度合理安排公共服务各项内容的预算支出、本级政府的配套资金及其使用安排；承担公共服务相关制度改革的部分信息成本等。其中，社会保障、医疗卫生、保障性住房、教育和就业等基本公共服务支出中，中央政府和地方政府的财政支出存在交叉部分，且两者之间的界限模糊。当前，地方政府支出占主要比例，因此地方政府在农业转移人口市民化进程中的财政负担过大。

总之，中央政府负责统筹推进农业转移人口市民化的制度安排和政策制定，地方政府负责制定本行政区农业转移人口市民化的总体安排、配套政策、具体方案和实施细则。各级政府根据基本公共服务的事权划分，承担相应的财政支出责任，增强农业转移人口落户较多地区政府的公共服务保障能力。

二、财政激励机制设计的原则

中央在对地方政府财政分权的过程中，为了避免地方政府的道德风险行为，除了实施必要的监督以外，还应采用激励手段对地方政府进行激励，激励机制的设计应注意以下原则：

（1）应建立在地方政府推进市民化效果的基础上。推进市民化效果明显，地方政府应该获得更多的激励。例如，给予较多的决策权，如调整税基和税率、执行政策过程中较大的灵活性、增加专项拨款等。相应地，市民化推进效果不突出，中央给予的激励应该减少。

（2）应考虑不同城市的初始财政规模。中央政府对于地方政府推行市民化的初始条件进行评估后，应有不同的激励措施。如果对于财政规模较大的富裕地区，中央政府会减少对该地区地方政府的激励；对于财政规模较小的贫困地区，中央政府自然会加大对地方政府的激励。而对于地方政府来讲，如果地方政府对推进市民化的预期较高，则会付出较多努力，那么也将承担较高风险，对此中央政府应加大对地方政府的激励；反之，如果地方政府不愿因承担任何风险而推进市民化，中央政府应减少对地方政府的激励。

（3）应区分地方政府推进市民化的积极程度。中央政府在根据市民化推进设计激励机制的过程中，还要区分地方政府推进市民化是否积极。当地方政府积极执行中央政府的决策时，中央政府应加强对地方政府的激励，当地方政府消极执行中央政府的决策时，中央政府应减弱对地方政府的激励。

这种机制的设计原则体现了中央对地方政府的监督和激励，通过将地方政府的推进市民化效果与预期目标进行比较；依据市民化效果对地方政府进行支付，效果越突出，地方获得的支付越多。当然，还要考虑一种动态情况，如果地方政府在发展进程中，财政规模不断增加，但是没有推进市民化，或者说地方政府还是维持原有的市民化水平，这就说明地方政府没有充分利用良好的发展环境，地方政府在执行中央决策的过程中努力程度没有达到预期的水平，因而，获得的中央支付应该降低；反之，当财政规模减小时，如还能维持市民化水平不变，说明地方政府增加了执行政策的力度，中央应该增加对地方政府的支付。

三、影响中央和地方政府间激励机制设计的主要方式

中央对地方政府的激励采用的方式主要有在财政上对地方进行转移支付和对地方政府官员的职位晋升等激励方式，这也是影响激励机制设计的两个主要因素：

（1）中央和地方政府间的财政转移支付。中央政府在激励机制设计过程中，总是希望评价标准尽可能客观一些，因为评价标准越客观，对地方政府的努力水平的推断越准确，激励机制越强。一种最有效的办法是将同一地方政府过去的业绩作为标准，因为过去的业绩包含着有用的信息量。问题是过去的业绩与地方政府的主观努力有关。地方政府越努力，市民化推进得越快，"标准"也就越高。在这样的刺激下，地方政府很可能与所属地方各级政府达成利益同盟，瞒报基数和收益水平；或将非市民化成本转化为市民化成本，以套取来自中央的各种补贴和奖励。

（2）政绩考核机制。中国地方政府官员的任期一般都是三至五年，而推进市民化的效益很难从短期内出现，因此，两者之间形成了一个矛盾，如何激励官员在短暂的任期推进市民化，是当前影响激励机制设计的一个关键。地方政府官员的晋升决定于其过去市民化成绩，从长期来看，地方政府官员必须积极努力工作，以提高未来晋升的可能。地方政府官员为了在职位上得到晋升，则会积极推进市民化，相反，只要他没有在推进市民化方面取得政绩，那么，晋升机会就会大大降低。中央政府可以利用此种方法，用较少的监督成本，取得很好的激励效果。

四、财政激励机制设计的内容

（一）中央政府与地方政府的最优分权激励

为了提高农业转移人口市民化推进效率，中央政府和地方政府必须合理地进行财政分权，以便各司其职，推进市民化。针对地方政府的合理分权，意味着明

确其提供公共物品的责任与范围，同时也意味着对其利益的承认与尊重。财政分权就是给予地方政府一定的税收权力和支出责任范围，并允许地方政府自主决定其预算支出规模与结构，其精髓在于使地方政府拥有合适与合意的财政自主权进行决策。

那么，中央政府与地方政府的分权程度就成为推进市民化的重要依据。我们设定中央政府与地方政府的分权系数，系数越大，分权程度就越高。例如，地方政府在履行市民化的过程中承担较多的责任，在提供公共产品方面拥有更多的自主权和灵活性，在执行层面上，地方政府可以根据实际情况制订实施方案，自行管理，接受较少的中央政府的监督等。反之，中央政府就应该承担较多的责任，如应具备相当的决策控制权，加强对地方政府执行决策的监督等。

政府在推进市民化进程中，公共产品由中央与地方政府共同提供，其资金来源为中央与地方政府的财政支出。因此，可以将中央与地方政府对在提供公共产品的财政支出作为投入要素，当公共产品的供应量达到最大时，市民化支出在中央与地方政府之间划分得最合理，因此，通过寻找供应量最大化满足的条件，可以求得最佳的分权系数。而分权系数的确定则要考虑财政支出对该公共产品的产出贡献，当地方政府的支出对该公共产品的产出贡献增大时，最佳的分权系数应该提高，中央应该下放较多的权力；反之，最佳的分权系数应该降低，中央政府应当适度收权。同理，当中央政府的支出对该公共产品的产出贡献增大时，应该降低分权程度，中央在推进市民化的过程中发挥更大的作用；反之，分权程度应该提高，地方政府承担较多的事责，拥有更多的权力。所以，可以通过计算地方政府支出占政府为推进市民化的总支出的比例，并将其与最佳分权系数进行比较，调整事权在中央与地方政府之间的配置，根据分权系数的大小，判断中央政府应当分权还是收回某些权力。

（二）中央政府对地方政府的财政转移支付激励

在地方政府信息明显比中央占优的情况下，把地方经济的发展事务交由地方政府来处理，这种事权关系形成了委托代理关系。在这种关系中，地方政府行动的出发点是本地区期望效用最大化，而不会从全国效用最大化来考虑。解决该问题的一种有效途径是利用财政转移支付在地方政府间的分配，根据地方预算的执行情况设计财政转移支付分配的奖惩机制，促使地方政府从本地实际情况出发处理本地方的事务，使中央对地方事务信息达到最大化地掌握，促使资源合理地在各级政府之间最优化使用。具体到地方政府推进市民化进程，为了解决地方政府不愿主动推进市民化的问题，可依据实际情况来设计一个推进市民化的奖惩系数，从而改进和优化现有的中央对地方的财政转移支付。

转移支付制度设计思路：中央政府可以每年向地方政府下达市民化任务，中央政府市民化任务数对地方政府在该问题上的决策有很大的影响，因此，中央政府在市民化任务上的确定应充分考虑地方政府的财政能力，任务数定得太高，地方政府很难完成任务，受罚的概率很大；任务数定得太低，地方政府得到的奖励机会增加且其奖励额度也会过大。地方政府可以根据中央政府下达的市民化任务，编制本地区的当年财政预算，财政预算与市民化任务之间存在的缺口，由地方政府向中央政府汇报，中央政府根据该缺口确定转移支付。每年的年末，如果地方政府的预期完成值与实际完成市民化任务相差较小，则在财政转移支付中给予一定奖励，并设定奖励系数；如果预期完成值与实际完成市民化任务相差较大，则应该在财政转移支付中给予一定惩罚，即在财政转移支付中不予地方补助甚至给予一定的惩罚金额，即设定惩罚系数。

（三）财政激励机制实现的途径

1. 税收调整

中央政府可以授予地方一定的调整税率的权力，增加税收返还额度，减少对地方政府的监督，对市民化重点群体可以实施一定的税收优惠政策。

2. 预算控制

利用中央与地方政府提供公共产品的数量可以对地方政府的支出预算进行控制，对地方政府推进市民化的情况进行监督。对于给定中央政府为市民化支出的预算与计划提供的公共产品的数量，可以得出地方政府的支出额，作为监督地方政府行为、考核地方政府业绩的依据之一。这样一来，既能保证地方政府推进市民化的积极性，又能防止地方政府在推进市民化进程中出现不作为。

3. 事权变动

中央政府应该正确界定中央与地方政府的职能，划分中央财政与地方财政的活动范围。全国性一般公共产品由中央政府供应，具有效应外溢性的地方公共产品由地方政府供应，中央政府根据效应外溢状况给予适当调配。

4. 转移支付

中央政府对地方政府可以利用转移支付工具进行补偿，中央政府需要确定一个适当的成本补偿规则，按地方政府推进市民化的成本给予地方政府相应数量的补偿。激励机制随地方政府的努力程度有不同额度的成本补偿。由于存在信息不对称，中央政府面临着来自地方政府的道德风险问题。这样，中央政府就需要设计一个最优的激励指标，使地方政府发挥其最大的效用。

上述四种方式，各有利弊，但是从上述手段对地方政府的激励效果来看，应首推增加专项拨款的方式。这不仅因为前三种方式需要较长的时间，并且往往需要较高的等级才能操作，往往是由中央政府才能操作，换言之，主动性在中央政府。但是，专项拨款则不同，只要地方政府能积极推进市民化，那么就能获得专项拨款。

（四）财政激励机制实现的保障措施

1. 政治激励

首先把地方官员的政绩考核标准加入市民化指标，并增加其考核权重；提高消极推进市民化的惩罚成本，特别是政治成本，以此约束官员行为，而且应推进市民化作为官员考核体系，地方政府绩效评价体系应该强调地方政府进行市民化对本地区经济发展的长远影响，通过市民化提高本地区的可持续发展能力。

2. 经济优惠政策

对推进市民化积极的地区，在城市土地使用指标，产业政策等方面进行照顾。

3. 民生发展倾斜政策

教育方面增加高考指标，医疗方面增加高水平医疗条件的扶持力度；此外，就业、社会保障方面给予相应的倾斜与照顾。

第三节　农业转移人口市民化过程中的政府激励机制设计

中央政府和地方政府在价值取向、目标函数和具体诉求等方面都有所不同，具有不同的成本构成和收益状况。在中央和地方政府相互博弈过程中，由于信息的不对称，中央要获得农业转移人口市民化的更多、更准确信息需要付出很大的成本或根本无法实现，这将产生机会主义行为。本部分主要是研究避免地方政府机会主义行为的激励机制设计问题。

一、农业转移人口市民化过程中的地方政府职责

基本公共服务全覆盖框架下的户籍制度改革要求政府为全体城市居民提供均等化基本公共服务。基本公共服务是政府的首要职能，因此提供均等的公共服务是政府不可推卸的责任。中国政府应该从制度设定、财政出资和制度监管三个方面主动承担政府职责，加快推进农业转移人口市民化进程。

1. 制度设计责任

均等化公共服务水平是政府为了农业转移人口的城市生活需要，从社会公平和整体利益出发，对国家收入和财产进行的再分配，因此建立和完善相配套的制度体系是政府的重要职责。政府制度设计责任包括制度目标选择、公共服务提供模式选择以及公共服务体系的各组成部分之间的关系。同时，政府还应该根据社会和经济的发展状况对制度设计进行同步调整。

2. 财政责任

政府是提供公共服务的主体。公共服务均等化是促进社会公平的收入调节机制，而财政在收入分配环节处于的核心位置。公共服务的理论和实践表明政府有必要为公共服务提供财政支持，特别是支持市场机制无法调节或不便调节的公共服务领域，以保障公共服务制度的有效运行，因此财政职责是公共服务均等化中政府的首要职责。

3. 监管责任

政府作为国家公共事务的行政主体，毫无疑义地要承担农业转移人口市民化进程中的监管责任。加快新型农业转移人口市民化步伐，必须强化国家以及各级政府对均等化公共服务导向的农业转移人口市民化的行政管理和监督，使其纳入规范化轨道并且健康发展。

二、中国地方政府财政预算支出部门博弈模型

本书分析了中央政府与地方政府之间的博弈关系，但是地方政府财政预算支出同样存在博弈，为此，借鉴 Turnovsky（1996）分析模型，将此部分研究思路进行梳理。

在地方政府进行财政预算安排时，财政收入的多少相对于地方政府决策者来说可以被认为是外生变量，而地方政府决策部门所作的主要是如何安排地方财政支出的决策。模型建立如下：

设第 t 年的市级财政收入为 R，市级财政支出为 E，设参与市级财政分配的共有 n 个部门，序号为 i，$i=1,2,\cdots,n$。i 部门的财政支出为 e_i，e_i 的一部分用于本部门支出 c_i，一部分用于公共物品支出 $p_i g_i$（即向公众提供的公共物品价值），g_i 为 i 部门提供的公共物品数量，p_i 为 i 部门提供的公共物品价格。假定本单位支出与本单位用于公共物品的支出 $p_i g_i$ 成正比例（即提供越多的公共产品需要越多的政府管理费用），其比例系数为 $\alpha>0$。各部门都尽量争取更多的本部门财政支出，但是政府财政支出总额是有限的，各部门为争取有限的财政支出要进行博弈，是否存在博弈的纳什均衡？是否存在帕雷托均衡，即地方政府提供的公共物品总效用 W 最大？

$E=Br$，β 为常数，由中央的政策和法规确定。R 为外生变量，此处为某一固定数值。

$$E = \sum_{i=1}^{n} e_i \qquad (10\text{-}1)$$

$$e_i = c_i + p_i g_i \qquad c_i = \alpha \times p_i g_i \qquad e_i = (1+\alpha_i) p_i g_i \qquad (10\text{-}2)$$

$$E = \sum_{i=1}^{n} (1+\alpha_i) p_i g_i \qquad (10\text{-}3)$$

公式（10-3）为预算约束方程。

各单位追求自身利益最大化，目标函数为：$\max \mu(g_i)$

构建拉格朗日方程：

$$L = \mu(g_i) + \lambda[E - \sum_{i=1}^{n} (1+\alpha_i) p_i g_i] \qquad \lambda > 0 \qquad (10\text{-}4)$$

根据前文所述，可知式（10-4）的一阶条件为 $\mathrm{d}L/\mathrm{d}g_i > 0$，即该函数为增函数，故该拉格朗日方程无解，也就是说各部门在非合作博弈的前提下不存在均衡解。

地方政府提供的公共物品总效用 W 最大，目标函数为：$\max W(g_1, g_2, \cdots, g_n)$

拉格朗日方程：

$$L = W(g_1, g_2, \cdots, g_n) + \lambda[E - \sum_{i=1}^{n} (1+\alpha_i) p_i g_i] \qquad (10\text{-}5)$$

一阶条件为：

$$\partial W / \partial g_i - \lambda(1+\alpha_i) p_i = 0$$

$$\frac{\partial W / \partial g_i}{\partial W / \partial g_j} = \frac{(1+\alpha_i) p_i}{(1+\alpha_j) p_j} \qquad i \neq j \qquad (10\text{-}6)$$

公式（10-6）是地方政府提供公共物品总和效用最大的条件，其最优解为：$(g_1^*, g_2^*, \cdots, g_n^*)$。

结论：①在中国目前的实际情况下，地方政府各部门为争取财政支出进行博弈，非合作博弈不存在纳什均衡，无法得出均衡解。②各部门在有限的财政总支出约束下可以实现提供公共物品总效益最大化，即存在帕累托均衡解。各部门应采取合作博弈的策略，各部门提供的公共物品应为满足公式（10-6）的最优数量 $(g_1^*, g_2^*, \cdots, g_n^*)$。

第十一章　农业转移人口市民化差异化路径分析

改革开放以来，国家对农业转移人口市民化问题的认识经历了一个不断深化的过程，相应地，为适应改革与发展的总要求，政府相关政策也经历了演变与调整，逐渐形成了推进市民化的政策导向。从历史的视角，推进农业转移人口市民化的政策内嵌于中国的经济发展进程与城镇化过程之中，与城镇化的阶段与思路密不可分，因而，对市民化政策思路与政策实践的研究，必须建立在中国城镇化建设总体思路和脉络的梳理上。

第一节　基于基本公共服务均等化的市民化实现路径分析

根据中国的城镇化时间表，未来实现市民化的路径大致为：第一步，用2～3年，在全国范围内基本解决有条件的农民工市民化，国家实现中小城镇户籍制度全面放开。重点加大中小城镇的财政、金融、用地等支持力度，公共资源更多地向中小城镇倾斜，为中小城镇产业的发展和外来人口就业和定居创造条件。第二步，用5年左右，初步形成人口城镇化的基本格局，实现城镇基本公共服务常住人口全覆盖，实现大城市和特大城市户籍制度基本放开。且人口城镇化率保持1.3%～1.5%的增速，人口城镇化率达到42.5%左右。第三步，用8年左右，彻底打破城乡二元结构，建立城乡统一的基本公共服务体制，基本公共服务均等化总体实现，使人口城镇化率达到50%～55%，初步接近60%的名义城镇化率，实现流动人口在全国范围内的自由流动和统一管理。

从政府财政能力的视角，显然现有的政府财力并不足以满足市民化的成本补偿，虽然市民化改革具有逐步扩大户籍人口比率和缩小有无户籍人口间的公共服务差异两种模式，但其本质上仍是受制于财政能力的渐次推进路径选择问题。因而，结合已有文献资料与市民化实践情况，推进农业转移人口的市民化路径需要进行次序、类型等方面的差异化选择，所以说，如何确定市民化推进的批次和路径就成为一个重要的实践问题。

除纵向划分阶段和路径之外，在横向上，由于存在着区域差异，还必须要使用多样化的政策方式。因而，我们认为，单一政策无法解决市民化的问题，必须建立起政策组合的体系化理念，对此，在本部分，我们将提出一个系统性的政策体系化思路，系统地构建分析市民化政策的体系化框架，将财政能力、体制激励、配套制度等多方面能够保障市民化有序推进的方式放入该框架，同时，研究在市民化的过程中可能使用到的地方税系、财政预算、政府补贴、中央转移支付制度等财税体制方面的政策组合方式。

1. 就业问题

农业转移人口市民化的基础是其能够在城市相对稳定地就业。当前,很大一部分农业转移人口并不能在城市取得相对稳定的就业,而是以非正规就业的形式游离在城市的边缘。除农业转移人口自身的素质和能力不足之外,歧视性就业环境和劳动力市场不完善也是造成农业转移人口缺乏就业保障的重要原因。对农业转移人口就业保障的提供,应基于对农业转移人口及其就业的行业、存续时间等特征对农业转移人口的市民化意愿等进行识别。

2. 医疗卫生服务问题

农业转移人口看病难问题突出,为其提供基本医疗卫生服务应成为市民化工作的重中之重。由于新农合的报销限制、农业转移人口参加职工基本医疗保险的比例不高,以及农业转移人口自身经济状况等原因,广大农业转移人口难以获得城市正规医院的医疗服务。未来应构建与农村转移人口的地区流动性相适应的公共医疗卫生服务体系,该体系不仅应覆盖普通医疗服务,还应覆盖疾病预防、计划生育服务等。除此之外,还应结合农业转移人口主要从事低薪、高危岗位工作,群体性职业病高发等特点,加强对重点疾病的防控与治疗。

3. 社会保障问题

从参保情况来看,农业转移人口除参加工伤保险比率略高外,参加其余城镇职工社会保险的比率均比较低。农业转移人口参保率较低的原因既有制度层面的,也有个人和社会层面的。对此进行深入系统的分析,对于推进农业转移人口市民化至关重要。首先,农业转移人口一般没有稳定的收入来源,收入水平较低,在负担自身开支和养家费用后,再缴纳社会保险费有一定困难;其次,现行社会保障制度存在较大缺陷,城乡之间、地区之间跨制度转移办法尚未出台,社会保险统筹层次较低,而中国的农业转移人口不仅在城乡之间流动,还存在区域之间的大规模流动。社会保障制度的碎片化与城乡和地区之间大规模的人口流动形成鲜明对比,已成为制约中国农业转移人口市民化推进的主要障碍。除此之外,如何采取有效措施扩大社会救助和社会福利对农业转移人口的广覆盖,构建覆盖城乡居民的社会保障体系也是研究的重点。

4. 教育问题

2012 年中国已实现国家财政性教育经费支出占国内生产总值 4%的目标。虽然在教育方面的总支出已有了大幅提高，但教育支出的结构并没有较大改善，教育均等化的目标远未实现，农业转移人口子女的教育服务提供严重不足。在学前教育方面，农业转移人口随迁幼儿大多数进入的还是条件较差的民办幼儿园。在义务教育方面，多数农业转移人口子女无法入读全日制公办中小学校。在高中教育方面，新的升学制度改革亟待落实，以解决当前广为诟病的异地升学问题。无法获得均等的教育机会和服务是现阶段制约农业转移人口市民化的重要因素，使农业转移人口的教育支出大幅增加，同时也是"留守儿童"问题出现的主要原因。农业转移人口市民化进程中应配合教育体制改革积极推进基本教育服务均等化。

5. 住房保障问题

现阶段对于农业转移人口的住房保障程度还比较低。大部分地区并未将农业转移人口作为住房保障的对象，公租房、廉租房、经济适用房等保障性住房基本上不对外来农业转移人口开放，也缺乏针对农业转移人口特点的租金补贴和实物配租政策。农业转移人口住房支付能力弱，在城镇居住条件低劣，很大一部分农业转移人口仍居住在地下室、棚户区、工棚，生活质量没有保障。国内部分城市已对农民工住房保障模式进行了试点，如配建保障房、公共租赁性住房、建设农民公寓等，但推广难度较大，各地的建设积极性不高。对农业转移人口住房保障的实施模式、激励机制、制度保障等都有待进一步深入研究。

第二节　基于人口类型的农业转移人口市民化实现路径研究

考虑到农业转移人口群体分化的事实，本部分主要从农业转移人口的不同类型出发，考察农业转移人口的公共服务需求特征、实现难度及方式等。根据不同的分类标准可以把农业转移人口分为不同的类型。不同类型的农业转移人口所面临的问题不同，其利益诉求不同、发展需要和目标也不尽相同。因此，市民化过程中应根据农业转移人口的不同类型，采取差异化的市民化政策。

1. 进城型、在地型、城郊失地型

以与农业的分离程度，可以分为进城农业转移人口、在地农业转移人口、城郊失地农业转移人口。进城农业转移人口主要是指离乡进城务工的农民，这部分居民虽然实现了从农民到产业工人的转换，但多数被严格的户籍管理制度隔离在城市主体社会之外，无法享有与城市居民同等的社会资源和城市居民所拥有的公共服务。这部分农业转移人口，需要根据教育程度、年龄、所从事的职业等进行细化分析，来确定基本公共服务对其覆盖的推进方式。在地农业转移人口主要是指在乡镇企业就业的农业转移人口。他们虽然在农村生产、生活，但多数人希望长期稳定地居住在城镇，享受现代城市文明。在地农业转移人口市民化过程中，应将基本公共服务的提供与土地制度、房屋和宅基地制度、农村集体经济制度、户籍制度等方面综合配套改革。城郊失地农业转移人口也是一个较为特殊的群体，他们虽然已拥有城镇户籍，完成了市民身份的转变，但其综合素质与城镇居民仍有较大差距，社会保障水平较低，对其应重点研究有效的就业保障和教育培训服务政策。

　　农业转移人口的主体是各种类型的农民工，不同的农民工对于公共服务的需求是不同的，而且公共服务也有不同的层次。这就需要循序渐进，先简单后复杂，先是帕雷托改进然后是卡尔多-希克斯改进。当前亟须完善的公共服务是向农民工提供公平的就业机会和就业服务以及留守儿童的教育问题。优先解决那些已经在城市具有多年工作经历的农业转移人口的公共服务全覆盖问题，优先解决异地农业转移人口的公共服务覆盖问题。结合已有文献资料与市民化实践情况，推进农业转移人口的市民化路径不应实行"一刀切"的政策，因而，必须进行差异化路径选择。图 11-1 显示了不同类型农民的公共服务偏好。

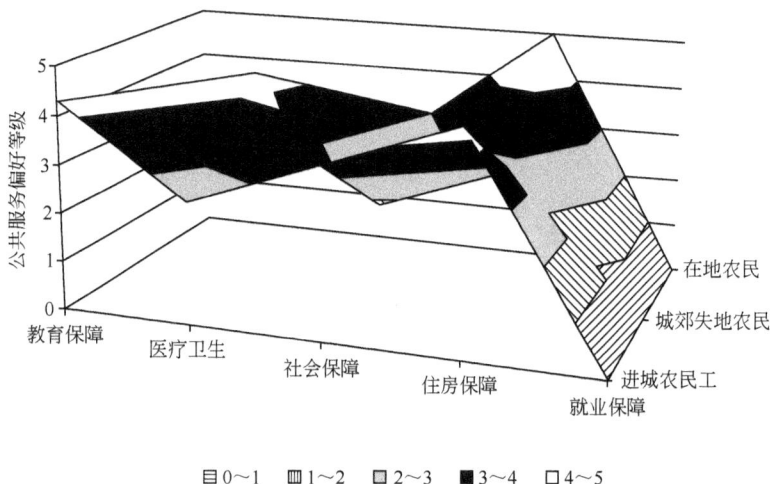

图 11-1　进城、在地、城郊失地农业转移人口公共服务偏好

2. 老一代农业转移人口和新生代农业转移人口

　　以年龄为标准，可以将农业转移人口群体分为老一代转移人口和新一代转移人口。老一代转移人口一般具有年龄大、学历低、工作时间长、缺乏劳动技能等特点；新生代农业转移人口，则主要为出生于 20 世纪 80 年代之后、年龄在 16 岁以上、在异地以非农就业为主的农业户籍人口。从两者的公共服务需求来看，老一代农业转

移人口的政策重点应是养老和医疗问题，而新生代农业转移人口则可以从教育培训服务切入，逐步为其提供与城镇居民同等的公共服务。新生代农业转移人口又可分为在农村出生长大、走进城市务工人口和从小跟随父母在城市长大的人口。新生代农业转移人口是农业转移人口市民化比较容易实现的群体，也是研究的重点。

3. 永久转移人口、全职转移人口与兼业转移人口

以全年的务工时间为标准，可以分为永久转移人口、全职转移人口与兼业转移人口。永久转移人口是指有稳定住所、工作和收入，多年和举家工作、生活在城市，已基本融入城市的农业转移人口，也被称为准城市人口，具有较强的市民化意愿和能力。对这一群体应重点研究如何放宽户籍政策，使其顺利融入城市社会。全职转移人口是指常年进城务工或经商，在城市有相对稳定的职业和收入，春节或其他节假日偶尔返乡的群体，市民化意愿较强。这部分人是推进农业转移人口市民化的重点，应综合地区财力，来权衡其公共服务推进的重点。兼业转移人口主要是指间歇性或短期季节性进城务工，以农业为主、务工为辅，或务工、务农并重的群体。这类农业转移人口是市民化的难点，应研究土地保障与城镇基本公共服务提供相结合的方式，保障权益、鼓励流动。

4. 本地农业转移人口和异地农业转移人口

以转移范围为标准，可以把农业转移人口分为本地农业转移人口与异地农业转移人口。本地农业转移人口和异地农业转移人口，两者在户籍、市民化意愿和承受能力等方面有着很大差别。市民化进程中应基于两者的差异采取差异化的政策选择。如由于异地农业转移人口的市民化成本相对较高，市民化过程中可给予适当的政策倾斜。

第三节　基于地区差异的市民化实现路径研究

本部分重点讨论推进市民化进程中不同地区的差异化推进策略问题。首先，对不同城市和地区农业转移人口的规模（流入、流出）进行分析，以此为基础结合地区财力，确定采取全面放开策略还是逐步推进策略。其次，通过对各地区农业转移人口总体特征的分析，以确定市民化配套措施的重点，如部分城市可能面临着较多农业转移人口的返乡，可有针对性地加强农业转移人口创业指导、再就业等方面公共服务的提供等。

1. 农业转移人口流入地和流出地视角的分析

农业转移人口市民化既包括本地农业转移人口的市民化还包括异地农业转移

人口的市民化。由于中国各地区的经济发展程度、产业构成、城镇化率等差异较大，各地区所集中的农业转移人口规模也存在较大差异。基于此在农业转移人口市民化推进中，首先应对这些因素进行综合考虑，构建合理的农业转移人口市民化成本政府间分担机制；其次，在农业转移人口市民化的路径设定时，应充分考虑各地区的农业转移人口的相对规模，构建差别化的公共服务体系。如农业转移人口流入较多的地区可采取渐进的市民化模式，而人口流入相对较少的地区则可以对农业转移人口全面放开。

2. 不同经济发展阶段地区的差异化的市民化路径分析

处于不同经济发展阶段的地区在产业结构上存在较大差异，农业转移人口的构成也会有较大不同。例如，东部地区的上海，现阶段已经进入后工业化阶段，服务业和高端制造业占比相对较高。一方面，未来这些地区的农业转移人口比例将逐渐下降，而其他地区的高水平人才的流入会不断增加；另一方面，未来这些地区的农业转移人口会进一步分化为从事简单劳动的农业转移人口和高收入农业转移人口。类似这样的地区，在推进农业转移人口市民化的过程中的政策重点可以从户籍控制和渐进覆盖两方面入手。

对于中西部地区来说，其未来会承接东部地区的产业转移，在建筑业、制造业等行业有较大的发展潜力，是农业转移人口未来流入较多的地区，其市民化过程中应首先提高教育培训方面的公共服务水平，同时，加强基本公务服务的全覆盖，降低落户门槛，吸引农业转移人口的流入。

3. 基于城市未来发展规划与前景的差异化的市民化路径分析

每一个城市都有自身的特质，这些特质不仅体现在经济发展方面，还包括历史发展、社会文化、资源环境、基础设施等。这些特质共同决定了城市的未来发展，共同构成了城市的承载能力。因此，不同城市应根据自身的特点，选择合适的市民化路径。城市未来发展受到资源环境较多约束的城市应对农业转移人口市民化进行一定的限制和调控，未来发展前景较好的地区则应采取更为开放的政策。根据对不同城市发展瓶颈的分析，来选择市民化过程中公共服务保障的重点领域是本部分研究的重点。

4. 基于地区财力的差异化的市民化路径分析

财力的有限性是制约农业转移人口市民化和公共服务均等化的关键因素。一个地区财力的大小不仅包括其自身税收能力和上级政府转移支付规模，还包括该地区的融资能力。不同地区和城市财政能力的较大差别决定了其市民化路径的选择必然有所差异。

第四节　推进农业转移人口市民化的公共服务创新

公共服务很大程度上是地方政府提供，而不同区域的发展阶段、发展潜力等差别很大，所以不可能也没必要采取一刀切的政策。大型城市由于具有集聚效应和规模效应，公共服务的水平较高，与农村地区的差别较大，而一般中小型城市的公共服务水平和农村的差别并不大。公共服务均等化并非意味着要拉低最大值，而是要增加最小值。逐步增加中小城市的公共服务覆盖一定程度上违背市场规律，显然需要政府积极干预和规划。除了区域平衡政策外，要对不同的区域实行不同的政策，如增加中小城市市民化的中央财政负担比例、加大转移支出等。

1. 按区域划分的差异化路径

通过将城市区分为特大城市、大城市、中小城市、小城镇四种类型，系统分析不同地区城镇化建设现状、农业转移人口规模、地区的承受能力，并分别研究如何进行基于区域差异的市民化路径选择。

首先，对于在小城市和小城镇务工的本市（镇）农民工而言，由于国家关于小城市和小城镇户籍的政策已基本放开，小城市（镇）本地农民工的市民化可以在自愿基础上通过将其户口转为城镇户口而实现。

其次，大中城市本市农民工市民化为"降低公共服务差异"与"扩大户籍"并行。主要政策措施是放宽申请条件，大幅度降低在城市落户的门槛。目前，许多城市正在积极促进本市行政辖区城乡公共服务的均等化，随着市域内城乡发展差距的缩小和公共服务均等化程度的提高，放开城镇户籍的可能性在加大。对于一些现阶段还不能放开城乡户籍的城市，则可根据城镇公共服务资源情况和农民工在城镇就业和居住的稳定性，给予相应的待遇和服务，并视城镇经济发展情况不断提高待遇水平，逐步缩小与市民之间的差距。

最后，大中城市跨市和跨省流动农民工市民化以"降低公共服务差异"为主。对于大中城市中非本市特别是非本省份的农民工，应加快将满足一定条件的农民工在就业地转户的步伐。应先逐步取消各种城市居民享有的特殊优惠待遇。需要特别指出的是，大城市的户籍管理体制改革，可以首先考虑针对已在大城市长期定居、稳定就业、举家迁徙的外来人口。他们总量中占比并不高，解决他们的落户不会带来太多财政上的负担。在操作环节上，一些特大城市可以在周边的建制镇和远郊区县，率先进行户籍管理制度改革，如可以考虑把在主城区的长期举家迁徙的外来人口落户到远郊区县和小城镇。

2. 按人群划分的差异化路径

根据流动程度的大小，可将农业转移人口划分为三个群体：第一类是基本融入城市的农民工，以举家外出农民工及其随迁家属为主，数量在 5000 万人左右，在城市有固定的住所和工作。这一群体农民工收入水平总体较高，渴望在城市获得尊重、公平对待、实现自我价值，更倾向于在就业地城市落户定居，强烈要求子女能在就业地接受教育并参加中考和高考。总体来看，这一类农民工的市民化意愿和能力都比较强。第二类是常年在城市打工，但又具有一定流动性（主要是春节返乡）的农民工，以新生代农民工为主，数量在 1 亿人左右，在城里有相对稳定的职业、收入和居住地。新生代农民工思想观念、生活习惯、行为方式已日趋城市化，大多数渴望成为"新城市人"，对保障性住房和随迁子女教育问题十分关注。这一类农民工收入水平总体较低，市民化意愿较强但市民化能力较弱。第三类是中年以上的第一代农民工（年龄在 40 岁以上），数量也在 1 亿人左右（外出农民工 4000 万人左右，本地农民工 6000 万人左右），市民化能力较强，但市民化意愿较弱，未来 10～15 年将退出城镇劳动力市场。

据此，可以依据不同农民工的意愿来选择市民化的次序。对于第一类农民工来说，其市民化意愿和能力都比较强，政策重点是鼓励落户，优先促进其家庭融入城市社区。中小城市和城镇要加快取消落户门槛，把有意愿的农民工转为市民；大城市和特大城市也要制定透明落户政策，合理设置门槛，通过积分落户等方式，让农民工落户。第二类农民工以新生代为主，市民化意愿较强但市民化能力较弱，政策重点是梯度赋权，优先解决住房问题，不断提升其人力资本水平。此外，还应通过加快产业布局调整，大力发展中小城市和县域经济，使新增农民工中的大多数在省内转移就业，在本地实现市民化。第三类农民工，市民化意愿和能力都比较弱，政策重点是鼓励其在城乡之间双向流动并保障其劳动权益。结合第一代外出农民工将逐步退出城市劳动力市场的这一趋势，还应鼓励他们返乡创业和再就业，引导其在家乡城市落户定居。

总体来说，对中小城市和城镇，取消城乡户籍差别，给公民迁徙自由，统一实行居住地户口。鼓励把那些在外地工作后回乡的人口吸引到本地城镇居住，对那些已经离开家乡外出的人口，如果在外地可以落户的，尽量提供方便。根据中央《关于推进小城镇户籍制度改革的意见》精神，在一定时期允许采取"带土地"的政策地区，在承包期内不要求进城农民退还承包地和自留地，以解除农民进城的后顾之忧。对其他城市，包括全国特大、大中城市，采用累积居住年限制度逐步推进户籍制度改革和放宽入户条件。即在本地连续居住满一定年限，连续办理相关的各种证件，就业者连续若干年参加社会保险到一定时间后，就自动取得落户的资格。这种累积居住年限制度可以灵活变动，如在今后一段时间内可要求居住满 5 年，过一段时间后可规定 3 年，甚至 1 年，直至户籍全面开放。市民化实现的影响因素与差异化策略如表 11-1 所示。

表 11-1　市民化实现的影响因素与差异化策略

区域情况	农业转移人口属性	差异化策略
经济发展特大城市		缩小公共服务差异
人口因素大、中城市	市民化意愿较强专业技能水平高	放松户籍限制
城市公共服务水平小城市（镇）	市民化意愿稍弱专业技能水平低	实现梯度赋权

第五节　政府推进市民化的可操作性政策措施探讨

1. 推进市民化的多样化政策措施总结

从政府视角出发，设计市民化政策组合体系的本质是在对现有的就业制度、社会保障制度、土地制度、户籍制度、财税制度等进行合理改造的基础上，筹措相应的资金来推动农业转移人口市民化。从博弈论的角度来看，上述筹措方式是通过一种机制设计，在尊重农民工自愿选择的基础上，通过制度改革筹措农业转移人口市民化所需要资金，分担农业转移人口市民化的社会成本。但是，农业转移人口市民化改革毕竟不是一项简单的工作，而是一项必将涉及方方面面利益关系的系统性工程，可以想象，其面临的挑战和改革的阻力之大。纵然，我们的政策组合体系在理论上可以设计得全面而又具体，但落实到实践层面上，迫于现实条件的制约，有些政策未必具有可操作性，须审慎推行。

2. 市民化政策的可操作性分析

通过考察政策的可操作性，得出具体的政策措施是否满足推行条件，或者是否能有预期的效果。从分析步骤上，将从三个角度来明确政策的可操作性。一是该政策是否具有足够的政府财政能力支撑，如果政策对财力提出的要求较高，不仅很难筹集到资金，也很难被各级政府认可。二是该政策是否满足地方政府的激励条件。目前地方政府在以发展为核心的环境下，必然十分重视经济发展水平等指标的提升，所以，很多地方政府借口财力有限，对推进市民化的热情不高。尽管中央政府一再要求地方政府配合其推进市民化，地方政府仍然很少以积极的态度来推行，农民工的市民化问题仍然无法受到应有的重视。由此可见，较财政能力而言，地方推进市民化的积极性也不容忽视。三是该政策措施能否与其他政策配套。当前，农业转移人口市民化改革不是一项简单的工作，而是一项系统性工程，任何一个领域的改革都不能孤军深入。市民化进程与就业制度、社会保障制度、户籍制度、土地制度、财税制度、行政管理制度等都紧密相连，必然对这些配套制度改革的要求程度也比较高。如果其他配套制度改革滞后，或者彼此之间出现相互掣肘，势必会影响市民化改革的进程和效果。如就业和社会保障的改革不仅直接关系到农民工市民化以后的基本生活，也是农村土地制度改革的基础，只有真正有效地解决了农民工城市生活的社会保障问题，农地完全流转才有可能实现。财税改革制度更是其他配套制度改革的重要支柱，户籍改革制度屡屡遭挫究其深层原因还是财政体制上的障碍，即财政分权下地方政府的"财政危机"。此外，中国现行的行政管理体制，以"GDP"为核心的政绩考核观严重弱化了地方政府的公共服务职能，地方政府的市民化推进动力始终不足，如果地方政府的市民化"意愿"问题不解决，行政管理制度改革不跟进，地方政府在农业转移人口的就业、社会保障等方面的政策目标也无法实现。

　　3. 可操作性政策措施的适用性分析与实际选择

　　在财政能力方面，由于需要建立政府、企业和个人之间的成本分担机制和进一步明确中央政府、省级政府和城市政府在推进农业转移人口市民化方面的主要职责，因而，相应的政策则包括"以常住人口作为财政分成依据来调整各级政府之间的分配关系""健全中央和省两级专项资金转移支付制度""针对吸纳农业转移人口较多的城市给予资金补助"等方式。在体制层面，相关的政策措施可能还包括改革政绩考核体系，适当淡化增长率、政府投资等短期指标，将市民化率、农民工的基本公共服务供给水平、城市居民与农民工的收入差距等指标纳入对地方官员的考核体系等。总的来说，在本部分，将所有可选择的政策措施进行适用性分析，并作出不同地区在市民化建设的不同阶段、按照不同路径最可行的政策工具选择。

第十二章　中国加快市民化实施进程的政策建议

当前阶段，农业转移人口市民化改革不是一项简单的工作，而是一项系统性工程，任何一个领域的改革都不能孤军深入。市民化进程与就业制度、社会保障制度、户籍制度、土地制度、财税制度、行政管理制度等都紧密相连，必然对这些配套制度改革的要求程度也比较高。如果其他配套制度改革滞后，或者彼此之间出现相互掣肘，势必会影响市民化改革的进程和效果。如就业和社会保障的改革就直接关系到农民工市民化以后的基本生活，因此，必须要重点关注推进市民化的政策体系之外的配套政策问题，如财税制度、行政管理制度等方面的改革将会在整个市民化过程中起到非常重要的保障和助推作用，而财税改革制度更是其他配套制度改革的重要支柱。为此，必须对现有的市民化政策进行调整。根据分析，结合中央政策精神，对中国推进市民化进程提出以下政策建议。

第一节　构建推动市民化的财政支持体系

1. 提高财政工具的使用水平

市民化政策能否真正实施关键要看财政能力能否提供。为了保证户籍制度改革的成功，必须改革现行的公共财政体制。改革公共财政体制是深化户籍制度改革的财政基础，中国可以借鉴其他国家在人口管理上的先进经验，将户口登记制度与财政相关待遇结合起来，以财政管理促进户口管理。

在财政预算方面，财政预算政策是在财政支出的源头上向农业转移人口倾斜。增加预算支出规模，提高预算支出水平，不断提升城市公共服务均等化水平。将农业转移人口教育预算支出纳入城镇教育经费预算，增加农业转移人口医疗卫生方面的支持范围，加强农业转移人口文化生活方面的支出力度。此外，多种渠道增加农业转移人口居住条件改善的预算支出，不断促进农业转移人口社保制度转型；同时，积极优化财政预算支出结构，不断保持对农业转移人口财政预算的倾斜。

在财政补贴方面，对农业转移人口群体给予各类补贴，增加对城市农业转移人口群体财政补助规模。进一步健全社会保障体系，政府可通过提供多种形式的财政补贴和税收优惠政策改善农业转移人口生活条件。补贴类型按照补贴领域的不同分为教育补贴、医疗卫生补贴等。目前，要特别加强对跨省农业转移人口流动人口的补助。根据流入地解决非本省农业转移人口子女进入公办学校免费接受义务教育人数、享受住房保障制度的人数进行奖励性补助。首先中央补助数额可按服务跨省农业转移人口所产生经费的一定比例进行补助；其次按每个服务人数或提供服务水平进行固定数额补助，如可按农业转移人口保障性住房建设单位面积成本进行补助；最后区分领域，按提供公共服务的某项类别进行补助，如在农业转移人口子女义务教育方面，对地方教育的公用经费进行补助。

2. 确定财政推进市民化的重点支持领域

1）把公共服务均等化作为财政支持重点

中央政府应加大对地方政府在解决农业转移人口公共服务方面的专项转移支付力度。重点是加强公共卫生和计划生育、子女义务教育、就业扶持以及住房保障对于劳动力流入地区的补助。适当增加对城镇地区的财政支持力度，以补充其财力的不足。地方政府应根据各辖区接纳农业转移人口的情况，及时调整资金配备，保证各辖区拥有足够财力来接纳农业转移人口成为市民。健全农业转移人口子女就学、文化卫生等城市公共服务制度。财政应切实为农业转移人口提供公共服务，全面建立健全社会保障，并想办法让农业转移人口在城市尽快定居下来。顺应农业转移人口市民化的要求，建立按常住人口而不是户籍人口确定城市管理机构和人员配备标准的制度。在资金分配上，应提高经济强镇（县级市）的税收留成比例，提高城市公共管理和公共服务的能力，使公共管理、公共服务全面覆盖所有农业转移人口。

2）增加财政对农业转移人口社会保障体系建设

当前在社会保障制度方面，仍然保持了城乡分割的二元格局，城乡居民之间存在着明显的差别：只有具有城镇户口的市民才可以享受到最低生活保障、养老保险、医疗保险、失业保险等社会保障待遇以及住房补贴等社会福利津贴等，而农村居民不仅缺少失业保险与工伤保险，而且较城市而言，农村社会保障的保障力度较小（表12-1）。

表 12-1　城乡基本保险的对比

农村	城镇
新型农村合作医疗	城镇居民医疗保险（或城镇职工医疗保险）
农村危房改造	城镇居民住房保障
农村养老保险（失地农民为主）	城镇职工养老保险
—	城镇职工失业保险
计划生育保险	城镇职工生育保险
—	城镇职工工伤保险

对此，我们应将符合一定条件的农业转移人口纳入城镇最低生活保障、城镇社会保险制度，让其享受与城镇同等的社会福利，尽快尽早地实现社会保险的省级统筹，从远期来看是将所有农业转移人口纳入城镇最低生活保障、城镇社会保险制度，尽快实现全国统筹。从社会保障项目的优先程度来讲，农业转移人口的最低生活保障制度、大病救助、低标准住房保障等问题应该最先得到解决。为进一步完善农业转移人口社会保障体系，还要创新社会救助体系。不仅要对不同的农业转移人口实施不同的社会救助制度，而且对于已在城镇中长期稳定工作的农业转移人口，则可以直接将其纳入城镇最低生活保障制度当中。在农业转移人口纳入城镇最低生活保障制度的初期，可以设立高门槛，以保证制度的可持续性，随着制度的不断完善，领取标准可适当降低，扩大覆盖面。同时，逐步提升统筹层次，应逐步从当前的省市一级统筹提升为区域统筹，直至全国统筹。

对于社会保险的专项而言，在城市工作的农业转移人口，应积极推动他们在工作所在地参加大病统筹的医疗保险，加强社保基金的筹集和管理，鼓励他们参加农村新型合作医疗，对于长期外出的农业转移人口，应该鼓励他们参加城镇基本医疗保险。针对不同类型的农业转移人口，制定不同的养老保险类别。对于具备市民化条件的农业转移人口，应积极纳入城镇职工基本养老保险体系；而对于具有一定流动性的农业转移人口，可探索建立过渡性的养老保险，适当降低个人养老保险的缴费标准，随着经济的发展，逐步提高缴费基数和费率，逐步实现与城镇职工基本养老保险完全接轨；对于季节性的农业转移人口，还是应以参加新型农村社会养老保险制度为主。

3）加大财政对农业转移人口城市安居工程建设

支持短期务工和建筑等行业的工棚、工舍的改建，制定最低住房标准，满足农业转移人口居住的基本生活、卫生和安全要求。支持农业转移人口住房问题，加快建立多层次的农业转移人口住房供应体系。将在城市稳定就业达一定年限的农业转移人口，纳入城市住房保障体系，提供廉租房、公租房以及限价商品房，或发放租赁补贴，也可以通过财政专项补贴直接改善房屋的居住条件，并将其纳入城市规划建设中，建造适合农业转移人口居住、农业转移人口能承担的经济房。建立长期稳定务工农业转移人口的公寓供给制度，支持新建农业转移人口集中居住区（点），鼓励企业建立农业转移人口集体宿舍，对企业建设职工宿舍给予适当的税收减免。在廉租房建设方面，投入财政资金，扩大廉租房规模，把符合廉租房承租条件的定居农业转移人口纳入廉租房援助对象。对银行贷款给予财政贴息支持；允许农业转移人口购买经济适用房，对购买经济适用房的贷款给予财政贴息支持；支持农业转移人口参加"宅基地换住房"活动的贷款申请，并给予财政贴息支持。从农业转移人口的特点和居住现状来看，在城乡结合部建设农业转移人口公寓是一个经济可行的方式。应允许各地探索由集体经济组织利用农村建设用地建立农业转移人口公寓。扩大公积金制度覆盖范围，逐步扩大到包括在城市中有固定工作的农业转移人口群体。完善金融服务制度，对于购买城市经济适用房、限价房的农业转移人口，可降低其购房首付款的比例，延长还款期限，给予契税优惠。对兴建农业转移人口公寓的个人和机构，鼓励金融机构为其提供低息长期银行贷款或公积金贷款。完善土地供应制度，土地利用规划、城市总体规划都要为农业转移人口住房预留空间。

在财政分权体制方面，实现市民化对地方政府的支出责任提出了更高的要求。事实上，中央与地方财权与支出责任不匹配的问题已经长期存在，而市民化的推进很可能会使原有的矛盾更加突出。对此，中央需着重理顺财政收支体系，改革地方税体系，保证各级地方、各个城市能够满足各级政府行使正常职能的税源。一方面，借助当前国家大力推行"营改增"之际，可考虑总结房产税在沪、渝的试点经验，积极筹划"房产税"在全国的推广方案，逐步建立以所得税和财产税为主体税种的地方税体系。这不仅可以充实地方政府财源，还可以提高税收制度的累进性，从而构建有利于社会公平的税收制度。另一方面，中央还需重新划分公共支出责任的承担主体，改变过去单纯下放支出责任的做法，使中央能够更多地承担教育服务和社会保障等基本公共服务，减轻地方政府的支出负担。

考虑到地方政府面临的财政压力，建议从以下方面入手：一是合理划分中央与地方政府的财权与事权，加大财政转移支付对提升地方政府公共服务能力的支持力度，并承担农民工市民化的特殊性支出。调整共享税的分成比例，适当增加地方的分成比例，确保地方不因税制调整而使财力受到影响。二是探索开征房产税、遗产税等税种，确保地方财政有稳定可靠的税源，在摆脱地方政府对土地财政依赖的基础上，提高地方政府承担市民化相应成本的能力。三是积极探索市级政府发债试点。在加强立法约束、控制发债规模的基础上，可探讨试点发行市政债券。借鉴美国、日本和南美等国家的做法，发挥市政债对支持城镇化建设的重要作用。

第二节　充分发挥市民化进程中的政府作用

1. 中央与地方两级政府必须分清市民化责任

中央政府必须对市民化进程发挥主导作用。中央政府推行市民化具有三个优势：第一，中央政府推行市民化具有全局性，能较好地协调好全国范围内大量的农业转移人口流入与流出，流出地和流入地具有不同的公共服务水平，如果中央政府服务对市民化进程推进不到位，那么地方政府很难对市民化作出实质性的推进。第二，中央政府对地方政府具有强制性。如果按照当前的政绩考核体制，地方政府很难主动推动市民化，要红利而不给福利的现象也将长期存在，因此，必须通过中央政府对地方政府进行强制推进，才能保证地方政府顺利推进市民化。第三，中央政府在财力上更有保障。中央政府在多年财政收入不断增加的情况下，现在已经有力量推动市民化进程，中央政府应该主动推进市民化，或者通过财力转移，激励地方政府推动市民化进程。

地方政府必须发挥主体作用。地方政府推进市民化进程有三个优势。第一，地方政府在推进市民化进程中，有较大的信息优势，对辖区内市民化情况、水平及所需成本较为了解。第二，地方政府推进市民化进程更能符合农业转移人口的主观意愿，更有利于实现农业转移人口的经济、社会、身份和文化立体融入。第三，地方政府推进市民化更能发挥地方政府的主观能动性，公共服务措施更能解决农业转移人口的实际需要。不仅如此，地方政府推进市民化的进程中，能比较好地考虑城市功能定位、产业支撑和综合承载力。当然，对于地方政府来说，许多等级较低的城市，推进市民化的措施还很难满足人们的需求，基本公共服务能力、管理能力与推进市民化进程的要求还很不适应。而流入地政府应强化政府管理责任，将农业转移人口随迁子女的教育纳入教育规划和财政保障范畴，在继续推进以流入地公办中小学为主接收农业转移人口义务教育政策基础上，对承办义务教育的民办学校加强管理，给予财政补贴。

在此，必须强调的是，中央和省政府加大对跨省（市）农业转移人口集中流入地区的支持。中央政府应重点支持跨省农业转移人口集中流入的地区。在科目上可采取专项转移支付，从中央对地方转移支付专项补助的增加额中，将一定比例转移于农业转移人口集中流入地区，专项用于对农业转移人口集中地区的补助。可考虑从专项转移支付的增量中一定比例用于对跨省农业转移人口集中流入地区公共服务支出的补助。由于教育、卫生和就业扶持等领域对于农业转移人口的覆盖面较大，在补助内容上可加强对这些领域的支持。

2. 将推进市民化纳入政绩考核体系

首先，要把市民化指标加入地方官员的政绩考核标准，从过度关注农业转移人口市民化对本地区的经济增长和财政收入增加转移到兼顾民生及新增劳动力转移等方面，把农业转移人口的义务教育、基本医疗、公共卫生、失业保险、养老保险、最低生活保障、社会救助及公共就业服务等基本公共服务项目纳入地方政府官员的绩效评价体系，并逐步增加其考核权重。而且，地方政府绩效评价体系应该强调地方政府进行市民化对本地区经济发展的长远影响，通过市民化提高本地区的可持续发展的能力。还要积极引入外部评估机制，建立全面的绩效评估体系。其次，提高消极推进市民化的惩罚成本。根据中国"下管一级"的垂直任命管理体制，容易造成一些地方政府官员行为和价值观念的错位，因此，必须矫正地方政府官员在推进农业转移人口市民化进程中的偏差行为和错位的价值观念，提高官员消极推进市民化的成本，特别是政治成本，以此约束地方政府官员的偏差行为。

3. 政府应采取降低公共服务差异的市民化措施

当前，地方政府一提起市民化，就是要扩大户籍，事实上，这样推进市民化的措施往往很难实施，这是因为户籍背后附带着一系列市民权利与待遇，这种市民权利和待遇不仅是物质上的福利，更有身份上的认同，换言之，只有获取城市户籍，才能享受市民的相关待遇。然而，这样一来，因为要给予农业转移人口平等的市民待遇会加重城市的财政负担，而许多地方户籍制度改革中途夭折的一个重要原因也是由于地方公共财政难以为更多的农业转移人口及其家庭提供更多的公共支出，如城市基础设施、教育、住房、社会保障等。的确，城市需要为农业转移人口市民化支付巨额成本[①]。而且，如果城乡分割的制度得以改变，农业转移人口进城后能够得到平等的公共服务，那么，农业转移人口的迁移决策就会从短期迁移、单人迁移变为长期迁移、举家迁移。很显然，在一定时期内，地方政府的公共财政支出压力将在短时间内骤增，任何一届政府都很难承受。因此，很多地方政府为了推进市民化，往往异化市民化政策，造成地方政府推进市民化行为的更大偏差。

为了防止政策偏差，实施真正意义上的市民化，有两种市民化措施可以选择，一是户籍背后的社会福利尽可能的降低，在坚持各大中城市高入户门槛的同时，逐步实施城市外来人口在教育、就业、医疗、社会保障方面的政策措施，通过绕开户籍身份，逐步给予农业转移人口市民待遇。或者说，采取渐进的方式逐渐增加农业转移人口的市民待遇直至全部与市民待遇相同，对于教育、医疗等影响人力资本积累和一生发展的权益，要优先给予。医疗保险、养老保险和失业保险以雇主和个人缴费为基础，权利与义务对等，不会对当地财政带来负担，因此，可以允许居民参加这些保险项目。二是可以从时间上延长，即把市民化政策内容分在若干个时间段进行处理，将市民化政策成本平均到若干年后完成，通过不同的年限或积分，逐渐加强服务种类和水平，为农业转移人口提供稳定的移民预期，缓解政府压力。当然这需要当地政府对市民化有较深的理性认识。例如，可以根据待遇的特性和城市的规模，要求达到一定的社保参保年限和（或）居住年限后，才可以享受这些待遇，特别是对于低保等一般性社会救助，则要设置较长的年限。

---

① 中国社会科学院城市发展与环境研究所发布蓝皮书《中国城市发展报告（2012）》，报告指出，今后 20 年内，中国将有 2 亿多农民需要转移到城镇就业和居住，再加上近年来已经进入城镇但还没有完全市民化的农民，未来全国将有 4 亿～5 亿农民需要实现市民化。据初步测算，仅解决社会保障和公共服务，农民市民化成本至少人均 10 万元。在未来 20 年内，至少需要支付 40 万～50 万亿元的成本。

中央政府可以考虑规定无论在哪个城市，只要是在当地连续就业、居住和缴纳社保最长达到一定年限后，地方政府必须给予当地户口。

在对市民化政策对象的选择上，也应该有所选择和取舍，市民化政策对象应该优先选择能够进行改变储蓄支出结构的常住城市人口，这类人已在大城市长期定居、稳定就业、举家迁徙。这是因为，研究表明，对此类人群进行市民化，不仅可以缩小城乡收入差距，促进经济增长，而且他们总量中占比并不高，解决他们的落户不会带来太多财政上的负担。这类人长期定居在城市，除了身份的不同外，与城市户籍居民没有什么不同，对这类人进行转移支付，或者说市民化，可以较大程度地推进市民化进程，并且对其他人群能有一定的示范作用。根据这类人对城市的贡献程度，教育水平及其他指标，可以采取不同的市民化措施。

第三节　多措并举推进市民化进程

自 2014 年 7 月颁布了《国务院关于进一步推进户籍制度改革的意见》以来，各地地方政府积极将转移培训、权益维护、社会保险、子女入学等农业转移人口最关心、最直接、最现实的利益问题纳入市民化内容，在维护农业转移人口合法权益方面取得了明显的进展，但是从目前市民化的要求来讲，许多地方政策还只是停留在原则和框架部分，具体措施还需调整。

1. 加强农业转移人口市民化的职业培训

授之以鱼，不如授之以渔。对待外来人口，不管如何推进市民化，必须首先加强农业转移人口的职业培训。这是因为，大多数农业转移人口只能在劳动密集型企业中从事技能要求不高的生产性劳动。在新生代农业转移人口里大多数没有接受过技术培训，即使参加过一些培训，也大多是短期培训，仅有少量新生代农业转移人口接受过中等职业技术教育，并且有专业技术职称。自身素质的低下导致了市民化进程的缓慢。推动农业转移人口职业培训不仅使进城农民能够在城市顺利找到工作，同时也能促进农业转移人口自我发展，进而取得市民资格。但是，农业转移人口缺乏教育已经成为当前不争的事实，而且严重扩大了城乡收入分配差距。从全国范围来看，目前城乡大学生的比例分别是 82.3% 和 17.7%。在城市，高中、中专、大专、本科、研究生学历人口的比例分别是农村的 3.5 倍、16.5 倍、55.5 倍、28.55 倍、323 倍。面对当前农业转移人口总体文化程度不高、职业技能缺乏的情况，一方面要培育市民观念，承担市民义务，得到市民社会及其管理者的认同，另一方面，应大力推进农业转移人口的职业培训，防止他们的职业选择和就业空间变得过于狭小。只有大幅提高农业转移人口的文化技能水平，才能有效提升农业转移人口的就业层次和收入水平。

对此，应大力发展面向农村的职业教育，支持各类职业技术院校扩大农村招生规模，鼓励农村毕业生接受正规职业技术教育。在培训的经费来源上，应加大政府对农业转移人口培训的投入，完善政府、企业、农业转移人口培训经费共担机制；在培训体系上，应建立学校教育、企业培训、社会机构培训、政府培训等相结合的多层次培训体系；在培训内容上，应根据中国产业结构升级的需要，有针对性地设置培训的职业工种、科目、课程，同时应加强一些基本技能，如法律、计算机、外语等方面的培训。同时，整合来自教育、农业、劳动、科技等部门的资金渠道和培训资源，改变目前各种培训实体各自为政、缺乏沟通与协作、专业重复设置、教学设备及师资分散等现象。对此，具体可以有以下几种做法：一是把农村职业教育纳入国家教育规划，根据市场需求，组织未能升学的城乡毕业生参加必要的职业培训，切实提高城乡劳动者的就业能力、工作能力和创业能力。二是统筹教育资源，引导教育资本向落后地区和农村地区配置，可结合实际情况，把发展中等职业学校和实用技能培训学校的重点放到农村，加强职业培训制度和能力建设，缩小城乡劳动者在知识技能方面的差距。三是把农村转移劳动力的培训资金纳入各级公共财政的支出范围，专款专用，逐步建立起政府主导下的多方筹集投入，确保农村转移就业职业培训的资金投入。用工单位要保证农村转移劳动力在本单位平等的培训权利，可以从税前提取或者运用企业的发展基金。

2. 坚持新生代农业转移人口优先

新生代流动人口和举家迁移流动人口有更强的落户意愿。在制定落户政策时，要充分考虑他们的落户需求。在基本公共服务均等化方面，要缩小各地的基本公共服务均等化差距。子女教育、社会保障、住房和医疗卫生是流动人口最关心的问题，坚持"二代优先"的主要含义是：设定若干具体条件，对于满足这些条件的外来人口，允许其子女首先在城市落户，而其自身的落户仍然遵循现有政策。这些政策包括：①拟落户儿童父母在城市居住生活的时间。②拟落户儿童父母在城市的就业时间及就业状况。尽管中国城市发展过程中尤其是城市化初期大量非正规就业存在具有必然性，但是从政策的导向上说，应当鼓励正规就业，因此这一条件可以具体化为签订劳动合同的就业年限或者参加社会保险年限。③拟落户儿童的年龄。各城市可以根据实际情况增加诸如拟落户儿童父母无违法犯罪、未曾违反计划生育政策规定等对社会发展具有导向意义的条件。这样一来，不仅能解决适龄儿童的教育问题，同时也有助于推动市民化问题的解决，并且还能从根本上解决留守儿童问题。在此，应该根据 2003 年国务院颁布的《关于进一步做好进城务工就业农民子女义务教育工作的意见》，明确农业转移人口子女义务教育"以流入地为主，以公办学校为主"的政策导向，并且该政策已经在新修订的《义务教育法》中也得到了明确，为进城农业转移人口子女平等享受义务教育创造条件，有助于尽快形成保障农业转移人口子女接受义务教育，以公办学校为主接收农业转移人口子女就学的基本格局。

3. 坚持从指标管理向条件管理过渡

长期以来，指标控制在中国户籍制度运行中发挥着关键作用，确保国家高度计划性地调整城乡人口结构和分布。当前中国在大力推进城市化的背景下，指标控制权已经在很大程度上下移到城市政府。对于大中城市而言，指标控制仍然是当前落户政策的核心内容。由于指标控制是计划经济时代的政策制定和管理方式，无论从政策公平，还是市民化效率方面，甚至是从防止政府寻租行为方面，指标控制方法都已经不能满足当前市民化政策实施的需要。因此，市民化政策必须由指标控制向条件管理过渡，形成目标明确、路径清晰、民众认可的落户政策体系，不仅有利于城市人口素质的整体提高，而且有助于缩小城乡收入差距，提高市民化政策的效率。值得一提的是，实施指标控制向条件管理的调整，必须充分考虑城市资源与环境承载能力和居民福利供给能力，当两种户籍附带公共福利差异较小时，如中小城市和小城镇，实施条件管理的政策实施吸引力不大，可能不会出现短期内过多的人口向城镇转移；而当城乡户口附带福利之间差异过大时，如大城市和特大城市，城市制定市民化的条件需要慎重，必须兼顾城市发展和社会公平，因为一旦超过城市的承载能力，放开的政策也不得不收回。所以，条件管理必须综合考虑资源分配的可能性与农业转移人口进城定居的需要，尽可能使农业转移人口获得原城镇居民的公共服务或福利待遇，从而大大降低农业转移人口在城市定居的制度成本，提高其在城镇定居的能力和意愿，进而缩小城乡收入差距。

总之，从市民化政策的具体实施而言，既要坚持基本生存条件及公共服务条件的公平，又要坚持政策的稳定性、连续性和利益可协调性。中国市民化的艰巨任务决定中国的市民化政策必将是一个长期稳定的政策，如果市民化政策断断续续、走走停停，则必将影响市民化的政策效果。因此，市民化政策必须注意政策对象范围的同时，又要注重政策对象的层次，从而共担市民化成本与风险，进而不断推进市民化进程。

第十三章　结论与展望

第一节　研　究　结　论

经过分析主要得出以下几点结论：

首先，在城镇化快速推进的大背景下，以缩小城乡收入差距目标下研究市民化政策具有重要的理论与现实意义；但是，由于实施市民化的主体存在利益目标的差别，以及市民化成本的高居不下，往往出现市民化迟滞的现象，这与当前固有财政体制和政府考核体制有关。

其次，通过分析当前政策出现偏差的原因，本书对市民化政策实施的价值目标、实施主体及路径选择提出相应的完善策略，包括应该从公平与效率相统一的视角，选择缩小公共服务差异的措施，同时加大中央政府的政策力度，并通过构建数理模型、计量检验、动态模拟及博弈论等方法论证了完善策略的可行性。

再次，对固有的体制障碍，本书从机制设计方面提出可行性思路，并对机制设计内容提出原则性的建议，在机制设计内容上提出具体办法，为破解当前影响市民化推进的相关体制进行了有益探索。

最后，通过全书的深入分析和总结，本书提出构建支持市民化的财政体系、划清政府责任及多措并举支持市民化进程等政策建议。

第二节　有待进一步研究的问题

农业转移人口市民化是一个系统问题，而它的实质是财政的再分配，如何能保证农业转移人口市民化的资金来源，并且建立多渠道资金来源的长效机制，是下一步需要认真研究的问题。

农业转移人口市民化实施的主体是中央与地方政府，中央政府可以建立资金来源机制，但是如何具体实施市民化还需要地方政府进行实践层面的操作，而考虑到中国复杂的国情，不同地区、城市、内容及人口规模的农业转移人口市民化，必然在政策方面具有诸多区别，如何建立市民化指标考核体系，是下一步的研究内容。

参 考 文 献

安虎森, 颜银根. 2011. 城市高房价和户籍制度: 促进或抑制城乡收入差距扩大: 中国劳动力流动和收入差距扩大悖论的一个解释. 世界经济文汇, (4): 41-54

安体富, 任强. 2007. 公共服务均等化: 理论、问题与对策. 财贸经济, (8): 48-53

白南生, 何宇鹏. 2002. 回乡, 还是外出: 安徽四川二省农村外出劳动力回流研究. 社会学研究, (3): 64-78

蔡昉. 1990. 我国产业结构调整的方向与手段. 经济学家, (4): 53-60

蔡昉. 2003. 城乡收入差距与制度变革的临界点. 中国社会科学, (5): 16-25

蔡昉, 王美艳. 2005. "民工荒"现象的经济学分析: 珠江三角洲调查研究. 广东社会科学, (2): 5-10

蔡昉, 王美艳. 2009. 为什么劳动力流动没有缩小城乡收入差距. 经济学动态, (8): 4-10

蔡昉, 王晓毅. 2003. 关于"农民工问题"的系列访谈. 读书, (9): 129

蔡昉, 杨涛. 2000. 城乡收入差距的政治经济学. 中国社会科学, (4): 11-22

蔡昉, 都阳, 王美艳. 2001. 户籍制度与劳动力市场保护. 经济研究, (12): 41-48

蔡昉, 王德文, 都阳, 等. 2002. 技术效率、配置效率与劳动力市场扭曲: 解释经济增长差异的制度因素. 经济学动态, (8): 32-37

曹丽. 2009. 我国中央政府与地方政府的利益博弈分析. 南京审计学院学报, (6): 11-13

曹小霞, 李练军. 2012. 我国农民工市民化影响因素研究进展评述. 当地经济, (15): 142-144

曹裕, 陈晓红, 马跃如. 2010. 城市化、城乡收入差距与经济增长: 基于我国省级面板数据的实证研究. 统计研究, (3): 21-36

常兴华, 等. 2012. 我国居民收入差距问题研究. 经济研究参考, (25): 4

常修泽. 2007. 中国现阶段基本公共服务均等化研究. 中共天津市委党校学报, (2): 66-71

陈斌开, 林毅夫. 2010. 重工业优先发展战略: 城市化和城乡工资差距. 南开经济研究, (1): 3-17

陈斌开, 陆铭, 钟宁桦. 2010. 户籍制约下的居民消费. 经济研究, (1): 62-72

陈昌盛, 蔡跃洲. 2007. 中国政府公共服务: 基本价值取向与综合绩效评估. 财政研究, (6): 20-24

陈广桂. 2004. 房价、农民市民化成本和我国的城市化. 中国农村经济, (3): 43-47

陈吉元. 1991. 正确估量农业形势 继续深化农村改革. 中国农村经济, (1): 3-6

陈诗一, 张军. 2008. 中国地方政府财政支出效率研究: 1978~2005, 中国社会科学, (4): 65-78

陈讯, 童华建. 2007. 城市化与城乡收入差距变动的实证研究: 基于1985~2003年中国数据. 生产力研究, (10): 65-66

陈钊, 陆铭. 2008. 从分割到融合: 城乡经济增长与社会和谐的政治经济学. 经济研究, (1): 21-33

陈钊, 陆铭. 2011. 户籍制度改革的多赢方案. 传承, (7): 56-57

陈钊, 陆铭, 佐藤宏. 2009. 谁进入了高收入行业: 关系、户籍与生产率的作用. 经济研究, (10): 121-132

陈振明. 2007. 外来人口社会管理与公共服务供给机制的创新. 东南学术, (6): 39-45

陈志刚, 师文明. 2008. 金融发展、人力资本与城乡收入差距: 基于中国分省面板数据的实证研究. 中南民族大学学报 (人文社会科学版), (2): 144-149

陈志刚, 王皖君. 2009. 金融发展与中国的收入分配: 1986~2005. 财贸经济, (5): 36-41

陈宗胜. 1991a. 公有经济发展中的收入分配差别理论模型与假说 (Ⅰ): 劳动差别-生计剩余模型. 南开经济研究, (3): 3-12

陈宗胜. 1991b. 公有经济发展中的收入分配差别理论模型与假说 (Ⅱ): 两部门模型、总模型及倒 U 假说. 南开经济研究, (4): 13-19

陈宗胜. 1991c. 经济发展中的收入分配. 上海: 上海三联书店: 262

陈宗胜. 1994. 倒 U 曲线的 "阶梯形" 变异. 经济研究, (5): 55-59

陈宗胜. 2002. 关于收入差别倒 U 曲线及两极分化研究中的几个方法问题. 中国社会科学, (5): 78-82

谌新民. 2010. 新生代农民工进城有赖政府提供均等化的公共服务. 中国人才, (3): 19-20

成邦文, 刘树梅, 吴晓梅. 2001. C-D 生产函数的一个重要性质, 数量经济技术经济研究, (7): 78-80

程开明. 2008. 从城市偏向到城乡统筹发展: 城市偏向政策影响城乡差距的 Panel Data 证据. 经济学家, (3): 28-37

程开明, 李金昌. 2007. 城市偏向、城市化与城乡收入差距的作用机制及动态分析. 数量经济技术经济研究, (7): 116-126

程亮, 郭剑雄. 2005. 农民工的市民化问题探微. 中北大学学报 (社科版), (1): 26-28

池建宇, 杨军雄. 2003. 中国户籍制度变迁的供求分析: 从农村经济改革角度作出的一种解释. 经济体制改革, (3): 70-73

崔传义. 2004. 农民工权益调研报告. 科学决策, (5): 38-42

崔传义. 2005. 转变城乡二元经济结构. 改善农民进城市就业. 中国劳动, (5): 12-13

戴天柱. 2000. 公共品提供和配置中的博弈行为研究. 经济学动态, (4): 59-61

邓旋. 2011. 财政支出规模、结构与城乡收入不平等: 基于中国省级面板数据的实证分析. 经济评论, (4): 63-69

邓祖善. 1997. 加快 "民工潮" 向 "创业潮" 的转换. 农村经济与技术, (1): 4-7

丁元竹. 2008. 促进我国基本公共服务均等化的战略思路和基本对策. 经济研究参考, (48): 11-12

董全瑞. 2002. 简论贫富差距的合理与否. 长白学刊, (1): 57-60

董全瑞. 2009. 中国收入分配差距研究的新进展. 江汉论坛, (5): 19-22

董全瑞, 赵哲. 2009. 我国收入分配差距扩大趋势及原因解释. 中共石家庄市委党校学报, (8): 31-33

都阳, 朴之水. 2003. 劳动力迁移收入转移与贫困变化. 中国农村观察, (5): 2-9

杜鹰. 1997. 现阶段中国农村劳动力流动的群体特征与宏观背景分析. 中国农村经济, (6): 4-11

杜宇. 2013. 城镇化进程与农民工市民化成本核算. 中国劳动关系学院学报, (6): 46-50

范恒山. 2006. 中国经济体制改革的历史进程和基本方向. 中国改革, (8): 8-14

范恒山. 2015-09-02. 推动广西跨越式发展的纲领性文件: 《国务院关于进一步促进广西经济社会发展的若干问题》 解读. http://www.gxzf.gov.cn/zwgk/zttj/rgyj/zcjd/201509/t20150902_477769.htm

方堃. 2007. 政府治理范式创新的向度: 基于理性目标与价值逻辑视阈. 社会科学家, 4: 67-69

方堃. 2011. 农村公共服务需求偏好、结构与表达机制研究：基于我国东、中、西部及东北地区的问卷调查和统计. 农业经济与管理，4：46-53

方堃，冷向明. 2013. 包容性视角下公共文化服务均等化研究. 江西社会科学，（1）：177-181

冯宪. 1990. 农民进城问题、认识和对策. 改革，（5）：147-150

弗里德曼. 1999. 资本主义与自由. 张瑞玉译. 北京：商务印书馆：15-27

符想花. 2007. 城乡居民收入差距与城市化水平关系研究. 商业时代，（3）：4-5

付文心，赫宝祺. 2011. 中国城市化进程中的农民工市民化. 中共中央党校学报，（10）：64-67

傅勇，张晏. 2007. 中国式分权与财政支出结构偏向：为增长而竞争的代价. 管理世界，（3）：4-12

高铁梅. 2009. 计量经济分析方法与建模. 北京：清华大学出版社：40-42，267-269，281-288

高学军. 2002. 试论改革开放以来城乡二元社会结构的变迁与户籍制度的变革. 中共中央党校：7-13

葛乃旭. 2005. 重建我国政府间转移支付制度的构想. 财贸经济，（1）：61-67

龚维斌. 1998. 农村劳动力外出就业与观念、行为变迁. 青年研究，（2）：16-21

龚维斌. 2001. 城市农民工的公共服务：问题与建议. 中国行政管理，（4）：7-10

龚文海. 2009. 农民工医疗保险、模式比较与制度创新. 人口研究，（4）：92-98

顾朝林，陈金永. 2001. 大城市户籍应该逐步放开. 城市发展研究，（6）：25-33

顾海英，等. 2011. 现阶段"新二元结构"问题缓解的制度与政策. 管理世界，（11）：55-64

郭剑雄. 2005. 人力资本、生育率与城乡收入差距的收敛. 中国社会科学，（3）：27-37

郭军华. 2009. 中国城市化对城乡收入差距的影响：基于东、中、西部面板数据的实证研究. 经济问题探索，（1）：1-7

郭台辉. 2008. 制度体系变动中的大户籍制改革. 岭南学刊，（3）：11-16

国家发改委宏观经济研究院课题组. 2003. 居民收入分配差距与低收入群体问题研究. 经济学动态，（6）：12-16

国家统计局农调总队课题组. 1994. 城乡居民收入差距研究. 经济研究，（12）：34-45

国劳动力流动和收入差距扩大悖论的一个解释. 世界经济文汇，（4）：41-54

国务院发展研究中心课题组. 2010. 农民工市民化对扩大内需和经济增长的影响. 经济研究，（6）：4-14

国务院发展研究中心课题组. 2011a. "十二五"时期推进农民工市民化的政策要点. 改革，（5）：4-9

国务院发展研究中心课题组. 2011b. 农民工市民化进程的总体态势与战略取向改革，（5）：5-25

韩俊. 2010. 农民工市民化：现状、前景与路径选择. 中国发展研究基金会研究项目：中国发展报告

韩俊. 2012. 农民工市民化与公共服务制度创新. 行政管理改革，（11）：19-24

韩俊. 2013. 推进"三农"理论和制度创新 开创"三农"工作新局面. 中国发展评论（中文版），（1）：1-13

韩俊，崔传义. 2006. 农民工社会管理制度改革研究//郑功成，黄黎若莲，等. 中国农民工问题与社会保护研讨会会议论文集（下）. 北京：中国人民大学出版社：68

韩俊，汪志洪，崔传义，等. 2010. 中国农民工问题总体趋势：观测"十二五". 《我国农民工工作"十二五"发展规划纲要研究》课题组，（8）：5-29

韩留富. 2007. 长三角地区城乡居民收入差距扩大的现状、原因与政策建议. 经济纵横，（6X）：41-44

韩旭，韩淑丽. 2006. 我国居民收入差距变动分析：基于 1978～2003 年时间序列分析. 财经问题研究，（10）：75-80

何锦前. 2009. 从区域合作发展看宏观调控权配置. 牡丹江大学学报，（4）：116-117

何平，李实，王延中. 2009. 中国发展型社会福利体系的公共财政支持研究. 财政研究，（6）：2-11

宏观经济研究院课题组. 2011. "十二五"时期促进农民工市民化的总体思路. 宏观经济管理，（9）：31-32

侯风云. 2004. 农村外出劳动力收益与人力资本状况相关研究. 财经研究，（4）：88-100

侯风云，张凤兵. 2007. 农村人力资本投资及外溢与城乡差距实证研究. 财经研究，（8）：118-131

侯风云，付洁，张凤兵. 2009. 城乡收入不平等及其动态演化模型构建：中国城乡收入差距变化的理论机制. 财经研究，35（1）：4-15

胡杰成. 2012. 农民工市民化面临的障碍与对策. 宏观经济管理，（3）：33-35

胡平. 2005. 简析城市农民工城市化的障碍及实现途径. 农村经济，（5）：80-82

胡书东. 2001. 经济发展中的中央与地方关系：中国财政制度变迁研究. 上海：上海人民出版社：45-55

胡伟，李汉林. 2003. 单位作为一种制度：关于单位研究的一种视角. 江苏社会科学，（6）：68-76

黄锟. 2009. 深化户籍制度改革与农民工市民化. 南京社会科学，（2）：97-103

黄锟. 2011. 城乡二元制度对农民工市民化影响的实证分析. 中国人口·资源与环境，（21）：6-81

黄力明. 2012. 支持农民工市民化的财政政策研究. 经济研究参考，（47）：17-22

黄永红. 2008. 户籍制度：统筹城乡综合配套改革的路径分析. 探索，（2）：176-180

贾康. 2007. 公共服务的均等化应积极推进，但不能急于求成. 审计与理财，（8）：5-6

江孝感，等. 1999. 我国财政转移支付的适度规模控制. 管理世界，（3）：51-61

江孝感，王伟. 2004. 中央与地方政府事权关系的委托代理模型分析. 数量经济技术经济研究，（4）：77-83

金三林. 2010. 解决农民工住房问题的总体思路和政策框架. 开放导报，（3）：40-44

赖德胜. 1998. 教育与科技生产力转化. 教育与经济，（1）：12-16

赖林梅. 2009. 论我国现行户籍制度改革的公共政策分析. 福建师范大学学位论文

赖文燕. 2012. 要素市场配置与我国城乡居民收入差距研究. 当代经济，（5）：17-24

雷根强，蔡翔. 2012. 初次分配扭曲、财政支出城市偏向与城乡收入差距：来自中国省级面板数据的经验证据. 数量经济技术经济研究，（3）：76-89

李长安. 2008. 户籍改革：推倒割裂中国经济的藩篱. 西部论丛，（4）：37-39

李长安. 2010. 农民工职业流动歧视及对收入影响的实证分析. 人口与经济，（6）：27-32

李建民. 2002. 中国农村劳动力市场多重分割及其对农村劳动力供求的影响. 中国人口科学，（2）：1-7

李建平，邓翔. 2012. 我国劳动力迁移的动因和政策影响分析. 经济学家，（10）：58-63

李培. 2009. 中国城乡人口迁移的时空特征及其影响因素. 经济学家，（1）：50-57

李培林. 1996. 流动民工的社会网络与社会地位. 社会学研究，（4）：42-52

李培林. 2003. 农民工：中国进城农民工的经济社会分析. 北京：社会科学文献出版社：56-70

李强. 1995. 关于城市农民工的情绪倾向及社会冲突问题. 社会学研究，（4）：63-67

李强. 2002. 农民工与中国社会分层. 北京：社会科学文献出版社：110-115

李强. 2003. 影响中国城乡流动人口的推力与拉力因素分析. 中国社会科学，（1）：125-136

李善同，何建武. 2010. 中国可计算一般均衡模型及其应用. 北京：经济科学出版社：33-40

李实. 1999. 中国农村劳动力流动与收入增长和分配. 中国社会科学，（2）：16-33

李实，罗楚亮. 2011. 中国收入差距究竟有多大. 经济研究，（4）：68-79

李实，魏众. 2009. 中国经济转型中城镇劳动力市场分割问题：不同部门职工工资收入差距的分析. 管理世界，（3）：55-62

李实，岳希明. 2004. 中国城乡收入差距. 绿色中国，（7）：108

李实，赵人伟. 1999. 中国居民收入再分配研究. 经济研究，（4）：3-17

李涛，黄纯纯. 2008. 分权、地方公共支出和中国经济增长. 中国人民大学学报，（3）：54-60

李铮. 2010. 论迁徙自由与我国户籍制度改革. 河南大学学位论文

梁明，李培，孙久文. 2007. 中国城乡人口迁移数量决定因素的实证研究：1992～2004. 人口学刊，（5）：35-39

廖丹清，郭慧伶. 2002. 城市化对减少农村人口、增加农民收入的作用. 中国农村经济，（11）：78-80

林宏，陈广汉. 2003. 居民收入差距测量的方法和指标. 统计与预测，（6）：30-34

林毅夫，刘明兴. 2003. 中国的经济增长收敛与收入分配. 世界经济，（8）：3-12

林毅夫，刘培林. 2003. 中国的经济发展战略与地区收入差距. 经济研究，（3）：19-25

林毅夫，蔡昉，李周. 1999. 比较优势与发展战略：对 “东亚奇迹”的再解释. 中国社会科学，5（14）：3

刘成奎，王朝才. 2008. 财政支出结构与社会公平的实证分析. 财政研究，（2）：15-18

刘传江. 2004. 农民工生存状态的边缘化与市民化. 人口与计划生育，（11）：44-47

刘传江，程建林. 2009. 双重“户籍墙”对农民工市民化的影响. 经济学家，（10）：66-72

刘传江，周玲. 2004. 社会资本与农民工的城市融合. 人口研究，（5）：12-18

刘国光. 2005. 进一步重视社会公平问题. 中国经贸导刊，（8）：6-9

刘海军，谢飞燕. 2013. 推进我国农业转移人口市民化对策探析. 农业经济，（6）：58-60

刘乃全，郑秀君，贾彦利. 2005. 中国区域发展战略政策演变及整体效应研究. 财经研究，（1）：25-37

刘溶沧，赵志耘. 2001. 中国财政理论前沿Ⅱ. 北京：社会科学文献出版社：124-140

刘蓉，黄洪. 2011. 我国地方公共品的需求表达与决策机制研究：一个政治经济学的分析视角. 当代经济研究，（11）：58-63

刘尚希. 2007. 基本公共服务均等化：现实要求与政策途径. 浙江经济，（13）：24-27

刘寿明，陆维臣. 2009. 公共领域中的委托代理理论及其拓展. 求索，（4）：69-70

刘小年. 2009. 农民工市民化：路径，问题与突破：来自中部某省农民进城的深度访谈. 经济问题探索，（9）：57-61

刘晓峰，陈钊，陆铭. 2010. 社会融合与经济增长：城市化和城市发展的内生政策变迁. 世界经济，（6）：60-80

刘学军，赵耀辉. 2009. 劳动力流动对城市劳动力市场的影响. 经济学（季刊），（2）：693-710

刘易斯. 1997. 经济增长理论. 第1版. 上海：上海三联书店：44-48

卢向虎，朱淑芳，张正河. 2006. 中国农村人口城乡迁移规模的实证分析. 中国农村经济，（1）：35-41

陆铭. 2011. 玻璃幕墙下的劳动力流动：制度约束、社会互动与滞后的城市化. 南方经济，（6）：23-37

陆铭，陈钊. 2004. 城市化、城市倾向的经济政策与城乡收入差距. 经济研究，（6）：50-58

陆铭，陈钊. 2005. 论中国区域经济发展的两大因素和两种力量. 云南大学学报，（4）：27-38

陆益龙. 2002. 1949 年后的中国户籍制度：结构与变迁. 北京大学学报（哲学社会科学版），（2）：123-130

吕炜. 2004. 体制性约束、经济失衡与财政政策：解析 1998 年以来的中国转轨经济. 中国社会科学，2：4-17

吕炜. 2005. 基于中国经济转轨实践的分析方法研究. 经济研究，2：16-26

吕炜，陈海宇. 2014. 中国新一轮财税体制改革研究：定位、路线、障碍与突破. 财经问题研究，（1）：3-10

吕炜，靳继东. 2013. 中国预算改革论纲. 财经问题研究，（8）：3-13

吕炜，刘晨晖. 2010. 中国经济转轨进程中的财政改革原理. 财经问题研究，（11）：3-11

吕炜，王伟同. 2008. 我国基本公共服务提供均等化问题研究. 经济研究参考，（34）：2-13

吕炜，王伟同. 2009. 民生财政：财政改革的新坐标. 光明日报（理论版），6

吕炜，王伟同. 2010. 政府服务性支出缘何不足？基于服务性支出体制性障碍的研究. 经济社会体制比较，（1）：12-23

吕炜，曾芸. 2009. 体制性约束，双重失衡与政策权衡：全球金融危机挑战与中国的财政政策选择. 财贸经济，（3）：45-54

罗尔斯. 1998. 正义论. 何怀宏等译. 北京：中国社会科学出版社：12-25

罗利. 1995. 经济发展与收入分配//阿西马科普洛斯. 收入分配理论. 赖德胜，等译. 北京：商务印书馆：245

马恩涛，王永菲. 2013. 城乡居民收入分配差距及其财税政策应对. 湖南财政经济学院学报，（1）：122-127

马明德，陈广汉. 2012. 中国居民收入不均等：基于财产性收入的分析. 云南财经大学学报，（6）：29-35

马忠东，张为民，梁在，等. 2004. 劳动力流动：中国农村收入增长的新因素. 人口研究，（3）：2-10

毛新雅，彭希哲. 2012. 城市化、对外开放与人口红利：中国 1979～2010 年经济增长的实证. 南京社会科学，（4）：31-38

孟勇. 2009. 财政支出对居民收入差距形成的计量分析. 财政研究，（8）：61-65

莫亚琳，张志超. 2010. 我国西部地区增加财政支出对社会收入分配的影响. 经济体制改革，（6）：116-120

莫亚琳，张志超. 2011. 城市化进程、公共财政支出与社会收入分配：基于城乡二元结构模型与面板数据计量的分析. 数量经济技术研究，（3）：79-89

欧阳慧. 2010. "十二五"时期推进农民工市民化的思路建议. 宏观经济管理，（5）：38-40

钱争鸣，方丽婷. 2012. 我国财政支出结构对城乡居民收入差距影响：基于非参数可加模型的分析. 厦门大学学报（哲学社会科学版），（5）：90-97

乔明睿，钱雪亚，姚先国. 2009. 劳动力市场分割、户口与城乡就业差异. 中国人口科学，（1）：32-41

全国总工会新生代农民工问题课题组. 2010. 关于新生代农民工问题的研究报告. 江苏纺织 a 版，（8）：8-11

任建平，赵龙跃. 1992. 90 年代我国农业剩余劳动力转移及其对农业发展的影响. 经济研究，（10）：65-71

阮杨，陆铭，陈钊. 2002. 经济转型中的就业重构与收入分配. 管理世界，（11）：50-56

申兵. 2012. "十二五"时期农民工市民化成本测算及其分担机制构建：以跨省农民工集中流入

地区宁波市为案例. 城市发展研究, (10): 86-92

沈坤荣, 张境. 2007. 中国农村公共支出及其绩效分析: 基于农民收入增长和城乡收入差距的经验研究. 管理世界, (1): 30-40

沈凌, 田国强. 2009. 贫富差别、城市化与经济增长: 基于需求因素的经济学分析. 经济研究, (1): 17-29

盛来运, 王冉, 阎芳. 2009. 国际金融危机对农民工流动就业的影响. 中国农村经济, (9): 4-14

石磊, 岳森. 2005. 我国居民收入差距的评价依据分析. 当代经理人, (15): 213-214

舒尔茨. 2001. 报酬递增的源泉. 姚志勇, 等译. 北京: 北京大学出版社: 50

宋洪远, 黄华波, 刘光明. 2002. 关于农村劳动力流向的政策问题分析. 管理世界, (5): 55-65

宋丽萍, 路正南, 王亚娜. 2007. 江苏省居民收入差距及其影响因素研究. 江苏大学学位论文

苏红, 陈金永. 2006-03-22. 土地征用与地方政府的行为. http://wenku.baidu.com/view/8054844f767f5acfa1c7cd41.html

苏雪串. 2002. 城市化与城乡收入差距. 中央财经大学学报, (3): 42-45

苏志霞, 王文录. 2007. 论户籍制度的功能定位. 河北师范大学学报 (哲学社会科学版), (2): 33-36

孙立平. 2003. 城市的容纳能力有多大. 工程建设与档案, (1): 14-15

孙宁华, 堵溢, 洪永森. 2009. 劳动力市场扭曲、效率差异与城乡收入差距. 管理世界, (9): 44-52

孙少平, 欧阳志刚. 2008. 中国城乡收入差距对实际经济增长的阈值效应. 中国社会科学, (2): 54-66

孙文凯, 白重恩, 谢沛初. 2011. 户籍制度改革对中国农村劳动力流动的影响. 经济研究, (1): 28-40

孙永强. 2012. 金融发展、城市化与城乡居民收入差距研究. 金融研究, 4 (98): 109

孙永强, 巫和懋. 2012. 出口结构、城市化与城乡居民收入差距. 世界经济, (5): 105-120

谭崇台. 2001. 评《发展经济学与中国经济发展》. 经济研究, (11): 82-83

唐东波, 张军. 2011. 中国的经济增长, 城市化与收入分配的 Kuznets 进程: 理论与经验. 世界经济文汇, (5): 15-33

唐斯. 2010. 民主的经济理论. 姚洋, 邢予青, 赖平耀译. 第 2 版. 上海: 上海人民出版社

唐晓腾, 曾绍阳. 2004. 近代农民流动状况、原因及其对农业生产的影响: 对江西省 20 个村实证调查的一项综合分析. 江西科学研究, (1): 166-173

陶红, 杨东平, 李阳. 2010. 农民工子女义务教育状况分析: 基于我国 10 个城市的调查. 教育发展研究, (9): 6-9

陶群山. 2009. 中国城乡收入差距扩大的二元经济结构分析. 经济前沿, (5): 41-46

陶然, 刘明兴. 2007. 中国城乡收入差距地方政府开支及财政自主. 世界经济文汇, (2): 2-21

陶然, 陆曦, 苏福兵, 等. 2009. 地区竞争格局演变下的中国转轨: 财政激励与发展模式反思. 经济研究, (7): 21-33

田炳信. 2003. 中国第一证件: 中国户籍制度调查手稿. 广东: 广东人民出版社: 15-21

田新民, 王少国, 杨永恒. 2009. 城乡收入差距变动及其对经济效率的影响. 经济研究, (7): 107-118

汪汇, 陈钊, 陆铭. 2009. 户籍、社会分割与信任: 来自上海的经验研究. 世界经济, (10): 81-95

汪立鑫, 王彬彬, 黄文佳. 2010. 中国城市政府户籍限制政策的一个解释模型: 增长与民生的权衡. 经济研究, (11): 115-125

汪小勤, 汪红梅. 2007. "人口红利"效应与中国经济增长. 经济学家, (1): 104-110

王德文, 吴要武, 蔡昉. 2004. 迁移、失业与城市劳动力市场分割: 为什么农村迁移者的失业率很低?世界经济文汇, (1): 37-41

王桂新, 黄颖钰. 2005. 中国省际人口迁移与东部地带的经济发展: 1995~2000. 人口研究, (1): 19-28

王桂新, 魏星, 沈建法. 2005. 中国省际人口迁移对区域经济发展作用关系之研究. 复旦学报(社会科学版), (3): 148-161

王国刚. 2010. 城镇化: 中国经济发展方式转变的重心所在. 经济研究, (12): 70-81

王洪亮, 徐翔. 2006. 收入不平等孰甚: 地区间抑或城乡间. 管理世界, (1): 41-49

王吉峰. 2009. 委托代理理论视角下公共治理的困境及其对策分析. 长春市委党校学报, (1): 58-60

王建农, 张启良. 2005. 城乡居民收入差距的基本特征与趋势. 统计研究, (3): 37-39

王冉, 盛来运. 2008. 中国城市农民工社会保障影响因素实证分析. 中国农村经济, (9): 26-34

王韧, 王睿. 2004. 二元条件下居民收入差距的变动与收敛: 对我国"倒U"假说的存在性检验. 数量经济技术经济研究, (3): 104-111

王少国. 2006. 城乡居民收入差别的合理程度判断. 财经科学, (4): 69-75

王少平, 欧阳志刚. 2007. 我国城乡收入差距的度量及其对经济增长的效应. 经济研究, (10): 44-54

王文录, 郁利燕. 2010. 走向一元化: 我国户籍制度深化改革构想. 城市发展研究. 城市社会, (8): 94-98

王文寅, 张叶峰. 2012. 科技, 资本, 劳动的贡献率比较: 基于中国改革开放30年数据. 太原理工大学学报(社会科学版), (6): 5-8

王贤彬, 徐现祥. 2009. 转型期的政治激励, 财政分权与地方官员经济行为. 南开经济研究, (2): 58-79

王小鲁, 樊纲. 2005. 中国收入差距的走势和影响因素分析. 经济研究, (10): 24-36

王孝松, 高乐咏. 2009. 中央政府的激励机制与地方经济增长. 财经问题研究, (2): 11-15

王艺明, 蔡翔. 2010. 财政支出结构与城乡收入差距: 基于东, 中, 西部地区省级面板数据的经验分析. 财政科学, (269): 49-57

王友华, 周绍宾. 2012. 不同农民工群体医疗保障比较研究. 西部论坛, (2): 13-18

王郁昭. 1994. 民工潮 农民走向市场的序曲. 山东人力资源与社会保障, (Z1): 34-35

王志宏. 2005. 城市化与农村土地流转制度关系研究. 边疆经济与文化, (3): 36-38

魏万青. 2012. 户籍制度改革对流动人口收入的影响研究. 社会学研究, (1): 152-172

温涛, 冉光和, 熊德平. 2005. 中国金融发展与农民收入增长. 经济研究, (9): 143

文军. 2004. 农民市民化: 从农民到市民的角色转型. 华东师范大学学报(哲学社会科学版), (3): 55-61

翁仁木. 2005. 对我国户籍制度变迁的经济学思考. 宁夏社会科学, (3): 43-47

吴红宇. 2008. 农民收入与迁移动机计量研究. 农业技术研究, (2): 72-79

吴江, 刘行前. 2005. 劳资关系与经济发展. 西北师大学报(社会科学版), (5): 104-108

吴开亚, 张力, 陈筱. 2010. 户籍改革进程的障碍: 基于城市落户门槛的分析. 中国人口科学, (1): 66-74

吴新博. 2005. 信息不对称条件下委托代理关系的主要问题. 北京师范大学学报, (5): 112-116

吴业苗. 2010. 城乡公共服务一体化的实现路径: 昆山样式. 南方农村, (2): 32-35

吴业苗. 2013. 城乡公共服务一体化发展目标及其路向检视. 上海行政学院学报, (3): 104-111

席雪红. 2009. 农民工市民化进程中存在的问题与对策. 郑州航空工业管理学院学报, (8): 114-119

夏纪军. 2004. 人口流动性, 公共收入与支出: 户籍制度变迁动因分析. 经济研究, (10): 56-64

谢建社, 谢宇. 2010. 社会冲突视野下的新生代农民工问题探析: 基于 GGF 监狱检查. 学习与实践, (3): 93-100

谢宇. 2010. 认识中国的不平等. 社会, (3): 1-20

辛宝海. 2008. 改革开放以来中国二元经济理论研究. 复旦大学学位论文

邢春冰. 2008. 农民工与城镇职工的收入差距. 管理世界, (5): 55-64

熊彼特. 1990. 经济发展理论. 何畏, 等译. 北京: 商务印书馆: 48-59

徐红芬. 2013. 城镇化建设中农民工市民化成本测算及金融支持研究. 金融理论与实践, (11): 69-72

徐建玲. 2008. 农民工市民化进程度量: 理论探讨与实证分析. 农业经济问题, (9): 65-69

徐丽敏. 2009. 农民工随迁子女义务后教育: 问题与对策. 教育发展研究, (6): 76-79

许抄军, 罗能生. 2008. 中国的城市化与人口迁移: 2000 年以来的实证研究. 统计研究, (2): 46-51

许经勇. 2009. 解析中国城乡二元结构体制的原因. 调研世界, (9): 3-6

许秀川, 王钊. 2008. 重庆市城市化, 剩余劳动力转移与城乡收入差距的系统动力学分析. 农业技术经济, (1): 91-97

许玉明. 2011. 重庆市农民工市民化的成本约束与制度创新. 西部论坛, (2): 42-46

杨涛, 蔡昉. 1991. 论我国农户兼业行为与农业劳动力转移. 中国农村经济, (11): 43-50

杨伟民. 2009. 积极财政政策与农民工定居问题. 宏观经济研究, (5): 16-19

杨昕. 2008. 影响农民工享有公共服务的若干非制度因素分析: 以上海为例. 社会科学, (10): 88-94

杨云彦, 陈金永, 刘塔. 2001. 外来劳动力对城市本地劳动力市场的影响. 中国人口科学, (2): 52-58

姚耀军. 2005. 金融发展与城乡收入差距关系的经验分析. 财经研究, (2): 49-59

叶建亮. 2006. 公共产品歧视性分配政策与城市人口控制. 经济研究, (11): 27-36

叶志强, 陈习定, 张顺明. 2011. 金融发展能减少城乡收入差距吗: 来自中国的证据. 金融研究, (2): 42-56

尹恒, 朱虹. 2011. 县级财政生产性支出偏向研究. 中国社会科学, (1): 88-101

余长林. 2011. 财政分权, 公共品供给与中国城乡收入差距. 中国经济问题, (9): 36-45

余佳, 丁金宏. 2010. 中国户籍制度的政策效应, 改革取向与步骤选择. 华东师范大学学报 (哲学社会科学版), (4): 65-70

俞德鹏. 2002. 城乡社会: 从隔离走向开放: 中国户籍制度与户籍法研究. 济南: 山东出版社: 269-283

庾德昌. 1997. 中国农村城市化趋势及道路. 政策, (9): 52-53

约翰逊. 2002. 中国增加农民收入的政策. 比较, 3: 150-162

岳立, 张钦智. 2009. 农村人口的城市化问题研究: 基于户籍制度的视角. 经济问题, (3): 63-66

曾国安, 胡晶晶. 2009. 论中国城市偏向的财政制度与城乡居民收入差距. 财政研究, (2): 36-39

曾国平, 王韧. 2006. 二元结构, 经济开放与中国收入差距的变动趋势. 数量经济技术经济研究, (10): 15-25

张长温. 2004. 博弈混合战略的非完全信息解. 山东科学, (3): 9-11

张车伟, 蔡昉. 2002. 试论加入 WTO 对中国就业结构的影响. 当代经济科学, (3): 14-19

张国胜. 2009. 基于社会成本考虑的农民工市民化成本: 一个转轨中发展大国的视角与政策选择. 中国软科学, (4): 56-69

张继良, 马洪福. 2015. 江苏外来农民工市民化成本测算及分摊. 中国农村观察. (2): 44-56

张雷. 2009. 当代中国户籍制度改革. 北京: 中国人民公安大学出版社: 65-73

张奇, 张继良. 2008. 近期我国城乡居民收入差距问题研究综述. 调研世界, (6): 33-35

张清泉. 2008. 二元经济结构条件下的中国农民工研究. 北京: 经济科学出版社: 51-56

张士云, 吴连翠. 2007. 安徽省城乡居民收入差距实证分析. 农业技术经济, (2): 72-78

张义博, 刘文忻. 2012. 人口流动, 财政支出结构与城乡收入差距. 中国农村经济, (1): 16-30

张占斌, 冯俏彬, 黄锟. 2013. 我国农村转移人口市民化的财政支出测算与时空分布研究. 中央财经大学学报, (10): 1-7

章奇, 刘明兴, 陶然. 2003. 中国的金融中介增长与城乡收入差距. 中国金融学, (12): 3-14

章铮. 2009. 从托达罗模型到年龄结构: 生命周期模型. 中国农村经济, (5): 43-51

赵人伟. 2007. 我国居民收入分配和财产分布问题分析. 当代财经, (7): 5-11

赵人伟. 2011. 收入分配差距较大的形成原因与解决途径. 决策探索, (2): 46

赵人伟, 李实. 1997. 中国居民收入差距的扩大及其原因. 经济研究, (9): 19-27

赵树凯. 1998. 中国农村劳动力流动与城市就业. 当代亚太, (7): 10-15

赵耀辉. 1997. 中国农村劳动力流动及教育在其中的作用. 经济研究, (2): 37-42

郑彩祥. 2008. 我国农业劳动力转移对城乡收入差距影响的实证分析. 农业经济, (12): 51-52

郑功成. 2007. 改善民生是和谐社会的永恒主题. 群言, (5): 1

郑杭生, 陆益龙. 2002. 城市中农业户口阶层地位, 再流动与社会整合. 江海学刊, (2): 88-93

郑华卿. 2011. 社会因素与劳动力回流. 复旦大学学位论文

郑新业. 2012. "十二五"财政体制改革建议. 中国经济报告, (1): 23-25

中共中央政策研究室农村组. 1994. 关于农村劳动力跨区域流动问题的初步研究. 中国农村经济, (3): 3-7

中国科学院可持续发展战略研究组. 2005. 2005 中国可持续发展战略报告. 北京: 科学出版社: 365-376

钟甫宁. 2010. 劳动力市场调节与城乡收入差距研究. 经济学动态, (4): 65-69

周建良, 周小刚. 2010. 中部地区农民增收影响因素的模型与实证分析: 以江西省为例. 安徽农业科学, (26): 14716-14717

周黎安. 2004. 晋升博弈中政府官员的激励与合作: 兼论我国地方保护主义和重复建设问题长期存在的原因. 经济研究, (6): 33-40

周黎安. 2007. 中国地方官员的晋升锦标赛模式研究. 经济研究, (7): 36-50

周少甫, 亓寿伟, 卢忠宝. 2010. 地区差异, 城市化与城乡收入差距. 中国人口·资源与环境, (8): 115-120

周向东. 2012. 重庆市农民工市民化转型成本测算及分担机制研究. 重庆大学学位论文

周小刚. 2010. 中部地区城镇化进程中农民工市民化问题研究: 以江西为例. 南昌大学学位论文.

周小刚, 陈东有. 2009. 中国人口城市化的理论阐释与政策选择: 农民工市民化. 江西社会科学, (12): 142-148

周晓津. 2011. 1978～2007 年中国隐形失业, 劳动力流动与整体失业率估计. 西部论坛, (1): 6-12

周云波. 2009. 城市化、城乡差距以及全国居民总体收入差距的变动，收入差距倒 U 形假说的实证检验. 经济学（季刊），（4）：1239-1256

朱长存，王俊祥，马敬芝. 2009. 农村劳动力转移、人力资本溢出与城乡收入差距. 宁夏社会科学，（3）：65-70

朱农. 2002. 论收入差距对中国乡城迁移决策的影响. 人口与经济，（5）：10-17

朱宇，等. 2005. 农民工：一个跨越城乡的新兴群体. 人口研究，（4）：36-52

朱云章. 2009. 我国城乡劳动力流动与收入差距的关系检验. 农业经济，（1）：53-55

住房和城乡建设部政策研究中心课题组. 2010. 引导农民工定居城镇的住房政策探索. 中华建设，（4）：38-41

邹洋. 2010. 公共经济学. 天津：南开大学出版社：185-192

Acemoglu D，Aghion P, Zilibotti F. 2006. Distance to frontier，selection，and economic growth. Journal of the European Economic Association, 4(1): 37-74

Aghion P, Caroli E, García-Peñalosa C. 1999. Inequality and economic growth: The perspective of the new growth theories. Journal of Economic Literature,37(4): 1615-1660

Ahluwalia M S. 1976. Income distribution and development: Some stylized facts. American Economic Reviewe,66(2): 128

Alesina A, Rodrik D. 1994. Distributive politics and economic growth. Quarterly Journal of Monetary Economics,109(2): 3-29

An T, Ren Q. 2007. Equity of public service: theory, problem and policy. Journal of Finance and Trade Economics,(8): 48-53

Anand S, Kanbur S M R. 1993. Inequality and development a critique. Journal of Development Economics,41(1): 19-43

Arellano M,Bond S. 1991. Some tests of specification for panel data: monte carlo evidence and an application to employment. Review of Economic Studies,58(2): 277-297

Arellano M,Bover O. 1995. Another look at the instrumental variable estimation of error-components modelst. Journal of Econometrics,(9): 29-51

Aschauer D A. 1989. Is public expenditure productive. Journal of Monetary Economics, 23(2): 177-200

Atkinson A B, Stern N. 1974. Pigou，Taxation and Public Goods. Review of Economic Studies, 41: 119-128

Axelrod R. 1981. The emergence of cooperation among egoists. The American Political Science Review,75(2): 306-318

Bahl R W, Nath S. 1986. Public expenditure decentralization in developing countries. Government and Policy, 4(4): 405-418

Bardhan P. 2002. Decentralization of governance and development. The Journal of Economic Perspectives,16(4): 185-205

Barro R. 1990. Government spending in a simple model of endogenous growth. Journal of Political Economy，(98): 103-125

Barro R. 2000. Inequality and growth in a panel of countries. Journal of Economics Growth,5(1): 5-32

Bergemann D,Välimäki J. 2003. Dynamic common agency. Journal of Economic Theory, 111(1): 23-48

Bergstrom T, Blume L, Varian H. 1986. On the private provision of public goods. Journal of Public Economics, 29(1): 25-49

Bernheim B D, Whinston M D. 1985. Common marketing agency as a device for facilitating collusion. RAND Journal of Economics, 16(2): 269-281

Besley T, Ghatak M. 2001. Government versus private ownership of public goods. Quarterly Journal of Economics,116(4): 1343-1372

Besley T, Jewitt I. 1991. Decentralizing public good supply. Econometrica: Journal of the Econometric Society, 59(6): 1769-1778

Bird R. 1986. Federal finance in comparative perspective. Canadian Tax Foundation, (2): 39-34

Bird R. 1993. Threading the fiscal labyrinth: Some issues in fiscal decentralization. National Tax Journal,(46): 207-227

Black D, Henderson V. 1999. Spatial evolution of population and industry in the United States. The American Economic Review ,89(2): 321-327

Blanchard O , Shleifer A. 2000. Federalism with and without political centralisation: China versus russia. SSRN Electronic Journal,48: 171-179

Blundell R, Bond S. 1998. Initial conditions and moment restrictions in dynamic panel data models. Journal of Econometrics,(87): 15-143

Bond S,Hoeffier A,Temple J. 2001. GMM Estimation of Empirical Growth Models. CEPR Discussion Papers, (3048)

Bond S. 2002. Dynamic panel data models: A guide to micro data methods and practice. Portuguese Economic Journal,(1): 141-162

Bourdieu P. 1983. The field of cultural production, or: The economic world reversed. Poetics,12(4-5): 311-356

Brennan G, Buchanan J. 1985. Searching for leviathan: An empirical study. The American Economic Review, 75(4): 748-757

Brueckner J K. 1982. A test for allocative efficiency in the local public sector. Journal of Public Economics, 19(3): 311-331

Buchanan J M. 1968. The demand and supply of public goods. Recherches economiques de Louvain, 37(5): 585-586

Cai F, Du Y. 2011. Wage increases, wage convergence, and the Lewis turning point in China. China Economic Review,22(4): 601-610

Cao J, Luo L. 2006. Analysis of the Equalization Effects of Fiscal Transfers to Fiscal Disparities. Statistic Research(in Chinese)1. China Bureau of Statistics. 1985-2007. China Statistical Yearbook

Cebula R J, Vedder R K. 1973. A note on migration economic oooortunity, and the quality of life. Journal of Regional Science,13(2): 205-211

Chen A. 2002. Urbanization and disparities in China: Challenges of growth and development. China Economic Review,(13): 407-411

Clarke E H. 1971. Multipart pricing of public goods. Public Choice,11(11): 17-33

Courchene T J. 1970. Interprovincial migration and economic adjustment. Canadian Journal of Economics,3(4): 550-576

Cournot A A. 1838. Mémoire sur les applications du calcul des chances à la statistique judiciaire. Journal des Mathematiques Pures et Appliquées, 12(3): 257-334

Crain M, Oakley L K. 1995. The politics of infrastructure. The Journal of Law & Economics,38(1): 1-17

Crew M A, Kleindorfer P R. 2002. Regulatory economics: Twenty years of progress? Journal of Regulatory Economics, 21(1): 5-22

Davoodi H, Zou H F. 1998. Fiscal decentralization and economic growth: A cross-country study. Journal of Urban economics, 43(2): 244-257

Denhardt R B, Denhardt J V. 2000. The new public service: Serving rather than steering. Public administration review, 60(6): 549-559

Devarajan S, Swaroop V, Zou H F. 1996. The composition of public expenditure and economic growth. Journal of Monetary economics, 37(2): 313-344

Dewatripont M, Maskin E. 1995. Contractual contingencies and renegotiation. The RAND Journal of Economics,26(4): 704-719

Dixit A, Grossman G, Helpman E. 1997. Common agency and coordination: General theory and application to government policy making. Journal of Political Economy,105: 752-769

Easterly W, Rebelo S. 1993. Fiscal policy and economic growth. Journal of Monetary Economics, 32(3): 417-458

Fischer S. 1993. The role of macroeconomic factors in growth. Journal of Monetary Economics,(32): 485-512

Fishman A, Simhon A. 2002. The division of labor,inequality and growth. Journal of Economic Growth,7(2): 117-136

Flatters F, Henderson V, Mieszkowski P. 1974. Public goods, efficiency, and regional fiscal equalization. Journal of Public Economics,3(2): 99-112

Fudenberg D, Holmstrom B, Milgrom P. 1987. Short-term contracts and long-term agency relationships. Journal of Economic Theory,51(1): 1-31

Gal-Or E. 1991. A common agency with incomplete information. The Rand Journal of Economics, 22(2): 274-286

Ghatak S, Sanchez-Fung J R. 2007. Monetary Economics in Developing Countries. Hampshire: Palgrave-Macmillan: 320

Giertz J F. 1976. Decentralization at the state and local level: An empirical analysis. National Tax Journal, 29(2): 201-209

Glenn C L. 2002. Sharing responsibility for education: Families, government, and educators. European Journal for Education Law and Policy, 6(1): 9-14

Golley J, Meng X. 2011. Has China run out of surplus labour. China Economic Review,22(4): 555-572

Goodspeed T J. 2002. Bailouts in a Federation. International tax and public finance, 9(4): 409-421

Groves T, Ledyard J. 1977. Optimal allocation of public goods: A solution to the"free rider"problem. Econometrica, 45(4): 783-809

Hare D. 1999. Push versus pull factors in migration outflows and returns : Determinants of migration status and spell duration among China's rural population. Journal of Development Studies,35(3): 45-72

Hayek F A. 1945. The use of knowledge in society. American Economic Review: 35

Heinberg J D, Oates W E. 1972. The incidence of differential property taxes on rental housing: An addendum. National Tax Journal,25(2): 221-222

Henderson J V. 1997. Externalities and industrial development. Journal of Urban Economics,(42): 449-470

Henderson V. 2005. Urbanization and growth. Handbook of Economic Growth,1(5): 1543-1591

Heng Y. 2008. Fiscal Disparities and the Equalization Effects of Fiscal Transfers at the County Level in China. AnnaL of Economics and Finance: 115-149

Hirschman A O. 1958. The strategy of economic development. Ekonomisk Tidskrift, 50(199): 1331-1424

Holmstrom B, Milgrom P. 1991. Multitask principal-agent analyses: Incentive contracts, asset ownership, and job design. Journal of Law, Economics and organization, (7): 24-52

JianT,Sachs J D,Warner A M. 1996. Trends in regional inequality in China. China Economic Review, 7(1): 1-21

Jin H, Qian Y, Weingast B R. 2005. Regional decentralization and fiscal incentives: Federalism, Chinese style. Journal of Public Economics, 89(9): 1719-1742

Johansen L. 1960. Rules of thumb for the expansion of industries in a process of economic growth. The Econometric Society,28(2): 258-271

Jorgenson D W. 1961. The development of a dual economy. Economic Journal,71(282): 309-334

Kee W S. 1977. Fiscal federalism and economic development. Public Finance Quarterly,5(1): 79-97

Khaleghian P. 2004. Decentralization and public services: the case of immunization. Social Science & Medicine, 59(1): 163-183

Knight J, Shi L. 1999. Fiscal decentralization: Incentives, redistribution and reform in China. Oxford Development Studies, 27(1): 5-32

Knight J, Song L. 1993. The spatial contribution to income inequality in rural China. Cambridge Journal of Economics , 17(2): 195-213

Knight J,Deng Q,Shi L. 2010. The puzzle of migrant labour shortage and rural labour surplus in China. University of Oxford,Department of Economics,Discussion Paper Series: 494.

Knight J,Linda Y. 2004. Job mobility of residents and migrants in urban China. Journal of Comparative Economics,(32): 637-660

Kuijs L,Wang T. 2006. China's pattern of growth: Moving to sustainability and reducing inequality. China & World Economy, 14 (1): 1-14

Kuznets S. 1955. Economic growth and income inequality. American Economic Review,45(1): 1-28

Ladd H F. 1994. Measuring disparities in the fiscal condition of local governments//Anderson J E. Fiscal Equalization for State and Local Government Finance. Westport, CT: Praeger: 21-53

Lau L J,Stiglitz J E. 1978. Efficiency in the Optimum Supply of Public Goods. Econometrica, 46(2): 269-284

Lewis W A. 1954. Economic development with unlimited supplies of labour. The Manchester School, 22(2): 139-191

Lin J Y, Liu Z. 2000. Fiscal Decentralization and Economic Growth in China. Economic Development and Cultural Change, 49(1): 1-21

Lin J Y, Wang G, Zhao Y. 2004. Regional inequality and labor transfers in China. Economic Development and Cultural Change,52(3): 587-603

Liu L. 2006. Measuring and decomposing the difference of fiscal power across regions in China.

Reform of Economic System (in Chinese), 2: 17-23

Loeb M, Magat W A. 1979. A decentralized method for utility regulation. Journal of Law and Economics, 22(2): 399-404

Louis K, Wang T. 2006. China's pattern of growth: Moving to sustainability and reducing inequality. China & World Economy,14(1): 1-14

Lu D. 2002. Rural-urban income disparity : Impact of growth,allocative efficiency and local growth welfare. China Economic Review,13(4): 419-429

Lu M,Chen Z. 2006. Urbanization，urban-biased policies and urban-rural inequality in China: 1987-2001. Chinese Economy, 39(3): 42-63

Lyl Y. 1977. The attraction of cities : a review of the migration literature. Journal of Development Economics,4(3): 239-264

Ma J. 1995. Modelling central-local fiscal relations in China. China Economic Review, 6(1): 105-136

Maskin E. 1995. Credit and efficiency in centralized and decentralized economies. Review of Economic Studies , 62: 541-555

Massey D S, Arango J, Hugo G, et al. 1999. A theory of urban growth. Journal of Political Economy,107(2): 252-284

McKinnon R I, Pill H. 1997. Credible economic liberalizations and overborrowing. The American Economic Review,87(2): 189-193

Meng X, Zhang J. 2001. The two-tier labor market in urban China: occupational segregation and wage differentials between urban residents and rural migrants in Shanghai. Journal of comparative Economics, 29(3): 485-504

Mezzetti C. 1997. Common agency with horizontally differentiated principals. The Rand Journal of Economics, 28(2): 323-345

Mills A. 1994. Decentralization and accountability in the health sector from an international perspective: what are the choices? Public Administration and Development, 14(3): 281-292

Montinola G, Qian Y, Weingast B R. 1995. Federalism, Chinese style. World Politics, 48(1): 50-81

Mulhgan C B,Sala-i-Martin X A. 1995. Labor Income-based Measure of the Value Of Human Capital: An Application to the State of the United States. NBER Working Paper, 5018

Mulhgan C B,Sala-i-Martin X. 1997. A Labor Income-based Measure of the Value of Human Capital: An Application to the state of the United States. NBER Working Paper ,No. 5018

Musgrave R A. 1959. Theory of Public Finance. A Study in Public Economy

Niskanen W A. 1975. Bureaucrats and politicians. The Journal of Law & Economics,18(3): 617-643

Oates W E. 1969. The effects of property taxes and local public spending on property values: An empirical study of tax capitalization and the Tiebout hypothesis. Journal of Political Economy, 77(6): 957-971

Oates W E. 1972. Fiscal Federalism. New York: Harcourt Brace Jovanovich

Olson M. 1971. The Logic of Collective Action: Public Goods and the Theory of Groups. Boston : Harvard University Press: 36-54

Ostrom V, Ostrom E. 1999. Public goods and public choices// McGinnis M, Arbor A. Polycentricity and Local Public Economies. Readings from the Workshop in Political Theory and Policy Analysis. University of Michigan Press: 75-105

Panizza H. 1999. On the determinants of fiscal centralization: Theory and evidence. Journal of Public

Economics, (74): 97-139

Persson T, Tabellini G. 1994. Is inequality harmful for growth? Theory and Evidence. American Economic Review,(84): 600-621

Portes A. 1995. The Economic Sociology of Immigration: Essayson Networks. Ethnicity and Entrepreneurship. New York: The Russell Sage Foundation

Preston S H, Hartnett C S. 2008. The Future of American Fertility. NBER Working Paper No. 14498

Prud'Homme R. 1995. The dangers of decentralization. The World Bank Research Observer, 10(2): 201-220

Qian Y Y, Weingast B R. 1996. China's transition to markets: Market-preserving federalism, Chinese style. Journal of Policy Reform,1(2): 149-185

Qian Y Y, Weingast B R. 1997. Federalism as a commitment to perserving market incentives. The Journal of Economic Perspectives,11(4): 83-92

Qian Y,Roland G. 1998. Federalism and the soft budget constraint. American Economic Review, 88(5): 1143-1162

Rauch J E. 1993. Economic development,urban undevelopment,and income inequality. Canadian Journal of Economic，26(4): 901-918

Roberts K. 2000. Chinese labor migration: Insights from mexican undocumented migration to the united states//West L, Zhao Y. Rural Labor Flows in China? Institute of East Asian Studies,University of California, Berkeley

Robinson S. 1976. Income distribution within groups, among groups, and overall: a technique of analysis. Discussion Paper Development Research Center World Bank

Rowland A M. 2001. Population as a determinant of local outcomes under decentralization: Illustrations from small municipalities in Bolivia and Mexico. World Development, 29(8): 1373-1389

Samuelson P A. 1954. The pure theory of public expenditure. The review of economics and statistics,(36): 387-389

Schleifer A, Vishny R. 1993. Corruption. Quarterly Journal of Economics, 108(2): 599-617

Seabright P. 1996. Accountability and Decentralisation in Government: An incomplete Contracts Model. European economic review, 40(1): 61-89

Solinger D J. 1985. Temporary residence certificate,regulations in Wuhan. The China Quarterly,(101): 98-103

Solinger D J. 1999. Contesting Citizenship in Urban China : Peasant Migrants，the State and the Logic of the Market. Berkeley : University of California Press

Solow R M. 1956. A contribution to the theory of economic growth. The Quarterly Journal of Economics, 70(1): 65-94

Spahn P B. 1998. Decentralized government and macroeconomic control. The Welfare State, Public Investment, and Growth. Springer Japan: 129-149

Stark O. 1991. The migration of labor. Oxford: Blackwell: 216-220

Stigler G J. 1998. The tenable range of functions of local government. International Library of Critical Writings in Economics,(88): 3-9

Strumpf K S. 2002. Does government decentralization increase policy innovation? Journal of Public Economic Theory, 4(2): 207-241

Tanzi V. 1998. Fundamental Determinants of Inequality and the Role of Government. Working Paper Series WP/98/178. Washington D. C. International Monetary Fund: 19-21

Taylor E. 1994. Theories of international migration: A review and appraisal. Population and Development Review,19(3): 431-466

Tiebout C. 1956. A pure theory of local expenditures. Journal of Political Economy,64(5): 416-424

Todaro M P. 1969. A model of labor migration and urban unemployment in less developed countries. American Economic Review, 59(1): 138-148

Tsui Kai-yuen. 1993. Decomposition of China's regional inequality. Journal of Comparative Economics, (17): 600-627

Tsui Kai-yuen. 2005. Local tax system, intergovernmental transfers and China's local fiscal disparities. Journal of Comparative Economics ,33(1): 173-196

Tullock G. 1967. The welfare costs of tariffs, monopolies, and theft. Economic Inquiry, 5(3): 224-232

Turnovsky C. 2007. Growth, income inequality and fiscal policy: What are the relevant trade-offs? Journal of Money Credit & Banking,39(2-3): 369-394

Turnovsky S. 1996. Optimal tax,debt,and expenditure politics in a growing economy. Journal of Public Economics,60: 21-44

Vogelsang I. 2001. Price regulation for independent transmission companies. Journal of Regulatory Economics, 20(2): 141-165

Vogelsang I. 2002. Incentive regulation and competition in public utility markets: a 20-year perspective. Journal of Regulatory Economics, 22(1): 5-27

Von Neumann J. 1928. Zur theorie der gesellschaftsspiele. Mathematische Annalen,100(1): 295-320

Wang G,Ming L,Zhao C. 2006. The inequality-growth nexus in the short and long runs: Empirical evidence from China. Journal of Comparative Economics,34(4): 654-667

Wasylenko M. 1987. Fiscal decentralization and economic development. Public Budgeting & Finance, 7(4): 57-71

Weingast B R. 1995. The economic role of political institutions: Market-preserving federalism and economic development. The Journal of Law, Economics, Organization,11(1): 1-31

Woller G M, Phillips K. 1998. Fiscal decentralisation and IDC economic growth: An empirical investigation. The journal of development studies, 34(4): 139-148

World Bank. 2005. Integration of National Product and Factor Markets : Economic Benefits and Policy Recommendations. Report 31973-CHA

Xie D, Zou H F, Davoodi H. 1999. Fiscal decentralization and economic growth in the United States. Journal of Urban Economics, 45(2): 228-239

Zhang J. 2002. Urbanization,Population Transition,and Growth. Oxford Economic Papers,54: 91-117

Zhang T, Zou H F. 1998. Fiscal decentralization, public spending, and economic growth in China. Journal of Public Economics, 67(2): 221-240

Zucker T,Flesche C W,Germing U,et al. 1998. Initial conditions and moment restrictions in dynamic panel data models-Monte Carlo evidence and an application to employment equations. Journal of Econometrics,87(1): 115-143